VOL. 40

Dados Internacionais de Catalogação na Publicação (CIP)
(Câmara Brasileira do Livro, SP, Brasil)

Giacomini Filho, Gino
  Consumidor versus propaganda / Gino Giacomini Filho. 5. ed. rev. e atual. – São Paulo : Summus, 2008.

  Bibliografia.
  ISBN 978-85-323-0196-3

  1. Consumidores - Brasil 2. Consumidores - Proteção - Brasil 3. Propaganda - Brasil 4. Publicidade - Brasil I. Título.

	CDD-381.340981
07-10462	-659.10981

Índices para catálogo sistemático:

1. Brasil: Consumidor: Proteção: Comércio interno   381.340981
2. Brasil: Defesa do consumidor: Comércio interno   381.340981
   3. Brasil: Propaganda   659.10981
   4. Brasil: Publicidade   659.10981

Compre em lugar de fotocopiar.
Cada real que você dá por um livro recompensa seus autores
e os convida a produzir mais sobre o tema;
incentiva seus editores a encomendar, traduzir e publicar
outras obras sobre o assunto;
e paga aos livreiros por estocar e levar até você livros
para a sua informação e o seu entretenimento.
Cada real que você dá pela fotocópia não autorizada de um livro
financia o crime
e ajuda a matar a produção intelectual de seu país.

GINO GIACOMINI FILHO

CONSUMIDOR
VERSUS
PROPAGANDA

summus
editorial

CONSUMIDOR VERSUS *PROPAGANDA*
Copyright © 2008 by Gino Giacomini Filho
Direitos desta edição reservados por Summus Editorial

Editora executiva: **Soraia Bini Cury**
Assistentes editoriais: **Bibiana Leme e Martha Lopes**
Capa: **Alberto Mateus**
Projeto gráfico: **Alberto Mateus**
Diagramação: **Crayon Editorial**

Informação ao leitor: a versão integral do Código de Defesa do Consumidor pode ser encontrada no site da Presidência da República Federativa do Brasil (http://www.planalto.gov.br/ccivil/leis/L8078.htm) ou no site do Procon (http://www.procon.sp.gov.br/texto.asp?id=1050).

Summus Editorial
Departamento editorial:
Rua Itapicuru, 613 – 7º andar
05006-000 – São Paulo – SP
Fone: (11) 3872-3322
Fax: (11) 3872-7476
http://www.summus.com.br
e-mail: summus@summus.com.br

Atendimento ao consumidor:
Summus Editorial
Fone: (11) 3865-9890

Vendas por atacado:
Fone: (11) 3873-8638
Fax: (11) 3873-7085
e-mail: vendas@summus.com.br
Impresso no Brasil

AGRADECIMENTOS

AOS MEUS FAMILIARES, pelo apoio irrestrito.

A TODA A COMUNIDADE ACADÊMICA da ECA/USP,
Umesp/São Bernardo do Campo e Imes/São Caetano do Sul,
em especial aos bibliotecários.

A CLÁUDI YAGI, pela colaboração na
coleta de dados de pesquisas.

AOS FUNCIONÁRIOS E DIRETORES do Procon-SP e ao Centro de
Estudos e Pesquisas dos Direitos do Consumidor/Procon.

AOS PROFISSIONAIS DE COMUNICAÇÃO que,
na prática profissional, ajudaram-me a colocar
os valores humanitários em primeiro lugar.

Um dia, há milênios, um parente próximo do *Pithecanthropus erectus* partiu para uma longa jornada pela terra misteriosa e desconhecida.

Palmilhou vales, galgou montanhas, atravessou rios, penetrou florestas e, com os recursos ainda restritos do seu raciocínio, notou singularidades na natureza, que nele despertaram a idéia da publicidade.

Observou que o murmúrio do regato lhe servira para anunciar, a distância, a presença da água fresca que lhe saciara a sede; que as feras em cio, com seu rugido medonho, chamavam ao longe o companheiro apaixonado; que, no meio das árvores frondosas, os pássaros de mais linda plumagem e canto mavioso eram os favoritos do coração das fêmeas silenciosas; que os frutos, com o colorido maravilhoso da casca, atraíam a vista penetrante das aves famintas, as quais, satisfeita a sua voracidade, espalhariam mais tarde pela terra fecunda as sementes que fariam brotar outras árvores cheias de frutas; que as próprias flores, exalando perfume e revelando com seus matizes infinitos a sua presença, serviam-se desses meios para atrair os insetos que levariam para outras corolas o pólen fecundador, obedientes às leis imutáveis da natureza, na sua ânsia de vida e de renovação.

Depois de muito caminhar, chegou a uma tribo estranha e hostil. Mas seu desejo de ali permanecer era mais forte que os temores da morte e do perigo, revelados pelos olhares cruéis e traiçoeiros que o fitavam.

Lembrou-se, então, do que observara na natureza, e resolveu usar os mesmos recursos. Por sua vez, seu sexo despertou, e a cobiça das mulheres aumentou-lhe, ainda mais, esse desejo de atrair e dominar a tribo, conquistando-as aos seus companheiros.

Procurou imitar o regato e o rouxinol e cantou; lembrou-se dos frutos coloridos e tatuou-se; recordou-se do perfume das flores e untou-se com ervas e pétalas aromáticas e, desde esse tempo, de geração em geração, da idade da pedra à civilização contemporânea, a criatura humana fez da publicidade, inspirada nos ensinamentos da natureza, a arma suprema de competição com seus semelhantes, de divulgação dos seus méritos e encantos, de realce de seus recursos e suas criações, a ponto de, muitas vezes, erguer os medíocres acima daqueles que os superam em tudo, os quais, entretanto, na sua timidez ou modéstia, deixam-se ficar na inércia, no esquecimento, na obscuridade.

Ary Kerner (1951, p. 17)

SUMÁRIO

INTRODUÇÃO *9*

1 Antecedentes e indicadores sociais brasileiros relacionados
com o consumerismo e a publicidade 26
Estágio do capitalismo primitivo. *26*
Estágio da produção em massa *34*
Estágio da sociedade afluente *44*

2 A experiência brasileira no consumerismo e seu impacto no mercado . . . *56*
Qualidade de vida. *56*
Comportamento consumerista e perfil do consumidor. *70*
Atuação estatal *106*
Entidades. *110*
Responsabilidade social da empresa diante do consumerismo *114*
Estratégias de marketing: implicações consumeristas *129*

3 A atuação da publicidade brasileira sobre o consumerismo *149*
Relacionamento cliente/veículos/públicos com a publicidade. *152*
A entidade publicitária *164*
Ética publicitária. *178*
Propaganda enganosa e abusiva *189*
Conteúdos deceptivos. *199*

Defesa contra a propaganda *203*
Credibilidade da propaganda *206*

4 Considerações finais *219*

APÊNDICE 231
Experiências consumeristas mundiais *231*

REFERÊNCIAS BIBLIOGRÁFICAS *243*

INTRODUÇÃO

Abordar o consumerismo, a defesa ou a proteção ao consumidor é discorrer sobre algo inerente a qualquer sociedade: o consumo e seu poder de causar satisfação e insatisfação às pessoas. O consumerismo é um movimento social que busca melhor qualidade de vida a todos por meio das relações de consumo. É, sobretudo, uma resposta às práticas de marketing que têm causado insatisfação aos consumidores.

A propaganda comercial (ou publicidade), caracterizada como atividade de comunicação persuasiva e massiva a serviço de um anunciante, é elemento-chave do marketing para incrementar o consumo, o que a torna parte integrante do movimento consumerista. A publicidade e o consumerismo são estruturas interdependentes e complementares, que revelam choques de interesse, o que nos inspirou a formar o título deste livro: *Consumidor* versus *propaganda*.

A sociedade brasileira tem uma dinâmica sociopolítica e econômica ocidental que a qualifica como uma sociedade de consumo, o que, aliado a fatores específicos (caso da diversidade étnica, do desequilíbrio na distribuição de renda, do desnível no desenvolvimento regional), confere contorno especial ao consumerismo e à publicidade no Brasil, ensejando que instituições, governo, empresas e sociedade aprimorem, a cada dia, instrumentos para conduzir melhor ambas as atividades.

Diante de uma sociedade de consumo díspar, mas evoluída, os sistemas de produção tornam-se mais complexos e a estrutura comercial, mais sofisticada, fazendo que o indivíduo perca força perante engrenagens tão poderosas. O consumidor e a sociedade ficam expostos ao problema do consumo e procuram fazer frente ao gigantismo consumista então criado que precisa ser mais bem orientado para o cidadão: assim, o consumerismo torna-se uma das chaves.

Se, de um lado, há empreendedores querendo satisfazer as legítimas necessidades de consumidores, de outro, há maus comerciantes e fornecedores que, à sombra de muitos artifícios e estratégias, procuram satisfazer suas necessidades de ganho próprio.

Talvez caminhemos para um ponto de equilíbrio em que as necessidades e os desejos dos consumidores sejam menos complexos e os empresários encarem sua função não apenas como uma atividade lucrativa, mas também como uma prestação de serviço público e de responsabilidade social. Até chegar a esse ponto, porém, o "conflito" está armado.

A publicidade é, ao mesmo tempo, arte e negócio, técnica e ciência. Mas, destacadamente, uma prestação de serviços ao consumidor que envolve elementos simbólicos e se materializa por meio de um contrato denominado "anúncio publicitário". O consumo de símbolos (promessas, marcas, imagens, informações) pode induzir a uma infinidade de comportamentos, desde os socialmente reprováveis até os aceitáveis, fatos que geram mobilização e ações convergentes da sociedade e entidades publicitárias para disciplinar todos os agentes envolvidos na "oferta" da propaganda comercial.

Todo anúncio é um ato de intervenção social, daí a cobrança para que os integrantes da indústria da propaganda assumam responsabilidades sociais. A publicidade nasceu com o claro propósito de fomentar a transação econômica, principalmente motivando o consumidor na aquisição de bens e serviços. Diante da progressiva complexidade das estruturas e dos valores sociais, a publicidade também foi aprimorando técnicas e métodos, podendo atingir simultaneamente milhões de pessoas pelos meios de comunicação de massa e ainda despertando o olhar crítico da sociedade para seus passos e efeitos. Esse olhar tem sido mais atento em virtude da percepção que os agentes publicitários têm atendido mais às necessidades de mercado dos anunciantes, e não às necessidades sociais, pairando sobre o setor sérias restrições quanto à sua responsabilidade social.

CONSUMIDOR *VERSUS* PROPAGANDA

O procedimento unicamente parcial da publicidade é um dos grandes responsáveis pela relativa falta de credibilidade do negócio de modo geral. A expressão "Isso é propaganda" sintetiza, muitas vezes, o pensamento de alguém que quer dizer "Não acredite nesse anúncio". Tal imagem tem sido construída pela prática histórica da propaganda enganosa e abusiva, além da postura invasiva dos anúncios.

A sociedade, repetidas vezes, tem considerado a propaganda comercial um dos grandes causadores de fraudes, danos e insatisfação aos cidadãos, já que é por esse meio que milhões se decepcionam com informações sobre produtos, serviços e valores sociais. Nesse cenário, o consumidor procura punir a todos: empresários, anunciantes, agentes da propaganda e veículos.

A perda de participação da publicidade entre os investimentos promocionais no Brasil talvez seja um reflexo de posturas históricas em que o consumidor tenha sido desrespeitado e, com isso, deixado de prestigiar marcas e anunciantes, levando estes a redirecionar os investimentos promocionais.

Portanto, converter a publicidade em força positiva para a sociedade é atribuir-lhe uma função de bilateralidade, algo que, de um lado, a torna compatível com o discurso e as práticas de responsabilidade social que as empresas querem assumir com o mercado. De outro, possibilita-lhe maior competitividade e qualidade, pois, ao se incorporar nos valores sociais a serem resguardados, desfrutará de maior credibilidade e melhor imagem pública.

A propaganda comercial (ou publicidade) é o ponto central deste livro, analisada do ponto de vista do consumidor e do consumerismo.

A articulação entre a publicidade e o consumerismo contextualiza-se nas teorias de responsabilidade social corporativa e dos meios de comunicação de massa, algo também presente nas teorias normativas da performance da mídia (McQuail, 1994), em que as práticas nos veículos de comunicação são acompanhadas e controladas pela sociedade e suas instituições, notadamente em razão dos impactos sociais que geram ou podem gerar. Ainda sobre essas teorias normativas, McQuail

(1994) considera o comercialismo (marketing) um dos fatores para uma teoria social da mídia, em que seus intentos comerciais conflitam com os culturais, educacionais e artísticos. O autor destaca os impactos sociais do comercialismo também na dimensão cultural da teoria da sociedade.

Ao mesmo tempo que são mostrados indicadores "frios", como dados e pesquisas, alguns trechos contextualizam fenômenos de forma até emotiva, aspecto inevitável quando se trata de estudos humanísticos.

O capítulo 1 destina-se a uma exposição histórica dos setores sociais brasileiros relacionados ao consumerismo, ao marketing e à propaganda; dividiu-se esta exposição em três etapas: capitalismo primitivo (aproximadamente de 1700 a 1900); produção em massa (em torno de 1900 a 1950); sociedade afluente (aproximadamente de 1950 até hoje). Não se trata de uma cronologia. Buscaram-se ocorrências e paralelismos para um melhor entendimento dos fenômenos consumerista, mercadológico e publicitário no Brasil, por meio de uma apreciação conjunta desses elementos, cujas fases não têm limites cronológicos claros.

O capítulo 2 aborda o sistema do consumerismo. De um lado, há o consumidor, que manifesta comportamentos diversificados nas relações de consumo e pretende satisfazer necessidades individuais e coletivas ao buscar qualidade de vida nessas relações. De outro, há a empresa, que precisa atuar nas relações de consumo com responsabilidade social, com a oferta de serviços de atendimento ao consumidor e com o emprego de estratégias de marketing apropriadas. A relação consumidor–empresa afeta e é afetada incessantemente por diferentes segmentos e instituições sociais denominados públicos: meios de comunicação, imprensa, intelectuais, mulheres, crianças, classes sociais, minorias, religiosos, poder público e entidades consumeristas.

O capítulo 3 analisa a indústria da publicidade e sua interação com o consumerismo. Examina a ação publicitária no cliente, nos meios de comunicação de massa e públicos; analisa a propaganda como entida-

CONSUMIDOR *VERSUS* PROPAGANDA

de social e produtiva, ressaltando aspectos em que o setor apresenta ameaças reais e potenciais à sociedade e a si próprio, como o emprego da propaganda enganosa.

A parte final do livro registra aspectos conclusivos de uma prática publicitária em constante afinidade com as normas e os valores sociais, como forma de fazer refluir a conotação negativa que o setor vem experimentando no movimento consumerista.

É importante ressaltar que este livro se origina de uma tese de doutorado intitulada *O consumerismo como vetor da publicidade no Brasil*, defendida em 1989 na Escola de Comunicações e Artes da Universidade de São Paulo.

A seguir, analisaremos os conceitos de propaganda comercial/publicidade, consumidor e consumerismo, uma vez que tais expressões são questões centrais neste estudo e não apresentam significados consensuais no Brasil.

CONCEITOS

PROPAGANDA COMERCIAL OU PUBLICIDADE

O termo tem recebido inúmeras definições, talvez por ser uma área de muita abrangência de funções. Uma das polêmicas está na diferenciação entre "propaganda" e "publicidade"; outro ponto discutível está relacionado com a extensão de sua atividade, ou seja, se seu uso é limitado aos meios de comunicação de massa ou não, e se abrange formas de promoção, como merchandising e peças de promoção de vendas.

Propaganda significa disseminação ou promoção de idéias (Jowett e O'Donnell, 1986, p. 15), de teor ideológico (propaganda ideológica), político (propaganda política), religioso (propaganda religiosa) ou mercadológico (propaganda comercial ou publicidade).

Consideramos, neste livro, propaganda comercial e publicidade sinônimos, atribuindo-lhes a tradicional função promocional de marketing em sua missão de prestar serviço ao consumidor por meio de uma comunicação simbólica. Portanto, a publicidade se torna um dos instrumentos de marketing para incrementar as ações negociais, a fim de interferir direta e indiretamente nas relações de consumo e nas decisões de compra.

Aqui, entendemos por publicidade ou propaganda comercial a forma de comunicação identificada e persuasiva empreendida, de forma paga, pelos meios de comunicação de massa.

COMUNICAÇÃO: comunicar é tornar comum uma informação, uma mensagem, um valor social. A comunicação social pressupõe a existência do emissor (pessoa, empresa anunciante etc.), do receptor (telespectador, leitor, ouvinte etc.), do meio/mensagem (símbolos, informações, idéias etc.) e de outros elementos (ruídos, *feedback*, interatividade, contexto cultural). Sua efetivação sempre causa alguma mudança no universo cognitivo do receptor na medida em que há a assimilação de uma nova informação ou ocorre nova ambientação mental para a informação recebida, mesmo que num processo interativo. Tal fenômeno aproxima a comunicação social da persuasão, sugerindo que dificilmente tal comunicação prescinde do efeito persuasivo. "Generalizando um pouco a questão, é possível afirmar que o elemento persuasivo está colado ao discurso como a pele no corpo. É muito difícil rastrearmos organizações discursivas que escapem à persuasão [...]" (Citelli, 1998, p. 6).

O sentido persuasivo confere à publicidade intencionalidade e parcialidade em seu discurso; o caráter pago tipifica a intencionalidade dentro de fins comerciais; o atributo massivo proporciona à propaganda comercial extensões coletivas para suas peças veiculadas. Dessa forma, a publicidade apresenta-se, no contexto do consumerismo, como prestação de serviço a uma coletividade de consumidores, com o propósito de trazer ganhos ao anunciante, que deflagra e autoriza essa prestação de serviço. Pessoas e coletividades atingidas por um anúncio publicitário são consumidores do teor veiculado, o que implica recair a defesa do consumidor sobre a peça publicitária (anunciante, agência e veículo) e sobre o bem anunciado (anunciante).

CONSUMIDOR *VERSUS* PROPAGANDA

COMUNICAÇÃO IDENTIFICADA: todo anúncio deve fazer menção ao anunciante ou deixar claro o responsável pelo conteúdo. Normalmente a identificação ou assinatura é feita com a marca do anunciante ou com a própria estampa do produto; em muitos casos, porém, aparece somente o nome do fabricante, do fornecedor, do distribuidor, ou apenas o crédito da agência. Sem a identificação da marca – caso de campanhas tipificadas por *teaser*[1] –, a responsabilidade legal do anúncio deve ser assumida mesmo que seja por parte do veículo que a divulga. Dificuldades em identificar os responsáveis pelo anúncio prejudicam a instauração de processos caso a peça contenha algum ingrediente danoso. De qualquer forma, o anonimato que pode ocorrer na propaganda ideológica não é aceito para caracterizar a propaganda comercial.

COMUNICAÇÃO PERSUASIVA: todo anúncio busca uma tomada de posição por parte do consumidor, entre elas experimentar o produto, julgá-lo interessante, formar um conceito positivo sobre a empresa, compará-lo com outros produtos etc. A intenção da publicidade é convencer o consumidor de algo, o que implica causar mudança em seu universo cognitivo (persuasão). Por não ser uma vocação dos meios de comunicação de massa mudar comportamentos, a publicidade não consegue, por si, desempenhar essa função de forma contundente; porém, em consonância com outros instrumentos de marketing, pode exercer influências persuasivas, alterar hábitos e atitudes em favor de um anunciante. A comunicação publicitária é intencionalmente parcial, porém a defesa de uma idéia favorável ao anunciante deve ater-se aos limites legais e da responsabilidade social. O teor persuasivo, na intenção de incrementar vendas, pode usar jargões, dados e linguagem que contenham inverdades ou induzam o consumidor a erro, tornando-se um dos aspectos conceituais mais agudos quando se pretende analisar o impacto consumerista da publicidade.

---

1 São campanhas que visam criar expectativa sobre algo a ser lançado, precisando, por vezes, omitir dados da marca e do anunciante.

A persuasão é própria do ser humano, cabendo, no entanto, uma diferenciação nas práticas danosas ao consumidor. Sócrates introduz uma distinção entre o tipo de persuasão que engendra conhecimento no homem persuadido e o tipo que não o faz. No primeiro caso, a persuasão consiste em oferecer razões para sustentar uma opinião; e, se esta é aceita, pode-se fazer uma exposição para consolidá-la em função dessas razões. No segundo caso, a persuasão consiste em submeter o público a uma pressão psicológica que produz uma convicção infundada. Adicione-se que o trabalho persuasivo da publicidade não se reveste de posturas fisicamente agressivas (lavagem cerebral, intimidação etc.) nem de performances que causem ocultamente males no comportamento coletivo ou na mente do consumidor (ver a caracterização da propaganda subliminar no item "propaganda enganosa", capítulo 3), embora alguns recursos publicitários não possibilitem o reconhecimento da publicidade como tal, caso do merchandising publicitário (ver o item "promoção", no capítulo 2). Por último, considera-se que a publicidade não cria necessidades, mas atende a desejos dos consumidores quando associada aos demais instrumentos de marketing.

> Disséramos antes que não se criam necessidades nas pessoas, no público-alvo da Publicidade ou da Propaganda, mas sim que apenas detectam-se os desejos latentes. Temos aqui exemplos, pois em ninguém é enxertada a necessidade de chicletes, narguilé, bala, charuto, caviar, maionese nem desta nem daquela marca, picolé ou qualquer outro item da quase infinita lista que se oferta ao prazer oral. (Wellausen, 1988, p. 166)

EMPREENDIDA DE FORMA PAGA – Implica a compra de espaços nos veículos de comunicação para a inserção dos anúncios. Embora em muitos suportes (meios) essa prática seja facilmente aplicável (jornal, rádio etc.), em outros, a idéia da compra de espaço não é tão clara, caso de folhetos, volantes e cartazes (paga-se pela autorização pública para distribuir, por exemplo). Há também a prática de permutas e doações de espaço para anúncios que também descaracterizam o teor de inserção paga. Por isso, talvez, o entendimento que se busca nesse campo é de que o espaço de veiculação da peça publicitária envolve custos midiáticos (caso de taxas ao poder público, contrapartida de serviços, compra de espaços etc.). Essa característica conceitual da propaganda comercial (ser paga) possui mais implicações comerciais do que consumeristas.

ATRAVÉS DOS MEIOS DE COMUNICAÇÃO DE MASSA – O conceito de comunicação de massa não é exato, mas, em linhas gerais, caracteriza a recepção como *heterogênea* (há uma multiplicidade de segmentos e perfis demográficos), *anônima* (não se sabe ao certo quem está recebendo a comunicação) e *numerosa* (um grande contingente é atingido pela comunicação). Ao ser veiculado em um MCM, o anúncio reveste-se dessas características. Assim, a peça publicitária sempre: a) atingirá múltiplos segmentos, por mais que a mídia ou seu conteúdo sejam segmentados; b) alcançará pessoas não-detectáveis como receptores; c) influenciará uma quantidade expressiva de indivíduos ou públicos. A utilização de rádio, televisão, cinema, folhetos, painéis, *outdoors*, revistas, jornais, internet e demais mídias de massa torna a publicidade pública e, como tal, transforma uma atividade tipicamente privada em algo da esfera pública, o que proporciona ao setor publicitário colher os ônus e bônus de tal situação. O mosaico de consumidores que uma peça publicitária alcança provoca outra aberração mercadológica, pois dificilmente a oferta de um produto conseguirá satisfazer gama tão diversificada de pessoas, embora o teor persuasivo da propaganda tenha essa pretensão.

CONSUMO E CONSUMIDOR

A expressão "consumo" é antiga, pois tem vínculo com a própria economia e o comércio. Consumo é a apropriação de bens num contexto socioeconômico e atende a necessidades e desejos das pessoas. Sua inserção na sociedade de consumo veio acompanhada por atributos e derivações que outrora não tinha (Quadro 1).

QUADRO 1 – TERMOS DERIVADOS DE "CONSUMO"
Consumerismo: retrata ações sociais voltadas para defender os interesses dos consumidores.
Consumismo: consumo extravagante e espúrio de bens. Por vezes, envolve o consumo impulsivo (retratado como consumo não planejado) e o compulsivo (considerado doença).
Consumocracia: sistema social guiado pelo consumo e pelo consumismo. O consumo e as mercadorias regulam relações sociais.
Consumação: padrão de cobrança pelo consumo de bebida ou comida em estabelecimentos comerciais. Em alguns países, o termo é usado como sinônimo de consumismo.

Consumidor caracteriza pessoa ou coletividade que consome, ou seja, que utiliza ou adquire bens nas relações de consumo. Só recentemente teve sua definição na área do direito e, mesmo atualmente, ainda carrega um sentido pejorativo de "pessoa consumista". A figura do consumidor está também tipificada no âmbito comercial. Embora, na prática, a mesma pessoa seja um cidadão e um consumidor, no primeiro papel ela está revestida de um sentido civil, ao passo que, no segundo, de interesses comerciais.

O Código Brasileiro de Auto-regulamentação Publicitária (Conar) considera que "A palavra consumidor refere-se a toda pessoa que possa ser atingida pelo anúncio, seja como consumidor final, público intermediário ou usuário". Segundo o Código Brasileiro de Defesa do Consumidor (CDC), "Consumidor é toda pessoa física ou jurídica que adquire ou utiliza produto ou serviço como destinatário final. Equipara-se a consumidor a coletividade de pessoas, ainda que indetermináveis, que haja intervindo nas relações de consumo".

Portanto, consumidor é o agente (pessoa, empresa, instituição ou coletividade) que adquire bens, informações, produtos, serviços de um fornecedor, sem a intenção de revender. Inúmeros bens podem ser alvo de aquisição, como água, sangue (transfusão), medicamentos, serviços de pintura e valores antitabagistas. O CDC considera consumidor tanto o que adquire (comprador) como o que utiliza (usuário) o bem, até porque nem sempre quem utiliza um produto (caso de uma criança ou

CONSUMIDOR *VERSUS* PROPAGANDA

de alguém que o recebeu de presente) tem acesso ao fornecedor ou meios para dar prosseguimento a reparações em caso de dano.

Com relação ao marketing, há quem faça distinção entre consumidor e comprador, uma vez que o primeiro teria apenas a função de usuário de bens e serviços e ao segundo caberia a função de adquirir ou pagar. Conquanto a diferenciação de marketing seja precisa e se baseie em interesses para direcionar apelos mercadológicos, do ponto de vista geral é preciso considerar que comprador e consumidor estão do mesmo lado nas relações de consumo, desfrutando das mesmas vantagens e, conseqüentemente, não sendo necessária essa distinção em termos consumeristas, visão igualmente compartilhada pelos conceitos do Conar e do CDC anteriormente apresentados.

CONSUMERISMO

O consumerismo retrata ações sociais voltadas para defender os interesses dos consumidores. O termo é um anglicismo derivado de *consumerism*. Refletiu a resposta da sociedade de consumo, principalmente nos Estados Unidos, em face do abuso mercadológico de empresas e organizações na comercialização de bens e serviços, reação essa que se expandiu para quase todas as nações do mundo durante o século XX.

A origem do termo e sua caracterização não são consensuais. Schewe e Smith (1982, p. 514) adotam o termo atribuindo uma origem ainda no século XIX, mas caracterizado por "ondas", ou seja, pela alternância de períodos de intensificação das ações de defesa do consumidor com períodos de decréscimo. Solomon e Stuart (2000, p. 61) preferem a denominação "consumerismo moderno" ao movimento caracterizado pelos eventos iniciados em meados do século XX. Outros autores, porém, utilizam o termo sem adjetivações, identificando-o com acontecimentos da metade do século passado até os dias atuais, caso de McCarthy e Perreault (1997, p. 87) e Kotler (1996, p. 157).

Vance Packard é tido como um dos precursores do termo, ao constatar o declínio da qualidade de produtos e serviços, além das técnicas de obsolescência planificada, e ao denunciar a voracidade de empresas que utilizavam o marketing e a propaganda para seduzir, pressionar e apressar o consumidor na aquisição de bens de consumo. Também em meados do século XX, trabalhos como os de Rachel Carson e Ralph Nader deram fôlego ao movimento, o primeiro denunciando os efeitos do agrotóxico DDT sobre o ambiente e as pessoas, e o segundo relatando os problemas na segurança dos automóveis (*apud* Day e Aaker, 1970, p. 12-3).

No entanto, a insatisfação do consumidor nas relações comerciais vem de longa data, em todas as partes do mundo, tempos esses que podem ser considerados precursores do consumerismo. No Brasil, o consumerismo pode ser caracterizado pelo somatório de muitas entidades, normas e idéias associadas à defesa do interesse do consumidor, caso do Procon (entidade governamental de defesa do consumidor criada em 1976 no Estado de São Paulo), do Conselho de Auto-regulamentação Publicitária (Conar, 1978), dos serviços de atendimento ao consumidor oferecidos por empresas, do Código Brasileiro de Defesa do Consumidor (1990), dos testes de produtos veiculados em programas nos meios de comunicação, das atividades escolares voltadas à educação no consumo, dos sites que promovem o consumo consciente, das ONGs que enfatizam o consumo sustentável, dos programas de gestão da qualidade para produtos e serviços.

Essas e muitas outras ações pautam-se pelo amadurecimento dos movimentos civis brasileiros, pela intensificação da vontade política, pela crescente opção pela responsabilidade social – tanto por parte dos empresários como do governo –, além do surgimento de um consumidor brasileiro mais informado e participativo.

Polia Hamburger (1981, p. 7) aponta possíveis causas para o movimento consumerista mundial, entre eles: afluência (maior acesso ao consumo); níveis educacionais mais elevados; expectativas mais altas; descontentamento com os produtos (crescente complexidade, decrescente qualidade); informação inadequada sobre os produtos; obsolescência planejada; descontentamento com o desempenho da economia de mercado, especialmente em relação aos problemas ecológicos e de direitos civis.

Peter Drucker (*apud* Zério, 1979, p. 83-4) relaciona os principais problemas consumeristas a: propaganda deceptiva, táticas antiéticas

CONSUMIDOR *VERSUS* PROPAGANDA

de venda, proliferação de embalagens, políticas de preço antiéticas, truques de merchandising, produtos perigosos e inadequados, fraudes a consumidores pobres, serviços de má qualidade, economia inflacionária, irritação com métodos de cobrança, recusas de devolução do dinheiro, promoção de valores ilusórios, obsolescência planejada, proliferação de produtos, falta de competição, exploração das idades infantis, alto custo do crédito, ênfase na quantidade em vez da qualidade, falta de comunicação entre empresário e consumidor, complexidade da tecnologia, condições enganadoras de "garantia", embalagens deceptivas, substituição de mercadorias, falta de informação sobre produtos.

Normalmente, o consumidor é considerado o elo mais fraco nas relações de consumo, justificando estar o consumerismo voltado para sua proteção e defesa. Enquanto os empresários e fornecedores são tidos como os elos mais fortes, atribui-se ao governo e a outras entidades o papel de mediar essa situação, lembrando que os serviços de atendimento ao consumidor de empresas também podem contribuir com esse propósito.

A insatisfação é o ponto de partida para a ação consumerista, podendo dar-se com um produto, serviço, idéia, instituição ou anunciante. Tal ação é mais comum na compra e no consumo de produtos comerciais, notadamente bens adquiridos pelo consumidor particular; mas são igualmente importantes na geração do consumerismo as ações contra o meio ambiente, as minorias e as crianças.

Cada pessoa ou coletividade pode expressar sua insatisfação de forma introspectiva (calar-se, culpar-se) ou exteriorizada (pedir devolução da quantia paga, boicotar a empresa, denunciar na mídia, encaminhar reclamação a uma entidade de defesa do consumidor). Pode ainda fazê-lo de maneira isolada (individual, impulsiva) ou planejada (coletiva, engajadora).

Se encarado de forma ampla, o consumerismo está ligado ao bem-estar e à ampliação da qualidade de vida, extrapolando a simples reparação de um dano de consumo. Portanto, é compreensível que problemas como ecologia, saúde pública, educação, transgênicos e outros estejam incorporados às discussões consumeristas, assim como a publicidade, a segurança e o direito à informação.

Paradoxalmente, constata-se que as próprias empresas têm se beneficiado do consumerismo, pois as reclamações e opiniões propiciam o aprimoramento da qualidade dos produtos e serviços. Os recentes programas de gestão da qualidade prevêem a formação de banco de dados de clientes, a formalização de serviços de atendimento ao consumidor, o aprofundamento das técnicas de marketing de relacionamento, a pesquisa mercadológica e muitos outros procedimentos para transformar as manifestações avessas em oportunidades de negócios.

As reações consumeristas podem ser imprevisíveis para as empresas, já que as forças que motivam e conduzem o consumerismo são complexas, além de o consumidor moderno intercalar comportamentos tradicionais com inovadores. Um anúncio publicitário danoso pode causar reações ostensivas e severas ou, então, não despertar nenhuma manifestação considerável. Tal diversificação decorre de vários fatores: 1) âmbito: o dano pode ter conseqüência individual, familiar, comunitária ou grupal; 2) tempo: o problema pode ser sentido imediatamente, no dia ou na semana seguinte; 3) espaço: a insatisfação pode ocorrer no mesmo lugar da aquisição/consumo ou em lugar diferente; 4) gravidade: as conseqüências podem ser desprezíveis ou relevantes.

O consumidor pode direcionar sua insatisfação num tom conciliatório (contatar a loja, o fabricante) ou conflituoso (boicote, protesto na internet, denúncia a uma entidade ou a um órgão da imprensa). O boicote, em particular, tem sido uma arma bastante polêmica, mas quase sempre eficaz. O fato é que uma empresa somente reverterá práticas lesivas ao consumidor se este puni-la de alguma forma, trazendo impacto mercadológico. Nesse sentido, qualquer esforço torna-se válido: desde ficar sem comprar naquele supermercado durante um mês (esforço individual) ou pedir que os amigos não comprem determinada marca (esforço coletivo). Tanto um como outro são partes de uma consciência para direcionar o empresário a ser socialmente responsável, embora os esforços coletivos sejam os que apresentem resultados mais evidentes e rápidos.

A força do consumerismo é mais intensa se um maior número de pessoas estiver agregado a uma causa comum. Ações mais amplas requerem alianças dos consumidores entre si e com entidades para atingir objetivos mais complexos, caso de litígio com empresas do exterior.

Estima-se que o consumerismo no Brasil esteja chegando a um ponto de amadurecimento, embora em alguns aspectos seja ainda um movimento em formação, sujeito a ocorrências sazonais e com grau de desenvolvimento diferenciado nas regiões e instituições brasileiras. Trata-se de um movimento ascendente, constatável pelo número crescente de entidades, processos judiciais, manifestações de consumidores e legislação referente à área. O ímpeto consumerista tem sido guiado por atitudes responsáveis de consumidores, empresas e governo, o que torna os ganhos mais lentos, porém sustentáveis.

O fortalecimento da sociedade de consumo brasileira faz que esse contingente sinalize ao mercado condições mais severas na oferta de bens e serviços, algo que acaba se estendendo para toda a sociedade na forma de políticas de consumo.

As semelhanças dos sistemas políticos e mercadológicos dos Estados Unidos com o Brasil encorajaram a utilização do termo "consumerismo"[2], embora muitos prefiram usar expressões como "proteção ao consumidor", "proteção do consumidor" ou "defesa do consumidor". Sem a preocupação de estabelecer limites e antagonismos entre esses termos, mas com a intenção de propiciar melhor visualização para o conceito de consumerismo, propomos uma comparação entre essas expressões (ver Quadro 2, na página 25).

O consumerismo considera a sociedade e a qualidade de vida os bens mais importantes, em que cidadãos, minorias, crianças, meio ambiente, trabalhadores e tantos outros componentes sociais devem ser priorizados nas relações comerciais e de consumo. Conduzindo

---

2   O termo "consumerismo", que nos Estados Unidos vinha sendo utilizado para designar a proteção dos interesses dos consumidores, ultimamente tem sido empregado para qualificar o materialismo excessivo, confundindo-se com o equivalente a "consumismo" (Roger, 1994, p. 347-60).

ações com base em uma consciência coletiva, consegue dar sustentabilidade às relações de consumo e estender a uma coletividade os ganhos obtidos, causando efeito sinérgico no que se refere à cidadania. O envolvimento de interesses coletivos motiva a cobertura pelos meios de comunicação de massa, pois o assunto passa a ser de interesse público, o que provoca repercussões transregionais e até a possibilidade de causar e receber influências no exterior. Ao encarar os danos como prejuízo social, o consumidor percebe que as relações de consumo não se esgotam na contrapartida financeira, já que valores morais também são atingidos. Essa dimensão comportamental, aliada à visão coletiva, faz que o fato consumerista passe por outros setores sociais, como entidades corporativas, organismos de consumidores e ONGs. Nas ações preventivas e educativas há, talvez, o grande ideário consumerista, que está na formação de um consumidor mais consciente, ativo e informado, adepto de um consumo sustentável. Factualmente, o consumerismo moderno começou nos Estados Unidos, seu conceito tem grande afinidade com as áreas de marketing, promoção e propaganda comercial, pois deve sua origem às práticas lesivas que esses setores sustentaram no passado.

Solomon e Stuart (2000, p. 62) consideram que o consumerismo, atualmente, está muito ativo e aperfeiçoado, denominando uma "nova era do marketing" para a postura do mercado em não somente aceitar de forma proativa as manifestações e reclamações dos consumidores, mas também por tratá-las de forma voluntária e até agir de modo a preveni-las.

Concordamos que o consumerismo esteja em plena expansão. Mas, se de um lado há empresas que incorporaram plenamente o seu conceito, por outro muitas outras o fazem de forma manipuladora ou simplesmente consideram o consumidor um mero elemento da cadeia de consumo. Tais posturas diferenciadas também caracterizam o marketing e a publicidade, sinalizando para a sociedade manter-se atenta aos desdobramentos do mercado.

CONSUMIDOR *VERSUS* PROPAGANDA

QUADRO 2 – CONSUMERISMO × PROTEÇÃO OU DEFESA DO CONSUMIDOR	
Consumerismo	**Proteção ou defesa do consumidor**
O bem considerado é a sociedade e a qualidade de vida.	Consideram-se alvo da proteção as pessoas nas suas relações com os bens.
Ação guiada por uma consciência coletiva.	Ação guiada por interesses próprios.
Enseja considerável cobertura pelos meios de comunicação de massa.	Não repercute nos MCMs.
Sua ação tem repercussões transregionais.	Sua ação é mais localizada.
Possibilidade de receber influência de países do exterior.	Probabilidade pequena de causar impactos no exterior.
Os danos são encarados como prejuízo social.	Os danos são avaliados como prejuízos monetários.
Os danos repercutem em cadeia por diversos setores sociais.	Os efeitos são contidos e limitados.
Preocupação imediata com minorias, crianças, ecologia, diversidade étnica.	Preocupação imediata com os efeitos diretos do consumo.
Sustenta ações preventivas e educativas para o consumo.	Sustenta mais ações reparativas ao consumidor.
Tem origem terminológica nos EUA.	Tem origem no próprio conceito de consumidor.
Está presente em todas as áreas sociais, com destaque ao marketing.	Está presente em todas as áreas, com destaque ao direito.

1
ANTECEDENTES E INDICADORES SOCIAIS BRASILEIROS RELACIONADOS COM O CONSUMERISMO E A PUBLICIDADE

Uma abordagem histórica do consumerismo/defesa do consumidor e da publicidade/marketing no Brasil é necessária, principalmente para mostrar particularidades, paralelismos e antagonismos que esses elementos têm vivenciado no âmbito socioeconômico. A fim de sistematizar melhor a análise, utilizamos o modelo de Estágios do Desenvolvimento Econômico proposto por Kotler (1975, p. 28-35). Como nosso interesse é retratar aspectos históricos mais recentes, acolhemos os três últimos estágios, ou seja, o capitalismo primitivo, a produção em massa e a sociedade afluente.

Embora enraizado temporal e conceitualmente no modelo de Kotler, o desenvolvimento deste capítulo é feito com informações e dados concernentes ao Brasil. Nesse particular, três trabalhos foram fundamentais: *Do reclame à comunicação* (Ramos, 1985), "O marketing no Brasil: evolução histórica" (Simões, 1980, p. 13-99) e "História da propaganda brasileira" (Simões, 1982, p. 38-124).

ESTÁGIO DO CAPITALISMO PRIMITIVO

Estima-se que, no Brasil, por volta dos séculos XVIII, XIX e início do XX, a economia girava em torno de negócios e empresas cuja produ-

CONSUMIDOR *VERSUS* PROPAGANDA

ção artesanal era destinada à aquisição de excedentes para a obtenção de lucros e não apenas para a sobrevivência individual ou familiar. Durante boa parte desse período, o Brasil manteve vínculo colonial e dependia das decisões de Portugal e de algumas nações européias, principalmente a Inglaterra.

O Brasil, em 1800, tinha uma população estimada em 3,7 milhões de habitantes dispersos num grande território, caracterizando-se por uma nação de grande desnível socioeconômico, em que integrantes do poder público, latifundiários e grandes comerciantes tinham maior poder aquisitivo e detinham a grande parte do produto interno bruto. A cidade de São Paulo, em 1890, tinha cerca de 65 mil habitantes.

Boa parte da produção brasileira era artesanal ou ligada diretamente à terra (extrativismo, agricultura), produção esta que, ao ser exportada, gerava moeda estrangeira ou produtos, como tecidos finos, bebidas, farinha de trigo e objetos de luxo.

Internamente, os negócios giravam em torno das propriedades no campo, caracterizando vida tipicamente rural. Formavam núcleos populacionais que se auto-abasteciam, comprando fora o que era inviável produzir, como sal, máquinas, ferramentas agrícolas e artigos manufaturados. Essas propriedades produziam geralmente algodão, café, cacau, açúcar, arroz e gado.

A classe comercial era reduzida, formada por pequenos negociantes de aldeia: o comércio varejista se limitava a atender às fazendas, pois o povoamento disperso obrigava a uma vida ambulante.

A situação interna, no que diz respeito ao consumo, era crítica: de um lado, estava sendo implantado o modelo sociopolítico da Europa Ocidental, baseado na economia de mercado e na propriedade privada; de outro, havia grande controle da economia do país por parte das nações européias, estagnando muitos setores, encarecendo sobremaneira outros e criando carência em quase todos, principalmente para a grande maioria da população, que se via à margem dos avanços e novidades. O seguinte depoimento de Gastão Cruls (*apud* Simões, 1980, p. 30) ilustra essa situação:

Tudo nos faltava, a começar pelas mais comezinhas utilidades, como copos, facas e tesouras, que não andavam nas mãos de todos. Aconteceu até que a Inglaterra, com um desconhecimento total de nosso clima, mandou-nos um carregamento de patins para neve, fogões para calefação interna, bacias de cobre para aquecimento de camas e grossos cobertores da lã. Pois ainda assim, nada disso ficou perdido. Tudo encontrou compradores. As tais bacias, depois de milfuradas, aproveitaram-se como escumadeiras, nos engenhos de açúcar. As lâminas de patins transformaram-se em trincos de porta, facas e até em ferraduras. Os cobertores de lã seguiram para as zonas de mineração e aí, como se faria com os couros peludos, quando mergulhados nos rios auríferos, serviam para reter entre as suas malhas as partículas de ouro.

Era uma sociedade marginalizada pelo livre consumo, quadro que revelava grande demanda por produtos em geral, mesmo que incompletos do ponto de vista de utilidade para os consumidores. Predominavam produtos a granel, sem marca-fantasia.

O consumidor era fiel ao local da compra – ainda porque naqueles tempos não havia muitas opções para o comprador; a mercadoria era de procedência local (produtos artesanais e agropecuários) ou de procedência estrangeira, geralmente da Inglaterra e da França; não havia, praticamente, estabelecimentos que empreendessem uma produção em escala nacional, principalmente de bens manufaturados.

Além da propaganda direta (feita pelo balconista, vendedor ou produtor) e da propaganda boca a boca, o consumidor conhecia os produtos e os novos lançamentos por intermédio de amigos, conhecidos e impressos promocionais de tiragens limitadas.

A partir do século XIX surgiram os jornais, que desempenhariam um papel promocional e informacional importante, mas de acesso direto apenas para uma elite.

De modo geral, a população era atendida por produtos que satisfaziam necessidades primárias, como alimentação, vestuário, saúde, entretenimento básico e higiene, elaborados basicamente com insumos naturais. Não havia margem para excesso de oferta; ao contrário, muitos produtos eram feitos por encomenda.

CONSUMIDOR *VERSUS* PROPAGANDA

Isso não quer dizer que não houvesse problemas para o consumidor. Eis um depoimento de 1770: "Havia ciganos praticando a mascateação. Muitos abusavam da ingenuidade e da boa-fé das donas de casa, especialmente na ausência de seus maridos. Isto levou, em 12 de dezembro de 1770, a Câmara de São Paulo a adotar medidas repressivas" (Simões, 1980, p. 26).

Nesse depoimento já se nota o papel interventor que o Estado assumiria nas questões de consumo. Era a comercialização que inspirava as maiores reclamações, normalmente a ambulantes e atravessadores. Na Bahia, por exemplo, havia o costume de, durante as intempéries e secas, fazer vendas casadas de verduras, como chuchu com couve, abóbora com maxixe, quiabo com berinjela, jiló com alface, fazendo-se concessão de troca somente para os amigos.

Pode-se assinalar como uma das pioneiras raízes do consumerismo brasileiro o Código Comercial Brasileiro de 1850, cujo artigo 210, por exemplo, trazia o seguinte texto:

> O vendedor, ainda depois da entrega, fica responsável pelos vícios e defeitos ocultos na coisa vendida, que o comprador não podia descobrir antes de a receber, sendo tais que a tornem imprópria do uso a que era destinada, ou que de tal sorte diminuam o seu valor, que o comprador, se os conhecera, ou não a comprara, ou teria dado por ela muito menos preço.

A condição da mulher nesses tempos era de marginalização em muitos setores. Um depoimento referente ao ano de 1800 revelava que São Paulo tinha nos locais de varejo praticamente só a freqüência masculina, e, quanto às mulheres, "não costumando ir às lojas comprar coisa alguma" (*apud* Simões, 1980, p. 29).

A situação das crianças era dramática:

> Era costume ter muitos filhos. E era normal que, em cada família, algumas crianças morressem nos primeiros anos de vida [...] Para exorcizar o fantasma da morte, centenas de remédios, benzimentos e poções eram ministrados às crianças [...] Embora não fossem eficazes, devido ao estágio pouco desen-

volvido da medicina e da farmacologia, os remédios infantis serviam para quase tudo. O Phospho-Thiocol granulado de Giffoni "combatia" raquitismo, tuberculose, coqueluche, bronquite, fraqueza pulmonar, pneumonia e sarampo. (Civita, 1985, p. 140)

Em 26 de junho de 1862, a Lei n. 1.157 oficializava, em todo o território brasileiro, o sistema métrico decimal francês.

Foi na segunda metade do século XIX que São Paulo recebeu as primeiras feiras, em barracas de madeira, e conheceu o automóvel a vapor, enquanto o Rio conhecia o cinema, por meio do omniógrafo. Uma viagem de automóvel entre a cidade de São Paulo e o Rio de Janeiro, no final daquele século, demorava cerca de 40 dias, e o motorista era designado como "autonauta".

O ano de 1908 fora muito importante para o automobilismo brasileiro. A começar pela incrível façanha do conde francês Lesdain, que, num carro Brasier de 16 cv, realizara a pioneira travessia Rio–São Paulo: mais de 700 km tortuosos, percorridos em 33 dias. Logo em seguida, foi a vez de um brasileiro: Antonio Prado Junior, dirigindo um *motobloc* de 30 cv, comanda uma caravana de "bandeirantes sobre rodas de borracha" [de São Paulo], com destino a Santos, através do perigoso e abandonado Caminho do Mar. A proeza levou 36 horas. (Civita, 1985, p. 89)

Um dos fatores que retratavam o pouco progresso de então era a escassez e a precariedade das vias e meios de transporte; só em 1701 foi aberta a primeira "estrada" ligando o Rio a Minas. Usava-se basicamente o transporte muar em trilhas, boa parte delas abertas pelos bandeirantes. Por volta de 1856 as ferrovias eram defendidas ardorosamente, pois produtos como arroz e feijão chegavam a um preço absurdo em razão dos percalços de transporte. Em 1867 a São Paulo Railway iniciava sua operação, assumindo ainda mais importância com a inauguração do porto marítimo de Santos em 1892, estabelecendo assim uma ligação ferroviária do porto com o planalto paulista. Embora grandes ferrovias tivessem sido inauguradas

CONSUMIDOR *VERSUS* PROPAGANDA

no final do século XIX, seria a partir do século seguinte que a malha ferroviária brasileira conseguiria operar com grandes volumes de carga.

Remonta ao início do século XIX a introdução da imprensa, por meio do *Correio Braziliense*; em 1808 surgiu a *Gazeta do Rio de Janeiro*, publicada em uma coluna com circulação aos sábados. Publicava anúncios gratuitamente, desde que entregues até quarta-feira à tarde. Os primeiros anúncios eram imobiliários ou de recrutamento de pessoal. Eram anúncios compostos, geralmente, sem títulos ou frisos, em que o texto era elaborado pelo próprio redator do jornal ou pelo tipógrafo, com base em um *briefing* fornecido pelo anunciante. Em 1868 surgiram as primeiras revistas ilustradas, como *A Vida Fluminense*.

Os anos 1920 marcaram franca evolução dos jornais, tanto que o *Diário do Rio de Janeiro* mantinha oito livrarias como anunciantes constantes. Em 1825 surgia o *Diário de Pernambuco*, jornal mais antigo ainda em circulação no país.

Além disso, faltavam equipamentos básicos para uma produção com alguma qualidade; só em 1706 chegou a primeira tipografia no Brasil, mas os equipamentos gráficos foram proibidos no país por imposição de Portugal. Como a publicidade dependeria inicialmente dos veículos impressos, só a partir dos anos 1920 é que começaria a haver um desenvolvimento nessa área. Portanto, o início da publicidade se deu no contexto do jornalismo, o que motivou jornalistas e gráficos à prática publicitária.

No início do século XIX, os anúncios utilizavam uma linguagem que se assemelhava muito ao "quem quiser" ou "quem quer comprar". Esses classificados revelavam, de um lado, uma oralidade, com o emprego da terceira pessoa; de outro, uma preocupação informacional, ou seja, não se utilizava uma linguagem imperativa para a compra ou aceitação de algo, o que dava um tom "cavalheiresco" aos anúncios de então. Era uma postura associada a uma economia caracterizada pela baixa competitividade, algo que não demandava forçar o consumo nos apelos promocionais.

A partir de 1808, com a *Gazeta do Rio de Janeiro*, o Brasil dava início à massificação da imprensa, abrindo caminho para o desenvolvimento da propaganda comercial, primeiro em forma de classificados, depois incorporando anúncios, inclusive com certas ilustrações. A medicina começou a ser explorada como negócio, surgindo anúncios de médicos, hospitais e medicamentos por volta de 1860; nessa época apareceram também os primeiros cartazes promocionais, como um que anunciava, no Rio de Janeiro, a revista *Semana Ilustrada*. Surgiu, em 1875, o jornal *A Província de São Paulo*, que mais tarde se transformou no atual *O Estado de S. Paulo*.

Na segunda metade do século XIX era possível detectar anúncios preocupados com a veracidade da propaganda e outros que praticavam a publicidade enganosa. Os anúncios da Casa Muniz e do Xarope de Honorio do Prado (Quadro 3) são exemplos (Ramos, 1985, p. 14-5).

Logo, fatores como pulverização profissional, estrutura incipiente da propaganda e inexperiência empresarial foram elementos que caracterizaram os séculos XVIII e XIX como os de uma publicidade embrionária, mas já carregada de vícios e artimanhas.

EM OUTRAS PALAVRAS

Poderíamos caracterizar esse período pela produção e comercialização de *commodities* (artesanal ou semi-artesanal) praticamente sem marcas fortes. Em termos de mercado interno, essa produção era destinada a uma clientela local, não só pela baixa escala de produção, mas também pela falta de estrutura de transportes para um comércio inter-regional.

A inexistência de meios de comunicação de massa era explicada não somente do ponto de vista tecnológico, mas também pelo fato de uma promoção localmente direcionada atender a propósitos regionais. Ou seja, do ponto de vista social e de mercado, tanto o marketing como a publicidade não tinham razão para se impor: não havia necessidade de persuadir consumidores, dada a situação de a demanda ser maior que a oferta; não havia necessidade de promover

QUADRO 3 – ANÚNCIOS TÍPICOS DO SÉCULO XIX

ANÚNCIO DA CASA MUNIZ:
Máximas do bom annunciante. A verdadeira reclame é aquella que é mais proveitosa para o público que para o próprio annunciante. O valor de uma reclame está na razão directa da authenticidade das suas promessas. Uma boa casa não promette em seus annuncios mais do que pode dar; mas dá tudo quanto promette. O bom annunciante não pede que o público acredite nas suas palavras. Pede que o público lhes verifique a veracidade, visitando a sua casa. A leitura de um annuncio é uma suggestão. A vista do artigo annunciado é um argumento.

ANÚNCIO DO XAROPE DE HONORIO DO PRADO:

Eu era assim.
[Figura de uma pessoa doentia]

Cheguei a ficar quasi assim!!!
[Figura de uma caveira]

Soffria horrivelmente dos pulmões, mas graças ao milagroso Xarope peitoral de alcatrão e jatahy, preparado pelo pharmaceutico Honorio de Prado, consegui ficar assim!! [Figura de um homem são] Completamente curado e bonito.

Esse xarope cura tosses, bronchites, asthma, rouquidão e escarros de sangue. Preço do vidro 1$500.

Unico deposito na Capital Federal. J. M. Pacheco & Comp. Rua dos Andradas, nº 58.

Fonte: ROSA, 2002, p. 14-5.

produtos em larga escala, dada a inexistência de meios de comunicação de massa – mas, mesmo que estes fossem oferecidos, a falta de estrutura de transportes impossibilitaria a chegada dos produtos anunciados em outras regiões.

Nesse período, é possível considerar que o cliente conhecia os produtos por meios informais ou pelo contato direto com o comerciante, fato que personifica a garantia dos bens por ele vendidos, estabelecendo uma relação de confiança; os problemas nas relações de consumo eram "resolvidos" diretamente entre consumidores e fornecedores, inclusive pela falta de leis consumeristas. A publicidade tinha pouca influência nas decisões de consumo.

ESTÁGIO DA PRODUÇÃO EM MASSA

Os agentes produtores e os comerciantes, devidamente avalizados pelo governo, objetivam a maximização dos lucros, obtida por uma conjunção de fatores, como avanços tecnológicos do início do século XX (aumento da produtividade), práticas de gestão científica (diminuição dos custos), oferta abundante de recursos naturais, oferta de mão-de-obra barata, mecanização de processos (produção em série). Essa postura refletia o padrão produtivo das mais influentes empresas brasileiras até os anos 1950 e 1960. As mercadorias a granel eram substituídas por produtos acondicionados em embalagens e identificados em rótulos, como forma de personificar a marca e suas características.

O Brasil iniciava o século XX com 18 milhões de habitantes, formando um mercado de consumo atraente. A cidade de São Paulo já contava com um milhão de habitantes em 1934. Tinha em 1920 um total de 60 mil edifícios, passando a cem mil em 1928 e a 230 mil em 1944 (Klintowitz, 1989, p. 16). Há uma crescente industrialização no estado de São Paulo: de 1928 a 1932, a produção agrícola correspondia a 58,8% e a industrial, a 41,2%; em 1935, a agropecuária era responsável por 47% e o setor industrial, por 53%; no ano de 1940, o valor produzido pela agricultura chegava a 27,2% e o da indústria, a 72,8%. A população da cidade de São Paulo, entre 1900 e 1950, pulou de 239 mil para 2.227.000 habitantes.

CONSUMIDOR *VERSUS* PROPAGANDA

Foi um período em que começaram a aparecer grandes núcleos urbanos, verdadeiros conglomerados populacionais, exacerbando os negócios que demandariam crescente especialização em todos os níveis. Um estudo de J. Winson Ives (*apud* Simões, 1980, p. 85), publicado em 1939, mencionava que 65% da população estava concentrada num raio de 100 quilômetros em torno das cidades de São Paulo, Rio de Janeiro, Recife, Porto Alegre e Salvador, locais em que se consumia 97% da eletricidade, onde havia 96% dos aparelhos de rádio, 98% dos refrigeradores e 83% dos telefones.

O país já apresentava uma razoável malha ferroviária, além de portos marítimos mais aparelhados para o comércio exterior, e dos primeiros aeroportos, caso do Campo de Marte em 1920 e de Congonhas nos anos 1940, ambos na cidade de São Paulo. Em 1940 a frota de veículos no Brasil era de cerca de 250 mil unidades, que podiam transitar por muitas rodovias recém-inauguradas, como a Dutra e a Anhanguera.

O setor das comunicações também evoluiu. Foi um período de consolidação dos jornais, e em 1900 o *Jornal do Brasil* se capacitaria a reproduzir fotografias; também naquele início de século surgiriam as revistas especializadas e o rádio.

As revistas traziam uma nova forma jornalística, ou seja, valiam-se mais da mensagem visual e do texto "leve" do que de páginas *all type* com textos maçantes. Notabilizaram-se revistas como a *Revista da Semana* (lançada em 1900), *O Malho* (1902), seguindo-se da *Fon-Fon, A Careta, Arara* e *Vida Paulistana,* entre outras. As duas últimas foram publicadas em São Paulo, mantendo-se graças a anunciantes locais. Surgiram como um novo meio de comunicação que viria a atrair as verbas publicitárias, pois enquanto o jornal oferecia credibilidade, mas relativos recursos visuais, a revista começava a despertar a atenção do público feminino, ao mesmo tempo que permitia novas experiências de criação publicitária.

Os almanaques e as obras comerciais de cunho literário, principalmente editados pelas empresas farmacêuticas, conquistavam o público, pois aliavam prestação de serviço a entretenimento. A versão do *Je-*

ca Tatuzinho (escrito por Monteiro Lobato), em 1941, vendeu cerca de dez milhões de exemplares.

Enquanto a revista se aperfeiçoava, o rádio dava os primeiros passos. Em 1920 foi concedida a primeira licença para a instalação de uma emissora no Brasil. Dois anos depois, foi feita a primeira transmissão oficial de rádio. Quando Roquette-Pinto fundou a Rádio Sociedade do Rio de Janeiro, em 1930, já havia emissoras funcionando em São Paulo, Rio de Janeiro e Recife, como iniciativa profissional organizada. Mas só a partir de 1932, por meio de decreto, foi liberada a propaganda comercial pelo rádio, contrariando muitos que, naquela época, pretendiam vê-lo apenas como veículo de cultura. A partir de 1933 apareceram os *spots* nos programas associados a marcas, os *jingles* e os programas patrocinados. Em 1935 surgiu a Rádio Nacional do Rio de Janeiro, que viria a ser o veículo mais influente nas duas décadas seguintes, cobrindo o país com suas poderosas ondas curtas. O número de receptores de rádio, em 1948, era de 3,5 milhões.

Os meios de comunicação de massa constituíam uma forma para chegar ao grande contingente formado pela classe média, o que possibilitava às instituições que os utilizavam, inclusive à publicidade, grande poder de influência no mercado de consumo. Nesse sentido, o marketing e a publicidade direcionavam-se às massas por meio de produtos pouco diferenciados, mas com preço acessível.

A mulher começou a "sair" do lar e a trabalhar fora, estimulada pelas mudanças sociais e pela crescente produção industrial; solidificou hábitos como sair sozinha, fumar, gastar com maquilagem e moda, decidir a compra de muitos produtos de consumo, o que demandou a publicação de páginas e suplementos femininos na imprensa. O movimento feminino crescia e a primeira mulher a ser eleita deputada foi a paulista Carlota Pereira de Queiroz, em 1934.

Instituições empresariais saíram da situação de microorganizações regionais para estabelecer influência nacional, por meio de seus produtos e marcas. O mercado vivenciava um maior grau de competitividade, em que a conquista do consumidor era o ponto crucial de árduas disputas corporativas, cada qual defendendo suas marcas.

CONSUMIDOR *VERSUS* PROPAGANDA

As indústrias fonográfica e cinematográfica, aproveitando-se de uma sociedade carente de fontes de lazer e cultura, mostravam força no início do século passado. Em 1902 foram lançados os primeiros discos brasileiros (quando aparecem a Odeon Record e a etiqueta da Casa Édison, do Rio de Janeiro), gravados de um só lado, com 19 cm de diâmetro e 76 rotações por minuto. Em 1909 os jornais estavam cheios de anúncios de cinema e se produziam cem filmes por ano. Em 1925 a Victor iniciava o processo de gravação elétrica de discos; no ano seguinte, a indústria fonográfica atingia a cifra de três mil gravações. Em 1927 chegavam ao mercado as primeiras vitrolas elétricas.

O consumo passa a ter novos atrativos. Em 12 de maio de 1918 comemorava-se, em Porto Alegre, por iniciativa da Associação Cristã de Moços, o Dia das Mães. A GE lançava o primeiro refrigerador no Brasil, em 1929. A Exposição, no ano seguinte, introduzia o sistema de crediário (carnê) trazido de Buenos Aires. Em 1937, em virtude da superprodução, foi reduzida a jornada semanal de trabalho para 60 horas semanais. Em 1942 era fundado o primeiro instituto de pesquisa brasileiro: o Ibope; ou seja, até o final da primeira metade do século XX parece que não havia necessidade de se conhecer este já desconhecido consumidor.

As empresas estavam comprometidas com a geração de riqueza e não com a qualidade de vida das pessoas, o que inibia ações na área ambiental, trabalhista e consumerista. A postura "selvagem" das empresas agravava esse quadro: as reclamações dos consumidores sobre a qualidade dos produtos eram desconsideradas e tidas como geradoras de custos indesejáveis. O governo tinha atuação contraditória, pois de um lado formulava políticas e incentivava empresas a priorizar a geração de riqueza e, de outro, tentava disciplinar as corporações em face do gigantismo com que operavam no sistema social e de consumo. Em junho de 1902 foram relatados violentos protestos populares no Rio de Janeiro – inclusive com várias mortes – contra a má distribuição da carne e o seu aumento de preço (Civita, 1985, p. 64).

O Estado manifestava preocupação com o incontrolável desenvolvimento de novos negócios e produtos, em que muitos fraudavam as expectativas do consumidor. O Poder Legislativo era pressionado a elaborar normas e leis a fim de enquadrar práticas empresariais no atendimento dos interesses sociais. Um dos primeiros diplomas legais foi a primeira edição, em 1916, do Código Civil, seguindo-se a Lei da Usura (1933) e o Código Penal Brasileiro (1940), que trazia nos artigos 171 e 175, respectivamente:

> Comete estelionato quem obtiver, para si ou para outrem, vantagem ilícita, em prejuízo alheio, induzindo ou mantendo alguém em erro, mediante artifício, ardil ou qualquer outro meio fraudulento.
>
> Incide em fraude no comércio quem, no exercício de atividade mercantil, enganar o adquirente ou consumidor: I) vendendo como verdadeira ou perfeita, mercadoria falsificada ou deteriorada; II) entregando uma mercadoria por outra.

A Associação Brasileira de Normas Técnicas (ABNT) é criada em 1940, o que representou o início das preocupações das entidades em manter certos padrões de produção e qualidade para o mercado.

Nos primeiros anos do século XX reinava o exercício idealista e amadorístico da "profissão" de publicitário. Eram profissionais liberais, poetas e jornalistas que exerciam o ofício; entre os redatores, destacavam-se Olavo Bilac e Monteiro Lobato. Em 1908 surgia em São Paulo a agência Edanée; em 1913 apareceu a agência A Eclética, também em São Paulo; terminada a Primeira Guerra Mundial, havia cinco agências funcionando em São Paulo: A Eclética, a Pettinati, a Edanée, a de Valentim Haris e a Pedro Didier e Antônio Vaudognoti. Ao final dos anos 1930 outras agências poderiam ser encontradas, inclusive multinacionais: JW Thompson, Lintas, Standard e McCann Erickson, algumas que vieram ao Brasil atender às corporações estrangeiras que buscavam serviços mais profissionalizados nas áreas de marketing e propaganda comercial. Nesses anos, a Gessy Lever começou a fabricar diversas marcas no Brasil, com suas unidades nas cidades de São Paulo e Valinhos (SP). O parque industrial brasileiro já apresentava certa vitalidade: em 1920 a indústria têxtil empregava

CONSUMIDOR *VERSUS* PROPAGANDA

115 mil pessoas. Em 1940, cerca de 11% da população economicamente ativa trabalhava na indústria de transformação.

Em 1908 a publicidade já sofreria com a censura social, pois em Porto Alegre a imprensa local se negava a publicar um anúncio de certa companhia artística argentina que viera inaugurar o Teatro Eldorado, visto que a propaganda era ilustrada por bailarinas com pernas de fora.

Destacada sempre fora a influência americana na propaganda brasileira, caso da General Motors que, em 1926, tinha um departamento de propaganda com cinco funcionários; em 1927 passou para 34 pessoas, equipe esta com orientação profissional que seguia padrões da matriz americana.

Nesse período circulava, afixado nos bondes, aquilo que, para muitos, foi o melhor anúncio publicitário brasileiro de todos os tempos:

Veja ilustre passageiro
o belo tipo faceiro
que o senhor tem ao seu lado.
Mas, no entanto, acredite
quase morreu de bronquite.
Salvou-o o Rum Creosotado!

A Associação Brasileira de Propaganda (ABP) foi criada em 1937 almejando trabalhar pelo desenvolvimento e enobrecimento da propaganda, incentivar o desenvolvimento das técnicas publicitárias e defender os interesses dos que trabalham nessa profissão. Em 1939 o Brasil ganhou seu primeiro prêmio internacional na área da propaganda: menção honrosa para a McCann na criação da campanha do óleo Saúde, para a Anderson Clayton, prêmio concedido pela Feira Mundial de Nova York. Época em que foi criada a Publix, dando início à produção do *outdoor* no Brasil.

As preocupações éticas com a publicidade mereceram atenção especial. Em 1931 surge uma das primeiras regulamentações sobre propaganda de medicamentos, por meio do Decreto n. 20.377, que, segundo seu art. 112, revela: "É terminantemente proibido anunciar, vender, fabricar ou manipular preparados secretos e atribuir aos licenciados propriedades curativas ou higiênicas que não tenham sido mencionadas na licença respectiva pelo Departamento Nacional de Saúde Pública". Em 1932 foi editado o Decreto n. 20.931, que proibia "anunciar a cura de doenças consideradas incuráveis segundo os atuais conhecimentos científicos".

Em 1934 surgiu o Decreto n. 24.507 versando sobre a publicidade falsa: "fazer, pela imprensa, mediante distribuição de prospectos, rótulos, invólucros, ou por qualquer outro meio de divulgação, sobre a própria atividade civil, comercial ou industrial, ou sobre a de terceiros, falsas afirmações de fatos capazes de criar indevidamente uma situação vantajosa, em detrimento dos concorrentes, ou de induzir a outrem a erro".

Referente ao período de 1913 a 1930, Ricardo Ramos (1985, p. 37-49) aponta vários anúncios que mostram problemas de veracidade e comprometimento ético, caso da Emulsão de Scott que "restaura a integridade physica e o vigor dos centros nervosos" e do Lança-perfume Alice: "O Lança-perfume Alice é sempre o preferido. Peçam em toda parte [...] Vendas por atacado de brinquedos e artigos para carnaval". O mesmo autor aponta alguns anúncios referentes ao período de 1930 a 1940. Exemplo:

> [Cena de uma mulher se jogando para o lado a fim de não ser atropelada por um automóvel em alta velocidade] Foot-ball, Automobilismo, Aviação e tantos outros "sports" exigem calma, sangue frio, domínio dos nervos. O successo em qualquer delles depende capitalmente do perfeito equilíbrio do systema nervoso. E este obtem-se usando os providenciaes Comprimidos "Bayer" de ADALINA – sedativos e inoffensivos – BAYER.

O Quadro 4 mostra um anúncio do cigarro Para Todos, veiculado na revista infantil *Tico-Tico*, que circulou regularmente de 1905 a 1957 e se tornou a mais famosa publicação infantil da metade do século XX no Brasil. O anúncio tabagista, além de ter sido veiculado numa revista infantil, fez uso de personagens infantis da revista, com o intuito de fazer os leitores mirins pressionar seus pais a adotar o produto, com a promessa de que poderiam colecionar figurinhas de artistas de cinema.

QUADRO 4 – ANÚNCIO DO CIGARRO PARA TODOS VEICULADO EM 9/2/1921 NA REVISTA INFANTIL *TICO-TICO*

CHIQUINHO, JUJUBA, JAGUNÇO e BENJAMIN,
depois de confabularem como vocês estão vendo acima, resolveram fazer o seguinte appello a todos os amiguinhos leitores d'O TICO-TICO:
– Peçam a seus papaes para fumarem os cigarros
PARA TODOS...
deliciosa mistura MARCA VEADO, em cujas carteirinhas se encontram lindas figurinhas coloridas que formarão uma primorosa collecção de artistas de cinema.

FONTE: ROSA, 2002.

Mal a publicidade dava seus primeiros passos, práticas abusivas já demandavam atitudes de coibição, caso do esforço da Associação Brasileira de Propaganda (ABP) na formulação do primeiro esboço do Código de Ética Profissional na Propaganda em 1939: "Observa-se agora uma preocupação em disseminar conceitos, dar estrutura profissional e paulatinamente destruir a imagem de picaretagem que possuía" (Simões, 1980, p. 85).

A publicidade torna-se importante fonte para as decisões do consumidor, assumindo lugar de destaque nas relações de consumo. Alia-se ao marketing sem priorizar a qualidade de vida e o consumerismo, até por falta de normas mais contundentes que coibissem abusos do setor.

EM OUTRAS PALAVRAS

Os meios de produção tornaram-se desconhecidos pelo consumidor, assim como os componentes dos produtos e suas origens, agora transregionais. Se de um lado a produção em escala diminuía a disparidade e os erros de fabricação, de outro multiplicava um erro de fabricação por milhões de unidades produzidas; a estandardização generalizaria usos, gostos e costumes, descontentando usuários. A produção massificada encontraria um mercado de consumo brasileiro expandido, mas não a ponto de assimilação total dos produtos ofertados, embora o preço unitário fosse menor. O consumo em escala natural (mesmo com o crescimento geométrico da população) não assimilaria a gama de produtos e novas marcas; era necessário forçar a demanda. Estaria, assim, configurada uma situação de mercado em que a oferta seria maior que a demanda.

A necessidade de escoar a alta produção fez que as empresas lançassem mão das técnicas do marketing, entre elas a publicidade e a obsolescência planejada de produtos. Se o consumidor ganhava no preço final, perdia na durabilidade; se ganhava na comodidade, perdia na obsolescência, em virtude de fatores como moda ou desejabilidade.

Praticamente não havia organizações de defesa do consumidor a quem o brasileiro pudesse recorrer e fazer valer as leis e os seus direitos, a não ser o demorado e difícil caminho da justiça.

Quando um bem causava insatisfação ao consumidor, este tentava recorrer aos intermediários, já que muitas empresas estavam sediadas fora da cidade ou da região; esse próprio distanciamento do fabricante tornava-o insensível ao gosto dos clientes: fabricante e consumidor faziam uma troca surda.

CONSUMIDOR *VERSUS* PROPAGANDA

A competitividade entre empresas já era uma realidade. A busca e a conquista do consumidor inspiraram o desenvolvimento das técnicas de marketing, tipificadas por uma ação persuasiva de alta pressão. Mecanismos de ajustes são efetivados, como criação de marcas-fantasia, produtos com *design* mais sofisticado, embalagens e rótulos mais atraentes, peças de merchandising e outros instrumentos, para motivar uma comunicação eficiente entre produtor e comprador.

O consumidor se vê diante de variadas marcas e novos lançamentos, com os meios de comunicação instigando-o a comprar isto e não aquilo, a preferir esta marca àquela, diluindo-lhe a atenção e as decisões de compra.

Assim, a publicidade adquire condições de plena existência. Os mercados transregionais, o quadro de oferta maior que a demanda, a disponibilização de uma razoável estrutura de transportes para o comércio nacional e os meios de comunicação de massa permitem que a publicidade assuma seu papel no trabalho de marketing para ajudar a escoar a produção. O rádio, as revistas, os jornais e os sistemas gráficos de altas tiragens são meios para atingir milhões de pessoas em diferentes regiões, uma massa quase indiferenciada, meios estes que substituem a voz do empresário que perdeu contato direto com seus consumidores.

O negócio publicitário se integraria de forma fisiológica nessa sociedade de consumo; era necessário um profissional para manipular esse poderoso arsenal a serviço de empresas, as quais clamavam por manter vantagens sobre uma concorrência cada vez mais acirrada. A disputa pelo mercado levaria as organizações a servir-se das técnicas de vendas no sentido total, identificando-se com um capitalismo selvagem, atitude que também se transferiu para a publicidade, já que esta era uma extensão do esforço de vendas.

As agências se instalaram por toda parte, os estudos publicitários tornaram-se mais completos e a responsabilidade social passou a ser cobrada por diferentes setores. Nesse período, instituem-se leis e instrumentos para o controle das práticas comerciais e de marketing, mas, sem instituições consolidadas para esse fim, eles não surtem efeitos profundos.

Exercer a "defesa autógena" (ou a autodefesa) ficaria cada vez mais difícil para o consumidor; seria necessária a intervenção estatal e de outros setores sociais, uma vez que a força das empresas, dos cartéis e dos conglomerados desequilibrou ainda mais o poder sobre o consumidor. Este último sabe que, sozinho, não será ouvido e o consumerismo passa a adquirir contornos de uma ação de consumidores aliados ao poder governamental e de outros setores, em prol da defesa dos interesses da sociedade em relação aos processos de consumo. O Estado já colocava à disposição leis que defendiam o consumidor, mas a burocracia para o cidadão exercer esse direito impedia sua proteção de forma corrente e rápida. Advogados, juristas, jornalistas, políticos, trabalhadores e cidadãos se associariam em busca de melhor tratamento para os consumidores.

Nesse ponto, a publicidade, engajada somente no processo de bom atendimento ao anunciante, ficaria com um conceito de parcialidade do qual jamais conseguiria se desvencilhar: seria encarada, desde então, como uma força a favor de empresários e contrária aos interesses sociais. A resistência a seus apelos só não seria maior porque havia uma conduta ética seguida por empresas e agências; porém, a desconfiança sempre se estabeleceria, custando ao setor publicitário um esforço extra para sobrepujar mais essa barreira em relação ao consumidor e à sociedade.

ESTÁGIO DA SOCIEDADE AFLUENTE

John Kenneth Galbraith denominou o estágio social nos atuais mercados de consumo de *sociedade afluente* e caracterizou-o como aquele que apresenta uma quantidade substancial de indivíduos com necessidades básicas satisfeitas, canalizando recursos para atender a outras necessidades e desejos, ou seja, a necessidades e desejos afluentes. A partir de meados do século XX seria possível registrar esse tipo de sociedade também no Brasil, principalmente em virtude do aumento da renda *per capita* e do crescimento de certos padrões de qualidade de vida. Mesmo sendo quantitativamente menor, a socie-

CONSUMIDOR *VERSUS* PROPAGANDA

dade afluente tende a catalisar as entidades sociais para seus interesses, caso do poder público e das práticas das empresas. Dessa forma, os segmentos não-afluentes, mesmo quantitativamente maiores, tendem a se espelhar nos mais elevados padrões de oferta e consumo da sociedade afluente.

Os membros dessa sociedade exigem produtos diferenciados para atender a uma insatisfação psicológica permanente em que as mercadorias adquiridas apresentam utilidade marginal decrescente, ou seja, cada artigo mostra-se menos útil funcionalmente, pois atende a carências emocionais e de auto-estima. Os recursos de marketing e publicidade são orientados para contextualizar as ofertas nesse clima psicossocial, o que resvala em fronteiras muito próximas do irreal ou da livre interpretação de significados.

O consumidor passa a ser mais respeitado pelas empresas, até porque tem mais opções se quiser migrar de fornecedor. Sua preferência se dará por marcas e organizações que mais se aproximem de seu estilo de vida, em que o desempenho do produto adquirido é apenas parte do que ele procura com aquela marca, pesando assim atributos emocionais, lúdicos e societais. As marcas e as grifes tentam explorar esse espaço.

O Brasil, em 1950, tinha uma população de 51.944.397 habitantes, ao passo que a cidade de São Paulo contava com 2,2 milhões. Em 2000, a cidade teria cerca de dez milhões de habitantes (6% da população nacional) e 18 milhões em sua área metropolitana.

A segunda metade do século XX já apresentava disseminação das lojas de departamento, do desenvolvimento do crediário, do aperfeiçoamento do merchandising varejista, das promoções nos pontos-de-venda, da publicidade massiva pela televisão. É o período da implantação e do desenvolvimento da indústria automobilística. Em 1950 o Brasil tinha 92.350 estabelecimentos industriais, ano em que foi inaugurada em São Paulo a TV Tupi, primeira emissora da América Latina; contavam-se, em 1954, 350 mil televisores no país.

O panorama das comunicações se alterava rapidamente; em 1951 foi criada a TV Tupi do Rio de Janeiro. Dois anos após, inaugurou-se a TV Paulista, que mais tarde faria parte da atual TV Globo. Em 1962, a televisão passa a contar com mais um recurso tecnológico: o videoteipe. Em 1964, as Organizações Globo obtiveram concessão do governo para a instalação de uma emissora no Rio de Janeiro; a partir de 1968, formando um conjunto de emissoras, ficaria implantada a Rede Globo de Televisão, que se tornaria a emissora de maior audiência do país a partir dos anos 1970, ampliando sua cobertura para quase 100% na virada para o século XXI.

O amadurecimento das estruturas brasileiras voltadas para a área do consumo faria que o consumerismo também se estruturasse, principalmente por meio de instrumentos estatais. Em 1951 surgia a Lei da Economia Popular, que possibilitava ações como a intervenção estatal em estoques e o controle de preços.

A Lei delegada n. 4, de 1962, dispunha sobre a intervenção no domínio econômico para assegurar a livre distribuição de produtos necessários ao consumo do povo. Também nesse ano foi instituída a Superintendência Nacional de Abastecimento (Sunab), órgão responsável pela proteção ao consumidor no tocante aos alimentos e ao abastecimento em geral, mas extinta em 1998. Materializava-se, portanto, uma estrutura voltada para a fiscalização de produtos e serviços, ao mesmo tempo que se fazia acessível ao consumidor para o atendimento de reclamações na área do consumo, como qualidade de produtos, retenção de estoques e preços abusivos de mensalidades escolares.

O Instituto Nacional de Pesos e Medidas (INPM) foi criado em 1961 e, posteriormente (1973), substituído pelo atual Instituto Nacional de Metrologia, Normalização e Qualidade Industrial (Inmetro), que mantém, na esfera estadual, os Institutos de Pesos e Medidas (Ipems). Em 1962 também se criou o Conselho Administrativo de Defesa Econômica (Cade), que passou a regular a repressão ao abuso do poder econômico. Em 1968 foi criado o Conselho Interministerial de Preços (CIP), que atuou sobre o sistema regulador de preços no mercado interno (hoje a cargo da Secretaria de Acompanhamento Econômico – Seale – do Ministério da Fazenda).

Em 6 de junho de 1958 realizava-se a primeira experiência de propaganda subliminar, na TV Tupi (São Paulo e Rio), com os anunciantes Nova Iorque e Porto Velho (imobiliárias).

CONSUMIDOR *VERSUS* PROPAGANDA

A primeira sistematização da ética publicitária no Brasil data de 1957, quando o I Congresso Brasileiro de Propaganda aprovou o Código de Ética dos Profissionais de Propaganda. Ficava evidenciada a preocupação dos publicitários com a autoproteção dos envolvidos no negócio publicitário, mas, sobretudo, com a defesa do consumidor, uma vez que as pressões eram bastante fortes para uma normatização ética da publicidade. Era o período em que chegavam ao Brasil as informações da experiência americana com a propaganda subliminar, enquanto vários segmentos da sociedade criticavam os freqüentes anúncios enganosos e o desrespeito dos agentes de marketing para com os costumes e valores culturais.

Em meados do século XX a publicidade privilegiava jornais, revistas e rádio na aplicação de suas verbas, enquanto a televisão surgia timidamente como nova mídia, inicialmente com comerciais ao vivo, utilizando garotas-propaganda. Em 1956 a International Advertising Association divulgou a distribuição das verbas publicitárias por tipo de veículo naquele ano no Brasil: jornal, 41%; rádio, 29%; revista, 15%; cinema, 13%; outros, 2%. Em 1958 havia cerca de 500 agências de publicidade e cinco mil profissionais no Brasil.

Na virada para o século XXI o mercado publicitário revelaria mudanças significativas: maior concentração dos investimentos em televisão (cerca de 50%) e o crescimento da internet. Apresentaria cerca de 14 mil agências e corretores de propaganda (perto de 40% no estado de São Paulo). O Brasil contaria com cinco grandes redes de TV (302 exibidoras), 2.986 emissoras de rádio, 2.045 jornais (sendo 500 diários), 1.485 revistas, 41.668 tabuletas de *outdoor* e 1.266 cinemas aptos a exibir propaganda (Projeto Intermeios, 2003). Cerca de 95% dos domicílios brasileiros tinham rádio e TV, havia cem milhões de linhas telefônicas, 15 milhões de computadores conectados à internet ou 11 milhões de domicílios (IBGE, 2003).

A década de 1970 mostraria uma significativa mudança nos hábitos de compra, com a introdução e a ascensão dos supermercados, registrando, já no início dos anos 1980, uma freqüência anual de cem milhões de pessoas, algo que estaria relacionado ao ambiente familiar e de lazer associado ao consumo. Segundo a Associação Brasileira de Supermercados (Abras/Abrasnet), havia um total de 68.907 supermercados no Brasil em 2002, movimentando perto de 27 bilhões de dólares no ano, equivalendo a 6,1% do PIB brasileiro.

Na busca de conveniência para o consumo, o brasileiro também aprovou o modelo dos shoppings, que proporcionaria maior sensação de segurança, notadamente nos centros urbanos, em que a violência se mostraria mais intensa. A inauguração do primeiro shopping no Brasil (shopping Iguatemi, São Paulo) ocorreu em 1966. Segundo a Associação Brasileira de Shopping Centers (Abrasce), o Brasil tinha, em 2007, um total de 346 shopping centers, que totalizavam uma Área Bruta Locável (ABL) de cerca de 7,4 milhões de m², compreendendo 52.712 lojas-satélite, 1.300 lojas-âncora, 1.315 salas de cinema e teatro e 440 mil vagas para veículos. Faturaram em 2007 cerca de R$ 44 bilhões e tiveram um tráfego de 203 milhões de pessoas por mês. As vendas dos shoppings em 2007 representaram 18% do faturamento de todo o varejo nacional, excluído o setor automotivo (Abrasce, 2007).

A virada para o século XXI evidenciaria o novo papel da mulher, tanto no mercado de trabalho como nas decisões políticas e de consumo. Mostraria uma criança mais informada e ativa nas decisões pessoais e da família. Enfim, registraria mudanças significativas no perfil de vários segmentos sociais rumo a uma sociedade afluente: interesse pelos direitos civis, pela qualidade de vida, um comportamento individualista e prioritário para sua aceitação social.

Em 1976 seria implantado, em São Paulo, o Procon, que se prestaria a ouvir consumidores lesados em qualquer forma de consumo, mais tarde se espalhando para outras cidades do estado e outros estados brasileiros. Segundo dados do próprio Procon de São Paulo, o órgão havia feito 376.553 atendimentos em 2002, dos quais 46.549 eram reclamações.

No ano de 1976 foi concluída a Comissão Parlamentar de Inquérito de Defesa do Consumidor, registrando problemas em temas como medicamentos, indústria farmacêutica, alimentos, segurança de veí-

CONSUMIDOR *VERSUS* PROPAGANDA

culos, propaganda e sistema habitacional, e propondo a efetivação de uma agência governamental para formular uma política coordenada dos órgãos ligados à defesa do consumidor e a criação da Comissão Permanente de Assuntos do Consumidor, além da proposta de alteração da Lei da Economia Popular, a fim de torná-la mais punitiva.

A Nestlé, em 1978, seria a primeira empresa no Brasil a criar um departamento exclusivo para atender às reivindicações dos consumidores, algo semelhante àquilo que muitas empresas americanas e européias já praticavam. Os serviços de atendimento ao consumidor (SACs) tomariam impulso depois de 1990 e seriam referencial importante para o consumidor estabelecer um canal direto de comunicação e interação com as empresas.

Embora o Brasil tenha editado várias normas incidindo sobre aspectos ligados direta ou indiretamente à publicidade, seria com a Lei n. 4.680, de 1965, que o setor teria uma lei específica, cuja regulamentação se deu com o Decreto n. 57.690, de 1966. Essa lei, que se apropriaria, em suas incursões éticas, das premissas contidas no Código de Ética dos Profissionais de Propaganda, de 1957, definiria o que são publicitários, agenciadores, veículos e a própria propaganda; estabeleceria o registro profissional como condicionante para o exercício da atividade, mas deixaria também amplas lacunas para que qualquer pessoa, com qualquer formação escolar, pudesse obtê-lo.

Em 1982 (antes, portanto, do Código Brasileiro de Defesa do Consumidor), o professor Luiz Amaral concluiu trabalho relatando toda a legislação que envolvia a defesa do consumidor no Brasil, coletando mais de mil atos normativos, leis, decretos e portarias, em obra de quatro volumes, denominada *Relações de consumo*, o que provocou dele o comentário que, se dependesse de leis, o consumidor brasileiro seria o mais protegido do mundo.

Em 1983 foi instituído o Departamento Estadual de Polícia do Consumidor (Decon), também conhecido como Delegacia do Consumidor, órgão então vinculado à Secretaria da Segurança Pública do Estado de São Paulo. Atualmente as Decons têm importante papel na investigação de crimes de consumo.

Talvez um dos mais importantes instrumentos legais para o consumidor brasileiro tenha sido a Lei dos Direitos Difusos, editada em 1985. Entre alguns aspectos positivos, ela permite que associações impetrem ações judiciais de caráter coletivo, tanto no que se refere ao meio ambiente como à defesa do consumidor, e traz em seu bojo dois atos legislativos: a Lei n. 7.347, que disciplina a ação civil de responsabilidade por danos causados ao consumidor; e o Decreto n. 91.469, instituindo o Conselho Nacional de Defesa do Consumidor, incumbido de reorganizar a legislação, apoiar os organismos de defesa do consumidor e implementar medidas referentes aos interesses deste último.

Com a finalidade de combater os altos índices inflacionários, em 1986 o governo implementou o Plano Cruzado, decretando o congelamento de preços e salários. A fase de vigência do Plano Cruzado seria um grande marco para o consumerismo brasileiro, pois, com o salário congelado, a população se mobilizou em todas as instâncias para fiscalizar o congelamento de preços. Livres da escalada desmesurada dos preços, as pessoas passaram a comprar mais, agravando ainda mais o desabastecimento, o que ocorreria em virtude do descontentamento de empresários com a defasagem de preços de muitos produtos. Instalou-se, então, a cobrança de ágio sobre o preço de produtos tabelados (caso da carne, dos pneus e dos produtos de limpeza), o que acirrou ainda mais o movimento dos consumidores. A mobilização foi tamanha que a Sunab detectou, no período de 28 de fevereiro de 1986 a 16 de julho do mesmo ano, cerca de 410 mil reclamações, que resultaram em cerca de apenas 40 mil autuações. Também as tiragens de jornais e revistas aumentaram bastante, dada a sede de informações; a revista *Veja*, que em janeiro de 1986 teve uma tiragem de 704.583 exemplares, em março do mesmo ano passou a 1.020.000 exemplares.

A corrida ao consumo alcançaria também o negócio publicitário, que, no ano do referido plano, registrou crescimento de cerca de 35%.

A Sunab, encarregada de punir os infratores, não dispunha de estrutura eficiente, contando, em 1986, por exemplo, com apenas 60 fiscais para atuar no estado de São Paulo; este fato, aliado às multas pe-

CONSUMIDOR *VERSUS* PROPAGANDA

quenas, contribuiu para que a população, pouco a pouco, ficasse apática, comprometendo, a partir de então, não só a credibilidade do plano e do governo, como também a das entidades consumeristas públicas, nas quais sempre se apoiara o consumerismo brasileiro.

Em 1987, a Associação das Donas-de-casa apoiaria um boicote à carne em razão de seus altos preços, fazendo-os baixar entre 5% e 20% em São Paulo, mediante a comunicação em cadeia, sendo as principais armas o telefone e a comunicação boca a boca. Naquele mesmo ano foi criada, pelo governo estadual paulista, a Secretaria da Defesa do Consumidor, que abrigaria o Procon e o Ipem. Também naquele ano foi criado o Instituto Brasileiro de Defesa do Consumidor (Idec), entidade privada de defesa do consumidor com sede em São Paulo.

No mesmo ano de 1987, o governo se viu novamente diante de uma inflação alta e decretou novo congelamento de preços e salários; a população respondeu com descrédito, pois a experiência passada (Plano Cruzado) mostrara a total limitação das instituições governamentais para fiscalizar e punir os infratores. Número pequeno de fiscais, linhas telefônicas congestionadas, multas irrisórias, entre outros fatores, tornariam novamente apáticos os consumidores, fato que estaria também comprovado em 1989 com a edição do Plano Verão, outra tentativa de conter a inflação, com o congelamento de preços e salários, embora desta vez o governo estipulasse a elevação da multa para quem desobedecesse ao tabelamento.

Com a posse do novo presidente, em março de 1990, e diante mais uma vez de uma inflação alta (cerca de 70% ao mês), houve a decretação de um novo elenco de medidas econômicas, que incluíam desde o congelamento de preços e salários até a retenção de depósitos e investimentos em bancos, sendo liberados somente os valores abaixo de 50 mil cruzeiros[1], em certos casos. Mesmo contando com o aval de um presidente eleito diretamente, o plano não obteve adesão maciça da população, que preferiu esperar mudanças efetivas no procedimento do governo, como maior zelo pelos direitos dos consumidores.

1   Aproximadamente mil dólares.

Ainda na década de 1970, o que de mais importante ocorreria para a área publicitária seria a aprovação do Código Brasileiro de Autorregulamentação Publicitária, que passaria a regular a atuação ética do setor a partir de então, e se encontra em vigor. O Conar surgiu, em parte, em decorrência das pressões sociais diante do publicitário e da publicidade, além do interesse corporativo em cuidar da credibilidade da instituição publicitária.

O art. 1º do código menciona que "Todo anúncio deve ser respeitador e conformar-se às leis do país; deve, ainda, ser honesto e verdadeiro". Contém o código, no Capítulo II, princípios gerais de respeitabilidade, decência, honestidade e outros. Traz menções à proteção da intimidade, à poluição, à ecologia, às crianças e aos jovens, além de conter recomendações específicas para os anúncios de bebidas alcoólicas, educação, empregos, imóveis, investimentos, lojas de varejo, médicos e dentistas, produtos alimentícios, farmacêuticos, de fumo, reembolso postal, turismo e anúncios testemunhais.

A legislação voltada ao consumerismo se mostraria intensa e crescente. O atual Código Brasileiro de Defesa do Consumidor, aprovado em 1990, foi a primeira lei dedicada exclusivamente à proteção do consumidor no país, abarcando questões como qualidade de produtos e serviços, contratos de adesão, publicidade e responsabilidade do fabricante e do distribuidor, impondo sanções aos infratores que vão desde a aplicação de multa até a prisão.

Antes disso, em 1988, a publicidade receberia atenção constitucional por meio do art. 220, principalmente no que se refere à promoção de produtos do tabaco, medicamentos e bebidas alcoólicas. Em 1990, com a portaria do Ministério da Saúde, a propaganda de cigarro e congêneres sofreria maiores restrições, algo que teria continuidade com a proibição da propaganda de tabaco nos meios de comunicação de massa em 2000.

A Agência Nacional da Vigilância Sanitária (Anvisa) aprovaria, em 2000, a Resolução RDC n.102, que estabeleceria novas regras para a comercialização e a propaganda de medicamentos, reportando, para isso, a 14 outras normas legais correlatas desde 1976.

CONSUMIDOR *VERSUS* PROPAGANDA

Até o consumidor do futebol ganhou maior proteção, com a aprovação do Estatuto do Torcedor em 2003, uma vez que seu bem-estar e sua segurança eram relegados a um segundo plano pelos dirigentes e clubes. Os anúncios do início da publicidade brasileira mostravam uma linguagem persuasiva mais direta e ostensiva, apresentando também os conteúdos enganosos e abusivos de forma mais explícita. A propaganda comercial, no estágio da sociedade afluente, convive, porém, com uma situação diferenciada: ao lado de peças ostensivamente antiéticas, há anúncios bem elaborados e com linguagem trabalhada, em que o alto grau de sofisticação e profissionalismo dissimula apelos lesivos ao consumidor. A moderna linguagem publicitária usa jogos de palavras, sugere (não impõe) ações, reivindica a liberdade de expressão, ousa em ações persuasivas, justificando lidar com um consumidor mais informado, enfim, vale-se de muita malícia, sofisticação e reinterpretação das leis para tornar disponíveis campanhas e trabalhos polêmicos ou não.

A era da propaganda comercial, que dava espaço a anúncios "ingenuamente" enganosos, passou para uma era em que o negócio publicitário se sofisticou, o que não significa dizer que, mesmo com os aparatos éticos e legais cada vez mais intensificados, traga menos problemas para o consumidor. Os medicamentos, que antes prometiam a cura da asma e da bronquite, hoje não o fazem de forma acintosa, mas muitos anúncios estimulam a automedicação. As bebidas alcoólicas não alertavam o consumidor sobre o consumo excessivo, mas recentes campanhas têm induzido jovens ao consumo do álcool ou sugerido valores inapropriados nesse consumo. Em pleno século XXI assistimos a anúncios da água da jarra azul que faz milagres, além de métodos de emagrecimento rápido e sem contra-indicações. São métodos publicitários que desafiam leis, códigos de ética e bom senso, mas sinalizam para um mercado em que a publicidade ainda está se adaptando ao consumerismo.

Enquanto a década de 1960 serviu como pano de fundo para a chamada era da criatividade da publicidade brasileira, quando os profissionais de maior prestígio foram os de criação, nos anos 1970 houve uma súbita ascensão da área de mídia, ao lado daquilo que Mauro Salles definiu como a "indústria da propaganda", ou seja, quando o ramo consolidou-se verdadeiramente como negócio, hoje representando perto de 1% do PIB brasileiro. A partir dos anos 1980, o setor publicitário, diante de uma crescente profissionalização, passaria a trabalhar de forma mais estreita com o consumidor, reconhecendo que somente a prática responsável contribuiria para um relacionamento embasado na credibilidade. Essa profissionalização levou a contratação de mais pesquisas e consultores (pedagogos, sociólogos, juristas), maior afinidade com os instrumentos éticos e sintonia com o trabalho sustentado de marketing.

A evolução profissional da publicidade foi conseqüência natural das evoluções administrativas e mercadológicas ocorridas em outros setores. O consumerismo provocou mudanças e melhorias em produtos, tornando-os mais seguros, ambientalmente melhores, adequados a minorias e com informações mais pertinentes. Também trouxe benefícios ao cidadão, que aprendeu mais sobre os serviços públicos, os planos de saúde, a educação, as tecnologias, além de receber novos canais para reclamar e ressarcir-se de danos. Os processos de qualidade que caracterizam produtos, serviços, empresas e processos imbricam-se com o consumerismo e a publicidade, trazendo paradigmas globais e locais irreversíveis.

EM OUTRAS PALAVRAS

O surgimento e a intensificação de uma sociedade afluente no Brasil provocaram alterações drásticas na forma como as relações de consumo estavam estabelecidas, pois entrou em cena um contingente populacional que, embora minoritário, tem grande potencial de compra, poder social e tempo livre, canalizando seus recursos para atender às necessidades e aos desejos de toda ordem.

Esse contingente tem atraído as atenções empresariais, para o qual direcionam produtos, marcas, serviços, estrutura de atendimento e procedimentos de marketing. A sociedade afluente, no entanto, serve de referencial para toda a população, fazendo que todos aspirem a seus valores, inclusive produtos, marcas e paradigmas.

CONSUMIDOR *VERSUS* PROPAGANDA

Para conquistar a sociedade afluente, as empresas não podem mais impor produtos em função de preços menores rumo a uma massificação. Pelo contrário, o caminho passa a ser a segmentação. As marcas adquirem significado e expressam personalidades. O consumo funcional (utilitário) deixa de ser a referência mais relevante, ganhando importância o consumo que proporciona aceitação social. Com isso, a busca pela qualidade de vida e a responsabilidade social se compõem com o ritual de consumo. Tal clientela, mais exigente e informada, demanda por marcas seletivas ou próprias, já que o consumo é uma forma importante de as pessoas se apresentarem socialmente. O grau de exigência e informação faz que empresas ofereçam serviços de atendimento ao consumidor, que o governo aperfeiçoe a legislação consumerista e que a sociedade civil se muna de entidades de proteção ao consumidor, inclusive as de âmbito privado.

O respeito ao consumidor é condição básica de inserção da empresa na sociedade, além de fator de qualidade para manter-se num mercado altamente competitivo, em que a conquista e a manutenção de cada cliente é crítica para a realização dos objetivos de mercado. Nesse contexto, tanto o marketing como a publicidade adquirem importância. O primeiro, no desafio de satisfazer um contingente com necessidades e gostos diferenciados, mas sem usar técnicas agressivas ou que levem esse cliente a passar para o lado do concorrente. A publicidade, com a missão de equilibrar o uso dos meios de comunicação e os apelos persuasivos, passa a atender às necessidades do anunciante e dos consumidores. Assim, tanto o marketing como a publicidade se vêem na obrigação de aliar os objetivos de mercado e vendas aos valores defendidos pela sociedade afluente, como qualidade de vida, ética corporativa, respeito aos consumidores, qualidade de produtos e serviços, trazendo para esse campo uma nova engenharia de mercado em que o consumerismo se insere com grande pertinência.

2
A EXPERIÊNCIA BRASILEIRA NO CONSUMERISMO E SEU IMPACTO NO MERCADO

O sistema consumerista (Quadro 5) envolve uma multiplicidade de instituições. Consumidor e empresa ficam no centro desse sistema, estabelecendo relações de consumo por meio de trocas tangíveis – produtos, serviços, valores monetários – e simbólicas – publicidade, idéias, valores sociais. O consumidor, individual ou tomado em seu aspecto coletivo, carrega em seu comportamento social expectativas e elementos que o caracterizam diante de suas relações de consumo, em que busca qualidade de vida, ou seja, a aquisição de produtos e serviços deve compatibilizar-se com as condições de saúde, educação, espaço urbano e meio ambiente. De outro lado, a empresa (sistema empresarial e cadeia produtiva), para integrar-se ao consumerismo, precisa assumir sua responsabilidade social, oferecer serviços de atendimento ao consumidor e empreender estratégias de marketing eticamente adequadas: um desses instrumentos estratégicos é a publicidade. As relações de consumo influenciam e recebem influências dos públicos interessados, do Estado e das entidades de defesa do consumidor.

QUALIDADE DE VIDA

Qualidade de vida designa uma série de fatores que possibilitam bem-estar às pessoas e à sociedade. Consumo, saúde, educação, habitação, meio ambiente, condições de trabalho, renda, tecnologia, condições urbanas, entre outros, são fatores que determinam a felicidade, a lon-

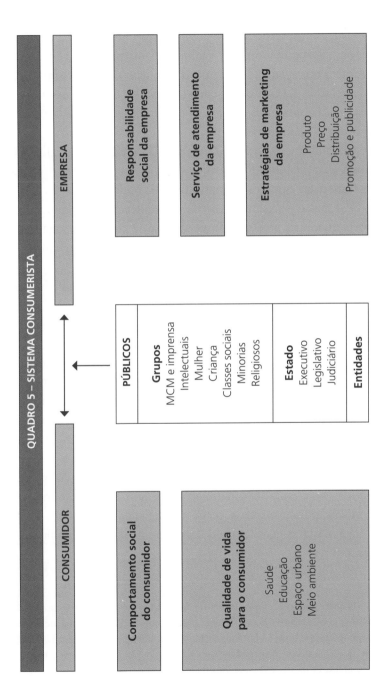

gevidade, a inserção social e a consecução dos projetos de vida das pessoas. Portanto, somente realizações no nível do consumo não garantem boa qualidade de vida, o que faz o consumerismo dedicar-se às relações de consumo sem se descuidar dos demais fatores que proporcionam bem-estar, até porque eles podem prejudicar avanços no próprio consumerismo.

A comunicação, dentro de sua missão social, deve se aliar a esses fatores para viabilizá-los, caso de campanhas de saúde, informações consumeristas e programas educativos na mídia.

O impacto social positivo da comunicação, portanto, também ocorre quando a propaganda ou outra ação comunicacional se compatibiliza com a qualidade de vida; práticas no sentido contrário levam à depreciação do bem-estar socioambiental.

Todos os fatores que contribuem para o bem-estar coletivo e individual constroem o conceito de qualidade de vida, que pode variar de uma pessoa para outra, de um país para outro, pois fatores culturais e valorativos pesam nesse entendimento.

Um dos indicadores[1] é o Índice de Desenvolvimento Humano do Programa das Nações Unidas para o Desenvolvimento (Pnud), que atribui uma nota à qualidade de vida de uma população em função dos fatores renda/riqueza, saúde/longevidade e educação. Por esse índice, em 2003, o Brasil se posicionava em 65º lugar de um total de 175 nações avaliadas. Esse índice tem mostrado melhoria do país, principalmente em função do aumento da renda *per capita* e da expectativa de vida (hoje em aproximadamente 72 anos). No entanto, o Pnud aponta grandes problemas, como a desigualdade regional e o fato de os 10% dos lares mais ricos do Brasil terem 70 vezes a renda dos 10% mais pobres.

---

1   Há outros índices, como o Índice de Pobreza Humana (IPH), o Índice de Desenvolvimento Ajustado e Gênero (IDG) e Índice Seade de Responsabilidade Social (desenvolvido pela Fundação Sistema Estadual de Análise de Dados – Seade – da Secretaria de Economia e Planejamento do Estado de São Paulo). Porém, todos usam basicamente os fatores renda, escolaridade e saúde.

SAÚDE

O Brasil mostra grandes contrastes nessa área: enquanto em algumas cidades há sofisticados complexos hospitalares, em outras não há nem mesmo um médico residente; enquanto algumas regiões têm centros hospitalares equipados para executar qualquer intervenção cirúrgica, em outras há hospitais sem recursos para atendimento de primeiros socorros, ou que são verdadeiros focos de infecções hospitalares.

Segundo o IBGE (Indicadores de Desenvolvimento Sustentável, 2004), em 2002, metade dos domicílios brasileiros não se enquadrava no critério de "adequação de moradia", ou seja, domicílios que tinham, simultaneamente: densidade de até dois moradores por dormitório, coleta de lixo direta ou indireta por serviço de limpeza, abastecimento de água por rede geral e esgoto sanitário por rede coletora ou fossa séptica. As internações de pacientes, motivadas por um grupo de doenças associadas à falta de saneamento, como diarréias, hepatite A, febres entéricas e dengue, representaram, em 2002, uma média de 375 internações por cem mil habitantes, registrando as maiores médias em Rondônia (1.200) e Piauí (1.198), e as menores em São Paulo (105) e no Distrito Federal (120).

Uma pesquisa realizada pela Organização Mundial de Saúde (OMS), em 2004, apurou que o Brasil tinha 26 milhões de desdentados, o equivalente a 14,4% da população.

As estatísticas, porém, mostram que as doenças infectocontagiosas não são mais linearmente crescentes. Dependendo da época, determinadas doenças apresentam declínio, mas outras reaparecem. Eis algumas doenças infectocontagiosas que atingiam a população brasileira (*Época*, 1998): meningite – 7.827 casos (janeiro a outubro/98); dengue – 478.500 casos (janeiro a outubro/98); malária – 405 mil casos (1997); cólera – 1.415 casos (1998); hanseníase – 44 mil novos casos (1997).

Segundo o Sistema de Informações Hospitalares do Sistema Único de Saúde (SIH/SUS), no período de 1995 a 2000, ocorreram, por ano, perto de 700 mil internações hospitalares no Brasil, em virtude de doenças relacionadas com a água e a falta de saneamento básico, sendo a principal a diarréia.

Portanto, o Brasil, que erradicou doenças como a paralisia infantil e tem um programa-modelo de combate a Aids, ainda registra números preocupantes quanto à saúde pública.

Em termos mundiais atuais, segundo o Unicef e a Organização Mundial da Saúde, mais de um bilhão de pessoas bebem água insalubre, e cerca de 2,6 bilhões, ou 40% da população mundial, não têm acesso a saneamento básico.

Se a situação estrutural da saúde não oferece boas condições de qualidade de vida, dificilmente outras ações poderão reverter os problemas decorrentes. De que adiantam a oferta de medicamentos e os tratamentos cada vez mais eficientes se a origem da questão está na falta de tratamento de esgotos ou na disponibilidade de água potável? Por melhor que seja o tratamento para certas doenças, o preço pago pelo consumidor será uma contrapartida a algo que não deveria ocorrer numa sociedade que priorizasse a qualidade de vida das pessoas.

A solução para muitos problemas de saúde está diretamente associada à oferta de melhor qualidade de vida a todos, pois a comercialização de produtos e tratamentos médicos mostra-se apenas como paliativos dessa questão. Tornar disponíveis novas marcas e serviços sem resolver as questões estruturais apenas adia e contorna o problema.

A população mais carente tem praticamente como único recurso hospitais e centros de saúde conveniados com as instituições públicas de saúde (Instituto Nacional do Seguro Social – INSS, Sistema Único de Saúde – SUS, postos de saúde etc.); ocorre que tais estabelecimentos têm problemas estruturais graves, como má remuneração de pessoal, falta de verbas para setores básicos, o que motiva deficiências gerais do sistema e implica, por exemplo, a existência de filas que sacrificam ainda mais os necessitados e os aposentados. Casos recentes de pessoas que morreram em decorrência da demora de atendimento nos postos públicos mostram a falta de prioridade que o governo dá à saúde.

Outro descaso do governo também pode ser encontrado na relativa falta de fiscalização de fornecedores de medicamentos e serviços de saúde, como ilustram os casos de soros contaminados, mortes de recém-nascidos por infecção hospitalar e falsificação de remédios.

A oferta dos genéricos e similares (Lei dos Genéricos, em 1999) diminuiu a confusão e os gastos dos pacientes com a decisão e a aquisição de medicamentos. No entanto, há uma grande oferta de marcas e opções, o que leva os agentes do mercado farmacêutico e os laboratórios a pressionar médicos, balconistas de farmácias e pacientes pela adoção de seus produtos. Em 1999 havia 45 mil farmácias no Brasil, o que proporcionou a média de uma farmácia para cada 3,7 mil habitantes, duplicando a oferta em relação a 1979 – uma para cada 6,3 mil habitantes.

Em que medida é plausível persuadir pessoas a adotar produtos farmacêuticos, quando a adoção deveria partir de necessidades específicas de tratamento? Há os que defendem a propaganda de medicamento ético direta ao consumidor, alegando que os doentes crônicos têm a informação necessária para optar pela marca que mais lhes convier. Mas será que a pertinência de atingir uma minoria justifica permitir a comunicação massiva de medicamentos? O número de propagandistas no Brasil em 1999 foi avaliado em 14.600 (Grupemef, 2000) e, segundo a revista *Abras* (junho/1999), 40% dos produtos de venda livre (OTC) eram comprados por impulso.

Tal como em muitos países, o Brasil investe bastante em ações de marketing e propaganda de medicamentos (em alguns casos, cerca de até 50% do preço final do produto), o que, aliado à venda indiscriminada de muitos fármacos, inclusive em bares e mercados, incentiva a automedicação e provoca o agravamento de doenças.

Se o setor público tem recebido críticas, o mesmo pode se atribuir ao setor privado. Um dos casos emblemáticos é o dos planos de saúde, em que as empresas pressionam constantemente por aumentos e relutam em proporcionar coberturas totais aos clientes. O fato de a saúde ser tratada como negócio é algo plenamente aceitável, desde que o conceito de negócio tenha bases também no campo ético e de responsabilidade social, o que parece estar fugindo da prática e dos interesses de muitas empresas desse setor. Prova disso é o número de reclamações que os Procons têm recebido contra os planos de saúde. Do total de 368.194 consultas/orientações e mediações/reclamações que o Procon de São Paulo recebeu em 2003, a área da saúde foi responsável por 17.860 delas.

Como as doenças se "sofisticam", o mercado farmacêutico lida constantemente com oportunidades para oferecer novas marcas. Problemas como obesidade, depressão, anorexia, ansiedade, obsessão e tabagismo exemplificam como as questões ligadas à saúde são complexas e dinâmicas, demandando dos pacientes, dos profissionais de saúde, do governo e dos laboratórios constante interação e trocas de informação baseadas na responsabilidade social.

Avalia-se a existência de cerca de 50 doenças relacionadas ao tabagismo, entre elas o enfarte, a angina, o câncer e doenças respiratórias crônicas, como enfisema e bronquite. Segundo Douglas Bettcher, diretor da Iniciativa sem Tabaco, da OMS,

> O tabaco é um produto defeituoso. Mata metade dos seus consumidores [...] Ele mata 5,4 milhões de pessoas por ano, e metade dessas mortes acontece em países em desenvolvimento. É como um [avião] Jumbo caindo a cada hora. (*Apud* Cropley, 2007)

Há os que comparam os efeitos da obesidade (incluindo o *fast-food*) com os do alcoolismo e do tabaco. O advogado americano John Banzhaf, conhecido pelas causas ganhas contra as indústrias de tabaco, apurou que doenças associadas à obesidade custavam US$ 117 bilhões/ano ao governo americano, enquanto as relacionadas ao fumo totalizavam US$ 150 bilhões/ano (Duarte, 2004). Ou seja, não são números tão diferentes.

A obesidade seria um exemplo de epidemia "moderna" que proporciona grande reflexão sobre a relação da saúde com o consumerismo e o marketing. O estilo de vida ancorado na conveniência e o ganho de poder aquisitivo têm feito que hábitos pouco saudáveis fossem incorporados no dia-a-dia das pessoas, caso do sedentarismo e do consumo de produtos gordurosos. As empresas, via marketing e propaganda, intensificaram apelos sedutores para o *fast-food*, as guloseimas e os refrigerantes, contribuindo para os índices de obesidade, tanto em adultos como em crianças, trazendo grande preocupação aos médicos, já que atribuem a esse quadro muitos casos de

CONSUMIDOR *VERSUS* PROPAGANDA

níveis elevados de colesterol, pressão alta e diabetes. A rede de lanchonetes McDonald's e outras indústrias alimentares têm enfrentado resistência de consumidores, que reivindicam opções *light* e mais saudáveis.

No outro extremo, há o problema da anorexia, doença de cunho psicológico caracterizada pela deficiência de alimentação, que tem atingido mais as adolescentes. São jovens que se inspiram na mídia, no marketing da indústria da moda e do meio artístico que associam sucesso (portanto, beleza, *status*, poder e fama) à magreza, o que significa, para muitas, submeter-se a regimes rigorosos a ponto de comprometer a própria vida. A ditadura dos padrões de beleza tem sido combatida pelo consumerismo, porém com poucos efeitos, já que está disseminada em outros valores sociais e recebe o reforço constante dos meios de comunicação de massa (novelas, filmes, programas femininos).

Nem dietas extremas nem *fast-food*. Talvez o *slow-food*, ou "alimentação lenta", como faziam nossos avós, ganhe espaço num contexto de qualidade de vida. Em relação aos produtos, o *slow-food* se caracterizaria por ser um alimento saudável, saboroso, ecologicamente correto e justo para remunerar toda a cadeia produtiva.

São alternativas que mostram que os problemas de saúde estão numa dimensão além da falta de infra-estrutura de saneamento ou da oferta de medicamentos. Enquanto a sociedade não priorizar a qualidade de vida num sentido mais amplo e de comprometimento coletivo, dificilmente ações setoriais proporcionarão êxito, caso de um número substancial de pessoas que apresentam quadros obsessivos ligados ao vício pelo jogo, com o próprio Estado colaborando ao legalizar e ao se beneficiar dessa atividade.

EDUCAÇÃO

Assim como na área da saúde, o Brasil mostra desigualdades na educação, pois ao mesmo tempo que tem escolas e universidades caracterizadas pela alta qualidade de ensino e pesquisa, também revela unidades de ensino que nem sequer contam com energia elétrica ou mobiliário básico.

A Constituição atual obriga a União, os estados e os municípios a gastar em educação no mínimo 18% (União) e 25% (estados e municípios) do total das receitas obtidas com impostos, o que parece ser um bom avanço nessa área.

O quadro educacional mostra indicadores ora alentadores, ora preocupantes, com o analfabetismo total e parcial dominando cerca de 1/3 da população brasileira em 1999, ou 13,3% das pessoas de 15 anos ou mais, segundo o IBGE. Os resultados revelam que o número de crianças sem escola tem decrescido, mas a qualidade do aluno e do ensino tem sido questionada.

A qualidade é ruim inclusive no ensino superior: o resultado das avaliações dos cursos superiores feitas pelo Ministério da Educação até o ano de 2003 mostra que a maioria dos cursos tem obtido nota absoluta abaixo de 5 (de 0 a 10).

O Brasil ocupou o 72º lugar no Índice de Desenvolvimento de Educação (Unesco, 2004), de um total de 127 países, considerando o período de 2001 a 2002. Dos quatro fatores que compõem o índice, o Brasil tem pior resultado na área de qualidade de ensino – medida pela taxa de permanência de estudantes até a 5ª série do ensino fundamental, ficando na 87ª posição. O melhor desempenho acontece na meta de educação primária universal, em que o Brasil fica na 32ª colocação.

A sociedade tem feito, sistematicamente, apelos e movimentos para que o governo melhore as condições de segurança nas escolas e ofereça melhor estrutura de trabalho aos professores. Segundo dados do Censo Escolar do Sistema de Avaliação da Educação Básica (Estatística do Professor Brasileiro – MEC, 2003) e do PNAD (2001/2003), os professores brasileiros ganhavam, em média, menos do que profissionais de outras carreiras que exigem formação equivalente; um professor de ensino médio receberia cerca da metade do salário de um policial civil ou 1/4 da remuneração de um delegado.

O salário médio do professor no Brasil em início de carreira foi o terceiro pior do mundo em 2002, segundo uma pesquisa (Unesco, 2002) que totalizou 38 países desenvolvidos e em desenvolvimento, fi-

CONSUMIDOR *VERSUS* PROPAGANDA

cando à frente apenas da Indonésia e do Peru, sendo menos da metade do que recebem os professores do Uruguai e da Argentina.

Mas o salário é apenas um fator: investimento na carreira e boa infra-estrutura (salas de aula em perfeitas condições, equipamentos que funcionem, apoio psicológico) auxiliariam na qualidade do ensino.

O fator econômico é importante no acesso à educação. Há muito tempo o Brasil vem adotando programas assistenciais para incentivar crianças de famílias de baixo poder aquisitivo a continuar os estudos, o que tem gerado discussões, já que o alcance desses programas é limitado e não impede que falhas estruturais, como a qualidade da alimentação servida, a falta de fiscalização sobre o emprego dessas verbas e o uso político do benefício, comprometam o acesso ao ensino.

No entanto, o fator econômico não é determinante para algumas questões que envolvem a qualidade da educação. Os tempos modernos apontam para um novo perfil de aluno: mais informado, a ponto de fazer valer seus direitos e interesses; mais independente dos pais, o que lhe possibilita tomar decisões na escola e interceder junto aos professores. Muitos alunos dos ensinos básico e fundamental contestam o ensino tradicional, conduta que faz que o hábito de leitura, a dedicação ao estudo e a prática de pesquisa fiquem em segundo plano. É uma geração bastante influenciada pelas tecnologias da informação – internet e meios virtuais –, o que demanda do sistema educacional uma nova organização; caso contrário, um cenário conflituoso poderá levar a perder os ganhos obtidos.

Os avanços na esfera da educação e da informação têm possibilitado maior exercício da cidadania. Porém, isso não significa que a maioria dos brasileiros usufrua dessa situação. Um dos sinalizadores é o fenômeno da inclusão digital, em que apenas uma parcela da população brasileira tem conhecimento dos instrumentos digitais e virtuais e acesso a eles. Por meio dos endereços eletrônicos, o consumidor pode acessar seu banco para efetuar transferência de valores ou atualizar-se sobre a previsão do tempo, em tempo real. O estudante pode colher informações para sua pesquisa de geografia em terminais instalados na escola pública ou particular, na empresa ou em sua residência. Acadêmicos e profissionais que necessitam de informações especializadas e atualizadas (a um custo favorável) recorrem às fontes digitais, como enciclopédias e banco de dados. Serviços do cotidiano, como declaração do imposto de renda, consulta ao sistema previdenciário, inscrição em vestibulares, envio de trabalhos a eventos, contato com empresas para reclamar de produtos e serviços e recebimento de informações médicas, estão sendo cada vez mais disponibilizados e às vezes exclusivos a canais virtuais e digitais. Esses exemplos, embora em pequena escala, mostram como o cidadão pode perder direitos e qualidade de vida se não estiver incluído na era digital.

Com tantos contrastes, podemos entender muitos dos dilemas enfrentados pelo consumerismo. Um deles é a precariedade no hábito de leitura. Ou seja, a população brasileira, que em grande parte entrou no mundo da televisão antes de saber ler uma bula de remédio ou a composição de um produto, o faz agora no mundo da internet e dos sistemas virtuais, convertendo-se em agente pouco esclarecido sobre o consumo. Esse fato não pode ser ignorado por quem formula e aplica as leis: não se admite que instruções do fabricante sejam fornecidas em textos diminutos e de difícil compreensão, apostando na fragilidade verbal do consumidor médio, ou que ofertas de produtos e serviços básicos estejam disponíveis apenas na internet.

Outro dilema se refere aos modelos presentes na cultura brasileira. Algumas escolas e professores têm orientado seus alunos sobre itens que envolvem a defesa do consumidor. Mostram como fazer uma compra correta de brinquedos, como gastar melhor o dinheiro na cantina, como observar a propaganda. Porém, às vezes, essas diretrizes não recebem o devido reforço por parte de outros protagonistas sociais, como a família e a mídia (novelas, filmes, programas de rádio, matérias jornalísticas). Os bons hábitos de consumo, em convívio constante com a educação sustentada pelos diversos meios sociais (e não apenas a escola), colaboram com a formação completa da cidadania.

ESPAÇO AMBIENTAL/ESPAÇO URBANO

A qualidade de vida está diretamente relacionada à forma como as pessoas interagem com seus espaços, tanto em respeito à sua ocupação, como ao uso que fazem deles e ao modo como neles se transportam, algo que reflete também nas relações de consumo.

O Brasil tem registrado ocupação crescente do espaço urbano, porém mais em virtude de desordenadas migrações internas do que de expansão planejada; ou seja, em vez de a urbanização representar uma concentração de recursos, verifica-se um estado de desequilíbrio social, de marginalização da população das periferias e de precariedade de alguns serviços públicos.

Decorrente da expansão desmesurada das cidades, a precariedade na construção, na sinalização e na manutenção de vias públicas tem vitimado milhares de pessoas anualmente, embora o motorista e o pedestre brasileiros não colaborem muito para sua segurança. Essa questão também permeia o fator educacional, pois sucessivas campanhas têm sido realizadas (como uso de cinto de segurança e limite máximo de velocidade) sem resultados duradouros.

Quanto ao estado das vias públicas, é imprescindível a realização de estudos para apurar responsabilidades das autoridades públicas: por que não processar e punir governantes que sabem da necessidade de duplicação de estradas onde se registram muitos acidentes? Por que não condenar o mais alto governante por não priorizar a administração de uma via pública em que têm ocorrido acidentes? Na atual configuração administrativa governamental, parte da arrecadação de impostos tem sido utilizada para pagamento de assessores e contratações polêmicas, enquanto milhares morrem em vias públicas que esperam melhorias há anos.

Nas cidades, o cidadão perde espaço para os automóveis, o que o leva, por vezes, a transitar por calçadas mal planejadas e irregulares, potencializando inúmeros acidentes que são atribuídos à fatalidade ou ao descuido pessoal.

O deslocamento também é outro dilema nos grandes centros urbanos. Os taxistas, por vezes, fazem trajetos mais extensos para cobrar mais caro a corrida. Motoristas de ônibus nem esperam o passageiro sentar-se e já aceleram o veículo. A insegurança oferecida pelas motos tem sido preocupante, como mostram várias estatísticas sobre atendimento de motociclistas nos hospitais brasileiros. Segundo dados da Companhia de Engenharia de Tráfego (CET), a proporção, em 1999, era de uma morte para cada 50 acidentes com moto, enquanto, para automóveis, essa proporção era de uma para 450. Além do motociclista, os chamados *motoboys*, que utilizam as motos para prestação de serviços, têm sido as grandes vítimas de um meio de transporte que requer muita habilidade, educação de trânsito e não tem sua dinâmica devidamente equacionada no planejamento urbano. Dados do Instituto de Pesquisa Econômica Aplicada (Ipea), em 2003, apontavam para uma proporção de 71 vítimas para cada cem acidentes de moto, contra sete para cem em automóveis.

A moradia é outro ingrediente espacial que repercute na qualidade de vida. O grande déficit de residências no país gera forte tensão social, embora o acesso à moradia acarrete problemas consumeristas também para a classe média, caso de condomínios construídos em locais contaminados por lixo tóxico e de imóveis condenados em virtude da má qualidade da construção.

MEIO AMBIENTE

O expansionismo urbano e do consumo responde também pela exploração ecológica e pelos danos ambientais. A poluição de recursos naturais causa o efeito inusitado de o consumidor (turista, banhista, morador) revoltar-se com o agente poluidor, que, muitas vezes, é ele mesmo ou empresas com as quais se solidariza nas relações de consumo.

Muitas cidades, como São Paulo, apresentam, em certos períodos, poluição tão acentuada que clínicas, hospitais e postos públicos recebem maior número de pessoas com problemas respiratórios; nesses períodos, cresce o consumo de produtos farmacêuticos, como colírios, antialérgicos, xaropes e inalantes, levando-nos a refletir sobre até que ponto o desenvolvimento de uma sociedade de consumo deve estar atrelado ao consumo e à produção – e não à qualidade de vida – e sobre o preço que pagamos para compartilhar as vantagens dos modelos sociais atuais.

CONSUMIDOR *VERSUS* PROPAGANDA

A qualidade de vida é diminuída com os inconvenientes do dia-a-dia: filas, espaço apertado no metrô e no ônibus, agressividade dos painéis publicitários, poluição visual, tensão em razão da violência, assim como barulho de buzinas, aviões, motores e sirenes.

O meio ambiente, como indicador da qualidade de vida, pode ser expresso pelas condições geobiológicas de uma região, como preservação vegetal, tratamento dos recursos utilizados para a produção, processamento do lixo e reestruturação de ecossistemas afetados pelo desenvolvimento humano. Um levantamento feito em 2004 pela Organização Mundial da Saúde apurou que cem mil crianças morreram, em 2003, na Europa, em decorrência da deterioração do meio ambiente, como más condições da água e do ar ("Poluição...", *Carta Capital*, 2004, p. 44).

Constantemente o Brasil tem sido notícia na imprensa mundial por permitir que milhares de quilômetros quadrados de floresta sejam destruídos por queimadas intencionais, exemplificando a prioridade que o país dá ao sistema produtivo em detrimento de um desenvolvimento sustentado. É de lastimar que, por vezes, seja necessária a pressão ou a interferência internacional para que o Brasil tome atitudes de proteção ambiental, como a condição imposta pelo Banco Interamericano de Desenvolvimento de liberar recursos para a conclusão da rodovia Porto Velho–Rio Branco somente após a apresentação de um programa de proteção ambiental na Amazônia por parte do Brasil, procedimento que atualmente o Banco Nacional de Desenvolvimento Econômico e Social (BNDES) tem adotado para liberar recursos para projetos no Brasil.

O movimento ambiental tem-se aliado ao consumerismo, já que o crescimento sustentado de um país só pode ser obtido pela sustentabilidade em todos os sentidos, inclusive nos setores ambiental, econômico e social. O consumismo, o desperdício, o uso de produtos nocivos ao homem e ao meio ambiente são vilões que fazem o consumerismo associar-se ao ambientalismo. Uma demonstração da preocupação que o impacto do consumo causa no meio ambiente está na posição contínua das autoridades públicas em editar normas e leis para o descarte responsável de produtos perigosos, caso da resolução do Conselho Nacional do Meio Ambiente (1999), que exige por parte do usuário o recolhimento de pilhas e baterias, entregando-as aos agentes que comercializam ou produzem esses produtos. Isso porque podem conter metais pesados que contaminam o solo e as águas, proporcionando risco a quem tenha contato com tais substâncias. Um caso relativo a essa questão é o da contaminação de 26 crianças por chumbo utilizado pela Indústria de Acumuladores Ajax, na cidade de Bauru (SP), em 2002 ("Bauru...", *Diário*, 2002, p. 4-A).

Alguns pontos, no entanto, ainda provocam conflitos entre consumeristas e ambientalistas – como no caso do preço de produtos –, pois, enquanto os primeiros lutam por preços menores, os segundos defendem a oferta de produtos ambientalmente melhores, mesmo que os custos sejam superiores. Se for para escolher entre um produto "verde" e um convencional, o consumidor brasileiro dará preferência à marca que gerar maior satisfação material e emocional, o que deverá fazer que as empresas desenvolvam a oferta de marcas ambientalmente melhores sem torná-las mais caras. Ser "ecologicamente correto" implica concessões e privações, algo com o que os integrantes da sociedade afluente e da sociedade da informação estão aprendendo a conviver: é necessário perder conveniência, conforto e *status* para desfrutar de um presente e um futuro melhores.

COMPORTAMENTO CONSUMERISTA E PERFIL DO CONSUMIDOR

O estudo do comportamento do consumidor propicia muitos elementos para conhecer aspectos da qualidade de vida das pessoas e suas decisões nas relações de consumo, o que é fundamental para caracterizar o consumerismo. No âmbito do marketing, o cliente pode assumir diversos papéis, como "consumidor" (pessoa que utiliza ou consome bens) e "comprador" (quem faz a aquisição). Porém, na esfera consumerista, o termo "consumidor" designa ambos os papéis, por estarem do mesmo lado nas relações de consumo.

Os produtos e serviços são comprados por suas funções físicas e seus atributos psicossociais, caso do prazer sensorial e da auto-realização. Os fatores que motivam ou influenciam o consumidor são complexos, entre eles a cultura, os valores pessoais, a tecnologia, os grupos de convívio, o sistema de mercado e as ações consumeristas.

O fenômeno da globalização também insere novos elementos no comportamento do consumidor, já que, por vezes, um produto, uma marca ou os anúncios afeitos à cultura do país de origem são ofertados em outros países que não aceitam ou não comungam desses valores sociais. Estudando a promoção de bebidas sem álcool e pastas de dente nos Estados Unidos, na França, na Índia e no Brasil, concluiu-se (Keegan, 1999, p. 466) que as mensagens publicitárias não poderiam usar os mesmos apelos em razão da diferença de importância que cada nação atribuía aos aspectos dos produtos e da mensagem. No caso do Brasil, por exemplo, a ênfase deveria ser nos aspectos subjetivos, ao contrário dos demais países, principalmente da França e da Índia.

Os estudos convergem para a conclusão de que o consumidor está mais bem informado, além de contar com uma maior assistência dos órgãos públicos e das instituições privadas. São elementos que explicam um contexto de um cliente mais exigente e disposto a fazer valer os seus direitos.

No entanto, o comportamento consumerista não se atém apenas a manifestações positivas. Ao lado destas, coexistem outras que dão margem à exploração e à perda de qualidade nas relações de consumo:

DESATENÇÃO: como no caso de não conferir o troco, não observar se o instrumento de pesagem está "zerado", não conferir pesos e embalagens de mercadorias, não ler totalmente contratos e anúncios publicitários, além de outras ações que são verdadeiras concessões para o lucro fácil de negociantes inescrupulosos.

ESQUECIMENTO: esquecer danos causados por produtos ou fornecedores, pois a continuidade de relacionamento com uma empresa que causou danos pode realimentar táticas abusivas.

APATIA: o consumidor pode apresentar várias justificativas para não fazer valer seus direitos, desde características pessoais (inibição, valores culturais, punição alternativa a quem o prejudicou) até fatores governamentais (ineficiência de órgãos fiscalizadores, impunidade).

APOIO AO ILÍCITO: enquadram-se aqui atitudes como as de comprar produtos piratas ou bens originários de furto ou receptação indevida, como livros furtados de bibliotecas e obras de arte retiradas de igrejas. Pesquisa (Firjan, 2004) com 300 pessoas no centro do Rio de Janeiro revelou que 59% afirmaram comprar produtos no comércio informal. Esse contingente está representado em todas as classes sociais, enfatizando a compra de relógios, perfumes, acessórios, CDs, DVDs, fitas e brinquedos, em que o item "preço" é a vantagem mais apontada, e "má qualidade", a maior desvantagem.

IRRESPONSABILIDADE: seria o comportamento de adquirir vantagens depreciando direitos ou respeito a terceiros. Algumas situações: sabotar produtos com a finalidade de obter ressarcimentos; usar cargo ou poder para pressionar comerciantes ou outros consumidores; ter atitudes individualistas, como deixar o carrinho de supermercado obstruindo a saída de um veículo, ou consumir produtos em estabelecimentos sem o propósito de pagá-los; demonstrar desleixo com o consumo de bens, caso de não seguir normas e instruções de uso.

CONSUMISMO: caracteriza-se pela aquisição de bens sem racionalizar a relação custo–benefício, a adequação entre o estilo de vida e a renda, o impacto nos valores familiares e sociais. São comuns casos de pessoas de baixa renda que dispõem de aparelho de DVD e telefone celular sem nunca ter ido a um dentista ou sem ter ainda processo de filtragem da água que ingerem. Ou, então, que têm obsessão por modismos e descartam produtos de pleno uso para adotar novas tecnologias ou imitar grupos de referência.

O consumismo é um dos fatores que retratam as preocupações consumeristas, pois, das três modalidades básicas que classificam o consumidor (racional, impulsivo e compulsivo), ele está em duas: o

CONSUMIDOR *VERSUS* PROPAGANDA

"impulsivo" consome além do necessário por ansiedade, para canalizar frustrações ou fazer compensações; o "compulsivo" consome de forma desordenada e inconseqüente, comportamento que surge de uma forte desordem emocional ou de um distúrbio psicossomático (Shoham e Brencic, 2003, p. 127-38). Os sinais de compra compulsiva seriam: gastar mais do que tem; comprar sem saber o porquê; arrepender-se da compra; adquirir seguidamente bens desnecessários; acumular objetos sem uso.

Até que ponto as empresas e o marketing são responsáveis por tais comportamentos é matéria de estudos e atenção por parte da sociedade. Segundo a Associação Americana de Psiquiatria, o consumismo desenfreado (compulsivo) afeta 1,1% da população mundial.

> "Não resisto, se me apaixono por uma bolsa, compro uma de cada cor", admite a gerente de vendas Sônia Sabag. "Sentar com as sacolas lotadas em um café e ficar lá, conferindo os pacotes, é uma das coisas que mais me dão prazer na vida." Todos os meses ela promete mudar de atitude. Só não cumpre. "Tinha quatro cartões de crédito, hoje são apenas dois, e continuo a deixar todo o dinheiro nas lojas. O pior é que muita coisa fica no fundo da gaveta, estocada, ainda na caixa e com etiqueta." (Scavone, 2002, p. 200-3)

O consumerismo também depara com outro contexto para o comportamento do consumidor: o evento das novas tecnologias da informação. Trata-se de tecnologia que pode trazer mais conveniência e segurança ao consumidor, como a substituição dos atuais códigos de barra por *chips*, que trariam mais velocidade no *check-out* de supermercados e permitiriam diminuir a pirataria de produtos; ou as compras via internet, evitando deslocamentos e possibilitando até preços mais baixos.

O *e-commerce* registra a aquisição de uma infinidade de bens: desde serviços financeiros até automóveis, que já alcançaram significativa parte dos mercados mundial e brasileiro. O consumidor conta com a internet e o e-mail para fazer reclamações e acionar banco de dados para obter informações. Há casos de consumidores que até construíram sites para protestar contra organizações, além daqueles que criam espaços como "vítimas da empresa *X*". A internet, no entanto, também oferece espaço àqueles que fazem denúncias infundadas, criando boatos que prejudicam organizações (ver boato sobre o guaraná Kuat no item "Meios de comunicação e imprensa").

No entanto, essa tecnologia também acarreta dificuldades e danos ao consumidor, caso do correio eletrônico (*spam*), que obriga as pessoas a se submeter à oferta de produtos e serviços sem que tenham permissão para tal. O Instituto da Qualidade de São Paulo ("Quem...", *Veja*, 2000, p. 91) apurou, em 2000, na cidade de São Paulo, que 31,2% das pessoas que fizeram compras virtuais ficaram insatisfeitas com os processos virtuais, pesando fatores como atraso na entrega (62,5%) e cobrança em desacordo com a compra (25%); outras razões se referiam à entrega contrária ao pedido, ao não-recebimento deste, a produto danificado e à dificuldade para obter orientação pós-venda.

Portanto, a mesma tecnologia que gera conveniência pode gerar insatisfação, caso da colocação de *chips* em produtos que, além de agilizar o *check-out*, pode proporcionar mais controle e manipulação sobre a rotina dos clientes. Ou pior: já se vislumbra a idéia de utilizar esses componentes tecnológicos para que as empresas monitorem os produtos e, conseqüentemente, o consumidor, trazendo evidente ameaça à privacidade. Uma das primeiras tentativas foi atribuída a Benetton, que usaria os *chips* dotados de sistema de identificação por freqüência de rádio (RFID), permitindo o rastreamento das peças vendidas (Pereira, 2003, p. D5).

O BRASILEIRO EM FACE DO CONSUMO

As análises sobre o comportamento consumerista do brasileiro não são convergentes, convivendo posições que o apontam como um cidadão relapso e desinteressado com outras que o consideram crítico e consciente.

Segundo o então secretário-executivo do Procon, Pérsio Junqueira (1978, p. 24-5): "Somos um povo [...] que não tem tradição de lutar por seus direitos. Então, tendemos sempre a ajeitar a situação com a outra parte, em vez de fazermos valer nossos direitos". Já Zuleica Ferrari (1981, p. 13) apontou que, tradicionalmente, o brasileiro acha que alguém deve fazer alguma coisa: vizinhos, governo, líderes ou entidades, que, por sua vez, são criticados por cercear sua liberdade com interferência excessiva. Segundo a autora, o brasileiro exige que o governo se preocupe com todos os problemas e, além de criticar a validade dessa situação, duvida de seus resultados; essa mentalidade leva-o a transferir prejuízos que tenha sofrido para os mais ingênuos ou ignorantes, em vez de cobrar os responsáveis.

Esses pensamentos refletiram uma autêntica preocupação do momento inicial do consumerismo no Brasil (final dos anos 1970), em que o consumidor brasileiro não tinha uma estrutura social para atendê-lo plenamente: legislação específica, diferentes opções para encaminhar suas reclamações ou dúvidas, acessibilidade aos fornecedores, informações especializadas. O contexto atual parece revelar um consumidor diferente, que se manifesta na mídia, usa organismos de defesa do consumidor e aciona empresas. O brasileiro "aprendeu" a reclamar, pois não só tem uma estrutura consumerista para atendê-lo, como também se muniu de autoestima, informação, leis e postura para fazer valer os seus direitos. Para certos perfis de consumidores, o exercício de seus direitos consumeristas só não ocorre em virtude de fatores contrários à sua vontade, como falta de dinheiro para se deslocar até um Procon ou impossibilidade de se ausentar do trabalho para levar adiante uma reclamação.

> O que se pode deduzir é que a passividade do cidadão brasileiro é apenas aparente. Enquanto ficarem impunes as pessoas ou órgãos denunciados, ele continuará passivo. Se, todavia, as autoridades começarem a cumprir as leis e a compreender que a finalidade última da administração é a busca do bem-estar da coletividade e, ainda, começarem a procurar ouvir antes da tomada de decisões esse mesmo cidadão será óbvio e natural o desaparecimento dessa passividade. (Lustosa, 1983, p. 68)

Muito se tem falado da fragilidade do consumidor brasileiro, esquecendo-se de suas ações intempestivas e até prejudiciais ao bem comum como cidadão. São exemplos as depredações de bens públicos: quebra de telefones, pichações de muros e estátuas, destruição de ônibus, violação de caixas do correio, quebra de luminárias e depredação de escolas públicas. Muitos atos de vandalismo são gerados pela própria precariedade dos serviços públicos, como problemas de conservação e sobrecarga de uso; outros, porém, ocorrem pelo simples prazer de destruir, por ociosidade ou demonstração de força entre grupos, algo que por vezes é reforçado com a impunidade por parte do Estado e da família.

Mas a atividade consumerista do brasileiro, embora ainda comedida, tem aumentado e melhorado. Os números relativos à consulta nos serviços de atendimento aos consumidores e Procons mostram bem esse quadro. O esforço que as empresas têm feito para conquistar e manter seus clientes também se enquadra na exigência e na conscientização crescentes do consumidor, que fazem da competitividade entre as empresas uma arma para ser mais bem atendido e respeitado.

Em entrevista com mil pessoas no Brasil, o Instituto Akatu apresentou, em 2004, uma pesquisa revelando quatro tipologias básicas do comportamento consumerista do brasileiro. Aferiu 13 ações comportamentais, como "fechar a torneira enquanto escova os dentes", "apagar as luzes ao deixar um ambiente", "separar lixo para reciclagem", "pedir nota fiscal", "ler o rótulo de um produto antes de comprar", e obteve os seguintes índices: 54% "iniciantes" (adotam de três a sete comportamentos), 37% "comprometidos" (adotam de oito a dez comportamentos), 6% "conscientes" (adotam de 11 a 13 dos comportamentos) e 3% "indiferentes" (adotam nenhum ou até dois comportamentos). Essa pesquisa também apurou que: "66% costumam planejar a compra de alimentos; 46% lêem os rótulos atentamente antes de decidir a compra; 19% alguma vez já usaram órgãos de defesa do consumidor e 17% deixaram de comprar produto de empresa como forma de punição".

Ainda sobre o mesmo estudo, indagados sobre "Quais atitudes das empresas levam o consumidor a comprar menos ou a não recomendar seus produtos?", o item mais assinalado relacionou-se a quando a empresa "faz propaganda enganosa" (48%).

Uma pesquisa aplicada a 450 homens e 450 mulheres em oito capitais brasileiras, realizada pela agência Ogilvy Brasil (Listening Post), em 2005,

CONSUMIDOR *VERSUS* PROPAGANDA

apurou que o brasileiro, por vezes, prega uma coisa e faz outra: de um lado, 95% declararam-se interessados em participar da vida da comunidade; de outro, apenas 4% citaram o trabalho social como sonho e projeto de vida; 60% condenaram pequenas transgressões, mas 66% não se incomodam em comprar no comércio informal ou pirata.

A maior parte da população brasileira ganha menos de três salários mínimos; essa renda baixa faz que tal contingente populacional tenha difícil acesso a produtos de melhor qualidade, expondo-se mais ao dano. Não é por acaso que as questões consumeristas assumiram prioridade de Estado. Mas, com o insuficiente aparato estatal ofertado ao cidadão, o caminho seria buscar auxílio das entidades privadas de defesa do consumidor, que, para as pessoas de menor poder aquisitivo, torna-se inviável em razão de sua não-gratuidade.

A participação popular no Brasil tem sido mais uma atuação casual, em acontecimentos agudos, do que uma conduta regular e ativa, caso do movimento de donas de casa em Piracicaba, em 1980, quando se uniram em boicote ao aumento abusivo do preço da carne bovina, movimento que se estendeu a outros estados. Também merece ser ressaltada a fiscalização que a população fez em relação ao tabelamento, quando do congelamento de preços efetuado pelo Plano Cruzado, em 1986.

O Brasil, como tantos outros países, queimou etapas de industrialização e informatização para tentar se igualar aos países ditos desenvolvidos, o que pode ter provocado um *gap* cultural: não são poucos os brasileiros que ainda se apavoram diante de uma escada rolante, atrapalham-se com senhas em caixas eletrônicos e assustam-se com uma balança digital. No entanto, esses mesmos brasileiros consomem produtos sucedâneos de outros com os quais ainda estavam se habituando.

Outro ponto polêmico se refere à orientação exportadora que se adotou para o sistema produtivo nacional. Por muito tempo houve orientações empresariais no sentido de utilizar alta tecnologia, pesquisa de ponta, aprimoramento estrutural para atender a mercados externos e globais, deixando para o mercado interno ou regional versões defasadas ou obsoletas de produtos e serviços. Tal tratamento não é mais tão evidente, pois equivaleria a considerar o brasileiro um consumidor de segunda classe. De forma geral, o tratamento que alguns empresários dispensam aos países ditos desenvolvidos é melhor do que o dispensado às outras nações, que são consideradas quase destino de artigos tecnologicamente ultrapassados ou até inadequados ao consumo.

PÚBLICOS

Público de interesse – ou *stakeholder* – qualifica um processo que leva em conta todos os grupos de partes interessadas. São organizações ou indivíduos que possam ser significativamente afetados pelas atividades, pelos produtos e/ou serviços da organização e cujas ações possam afetar significativamente a capacidade da organização de implementar suas estratégias e atingir seus objetivos (Global Reporting Initiative – GRI, 2006).

O processo ao qual nos referimos é a relação de consumo estabelecida pela empresa e pelo consumidor, relação esta que desperta interesse em diversos públicos, como é o caso de grupos (meios de comunicação e imprensa, intelectuais, mulheres, crianças, classes sociais, minorias e religiosos), Estado (poderes Executivo, Legislativo e Judiciário) e entidades (organizações não-governamentais, entidades de defesa do consumidor públicas e privadas).

MEIOS DE COMUNICAÇÃO E IMPRENSA

Os meios de comunicação de massa no Brasil desempenham importante papel nas atitudes e no comportamento social. Boa parte desses meios é controlada por grupos privados e se mantém graças à publicidade, que, por sua vez, dispõe de grande lastro para influenciar esses meios. Particularmente, a televisão tem sido grande influenciadora, já que tem obtido elevados índices de audiência, por suas características de atratividade para o telespectador: envolvimento audiovisual, custos relativamente baixos, possibilidade de acesso para todas as camadas sociais e conteúdos diversificados.

Os impactos negativos se referem a vários fatores, entre eles programas e anúncios destoantes da realidade local, pois muitos são originários dos grandes centros urbanos. O consumo de programas nacionais é acompanhado pelo consumo de publicidade também nacional, que divulga produtos que não são necessariamente distribuídos em certas localidades ou estejam descontextualizados culturalmente.

Se de um lado a legislação é bastante rigorosa com a publicidade de alguns produtos (bebidas alcoólicas, cigarros, medicamentos), de outro não há rigor nenhum com programas que enaltecem esses mesmos produtos. A falta de uma ação coordenada desacredita a legislação e os motivos que levam às restrições, especialmente para crianças e jovens.

Uma reportagem do jornal *Folha de S.Paulo,* em 2002 (Meneghini, 2002, p. 6-7), evidenciou que a televisão brasileira tem mostrado com muita freqüência cenas de pessoas ingerindo bebidas alcoólicas, mesmo no horário vespertino, caracterizado pela audiência infantil. A publicidade não é o único fator nem o principal motivador para a ingestão de bebidas alcoólicas, mas é um desses fatores. Como tais bebidas representam a droga mais usada pelos jovens no Brasil, e como há uma correlação entre marketing e ingestão de bebidas alcoólicas na juventude, a promoção desses produtos deve ser restrita em todos os âmbitos: publicidade, programas e, inclusive, atos governamentais, evitando que os próprios políticos apareçam em público degustando cervejas, cachaça ou uísque.

As emissoras de rádio e televisão, periodicamente, mostram em sua programação testes com produtos e serviços, alguns elaborados em parceria com institutos especializados. Essas denúncias, além de proporcionar melhor informação ao consumidor, servem para que os órgãos públicos aperfeiçoem normas e fiscalização.

O cinema também não tem ficado fora de temas consumeristas. Um exemplo é o filme *Super size me* (2004), que faz crítica acirrada contra o sistema de *fast-food* e, em especial, contra a rede McDonald's e a sua postura que favoreceria a obesidade.

Uma crítica que se faz aos meios de comunicação de massa diz respeito à característica de atingirem a todos, indistintamente, com programas e mensagens publicitárias das mais variadas ordens. São programas indiferentes à condição social dos receptores: veiculam desde apelos economicamente inacessíveis a pessoas de baixo poder aquisitivo (grifes caras, marcas exclusivas), até produtos tentadores que aguçam a vontade de crianças carentes.

Além dos meios tradicionais, a internet cresce em importância. Nela, o consumerismo vem encontrando desde sites especializados em defesa do consumidor até alternativas para denunciar abusos de empresas ou decepções com produtos e serviços. Sua agilidade permite obter informações de forma instantânea e interativa. É um meio que, ao contrário daqueles que dependem de verba publicitária de anunciantes, oferece ao consumidor todas as alternativas e ângulos do consumerismo, inclusive em relação ao governo. Esse caráter de liberdade também traz inconvenientes, como a possibilidade de boatos. O Quadro 6 apresenta uma manifestação que mereceu resposta da Coca-Cola, por meio de seu site (julho de 2003), a um dos boatos que circularam na internet.

A imprensa, de forma geral, é responsável por muitos ganhos que os consumidores tiveram até hoje, pois, por mais parcial que seja, traz informações de diferentes áreas, como alimentação, habitação, saúde, consumo, que repercutem nos consumidores, no governo e nos empresários. A pressão que os veículos jornalísticos impõem é tamanha que, por vezes, expõe empresas e produtos a um conceito negativo na população, o que pode representar sérios transtornos a futuros negócios. Longe de constituir perseguições premeditadas, os órgãos de imprensa têm detectado problemas que afetam milhares de pessoas, serviço este que recebe a mais elevada estima por parte dos consumidores e retorna na forma de boa credibilidade junto ao setor. Um exemplo histórico dessa ação ocorreu com a revista *Quatro Rodas*, que, após testar em 1973/74 o carro Dodge 1800, detectou pelo menos 14 defeitos graves.

Claro que o saldo da imprensa com o consumidor é positivo, mas não se devem esquecer algumas ações no sentido de desinformar e até omitir notícias de importância social, como acidentes em que operários foram vítimas dentro de instalações industriais, ou casos de produtos defeituosos que causaram até mortes.

CONSUMIDOR *VERSUS* PROPAGANDA

QUADRO 6 – RESPOSTA DA COCA-COLA A BOATOS QUE CIRCULARAM NA INTERNET

COCA-COLA.
Esclarecimento sobre o boato envolvendo o guaraná Kuat.

TODOS OS INGREDIENTES usados na fabricação de qualquer produto da nossa empresa atendem às regulamentações dos países nos quais são comercializados. **Não seria diferente com o guaraná KUAT.**
O texto que circula na internet, além de ser improcedente, menciona a presença de substância fenofinol ameido e voliteral. Elas não são citadas no mais completo livro técnico de referência para substâncias químicas, o Merck Index. Isso significa que tais substâncias não existem, e são fruto da imaginação de quem criou o boato.
O Instituto Fleury, citado no e-mail, repudiou publicamente o uso indevido de seu nome como, também, atestou jamais ter analisado a bebida.
O Ministério da Agricultura, em Brasília, a quem cabe o registro e a fiscalização de bebidas no Brasil, pronunciou-se a respeito do e-mail, tendo investigado o assunto e concluído que:

* o Hospital das Clínicas desconhece o assunto;
* as substâncias citadas no e-mail não existem, o que também é confirmado pelo Instituto Adolfo Lutz de São Paulo;
* o médico citado no e-mail não foi identificado, apesar de inúmeras tentativas para encontrá-lo;
* o Ministério da Agricultura considerou as denúncias infundadas e sem nenhum respaldo técnico.

Clique aqui para ler a carta redigida pela Dra. Matilde Maria Marche, Chefe de Gabinete de Autarquia do Hospital das Clínicas da Faculdade de Medicina da USP.

Além de dar notícias factuais, a imprensa tem mantido colunas fixas e programas dedicados ao setor. O site "Defenda-se" é mantido pelo *Jornal da Tarde* (São Paulo) e proporciona uma série de informações e serviços na área consumerista. O mesmo jornal, na versão impressa, apresentava, em 2004, o caderno "Seu Dinheiro", que, além de trazer matérias de prestação de serviços ao consumidor e mostrar um *ranking* de empresas mais reclamadas, abria espaço para casos reais de consumidores e denúncias com a réplica das instituições. Outros veículos jornalísticos têm seções especializadas, caso do jornal *O Estado de S. Paulo* ("Seus Direitos"), *O Globo* ("Defesa do Consumidor") e *Jornal do Brasil* ("Direitos do Consumidor"). Essas seções têm publicado reclamações não só contra produtos e serviços, mas também contra anúncios publicitários.

Não se pode negar o denodo de muitos profissionais do setor jornalístico em incriminar as ações de marketing e propaganda no agravamento das questões de consumo; há inclusive profissionais jornalistas que são proibidos ou se proíbem de dar testemunhos em anúncios, temendo a perda de credibilidade; mas muitos são os mesmos que agradecem a patrocinadores ou editam matérias para angariar audiências crescentes, aumentando assim o faturamento com a receita publicitária.

De todas as categorias profissionais, talvez os jornalistas sejam os mais assíduos críticos da publicidade. Repudiam desde a propaganda enganosa até o incentivo ao consumo, escrevendo matérias e denúncias que por vezes defendem a sociedade dos efeitos lesivos do setor publicitário e abrem a consciência crítica da coletividade para uma atuação mais participante em relação a tais abusos. O fato é que muitos jornalistas participam de anúncios e até da locução de chamadas publicitárias para programas jornalísticos, além dos que são contratados por agências de propaganda tanto para exercer funções de assessoria de imprensa como atividades publicitárias. Talvez esses fatores estejam colaborando para que os profissionais de imprensa tenham, a cada dia, uma visão mais madura da propaganda, aceitando a situação de mútua convivência, como exige o nosso sistema socioeconômico, voltado para a economia de livre mercado. No entanto, essa situação não pode ser confundida com a transformação do conteúdo jornalístico e editorial em espaço publicitário.

INTELECTUAIS

Os intelectuais formam segmento influente na opinião pública no que se refere às questões consumeristas. Fazem parte ambientalistas, sociólogos, professores, cientistas, advogados, políticos, juristas, artistas, profissionais da saúde, que, invariavelmente, representam posturas ferrenhas contra abusos da propaganda, dos meios de comunicação de massa e das empresas. Esses líderes de opinião dispõem de conheci-

CONSUMIDOR *VERSUS* PROPAGANDA

mentos, tempo, recursos, além de espaço na mídia, já que suas posturas e discursos vão ao encontro das expectativas sociais.

São pessoas influentes que agem em papéis individuais ou coletivos. Integrantes do grupo canadense Adbusters promovem anualmente o Dia Sem Compras, instigando todos a deixar de comprar naquele dia, como forma de protesto contra o consumismo. Os voluntários da ONG Greenpeace têm feito protestos e campanhas contra os alimentos transgênicos. Colaboradores da Organização Mundial da Saúde empenham-se em campanhas antitabagistas. Advogados, promotores e juristas têm auxiliado o consumerismo por meio de entrevistas, depoimentos e até orientações aos consumidores.

Papel fundamental tem sido desempenhado pelos professores, pois contam com boa credibilidade com as crianças, com os pais e com a sociedade em geral. Em 1986, 260 professores encaminharam, por meio da Associação dos Professores do Ensino Oficial do Estado de São Paulo (Apeoesp), documento ao Conar, para sustar anúncios que mostravam atrevimento e deboche de alunos em sala de aula.

Em 1987, a Apeoesp aprovou uma moção de repúdio contra a campanha da Melissinha (retirada pelo Conar). Em um dos comerciais, a professora flagra a menina "colando" de um papel guardado na pochetezinha que acompanhava a sandália e pede explicações. A menina, em tom de deboche, em vez de explicar a cola, explica à professora como fazer para ganhar o brinde. Dois artigos em jornal, reproduzindo carta de professores, davam idéia dessa polêmica:

Sou professora, exerço minha profissão há 16 anos, apesar dos problemas que enfrentamos (baixo salário, classes superlotadas, escolas abandonadas etc.), trabalho com amor e seriedade e aqui fica meu protesto contra esses tipos de comerciais. Tomo a liberdade para apoiar a colega Neusa Tamai Rocha Lima, de Ribeirão Pires, que acha que a professora está sendo humilhada e desrespeitada com a propaganda de uma determinada marca de sandália. E concordo quando ela diz que os agentes publicitários não têm criatividade para bolar um anúncio sem ferir o próximo, além de dar mau exemplo às crianças. Senhores publicitários, que curso vocês fizeram? Vamos ser mais criativos? (*Diário do Grande ABC*, 1987)

Cientistas e artistas, sistematicamente, direcionam críticas e manifestações contra empresas que incitam o consumismo, os impactos negativos no meio ambiente, que estimulam o turismo sexual, depreciam paisagens urbanas, entre outros.

Um comercial da Skol, veiculado em 2004, causou manifestações públicas de repúdio por parte de músicos eruditos, pois associava uma "cerveja quadrada" à música clássica e a pessoas entediadas, em contraste com os tomadores de Skol, que se divertiam muito ouvindo *rock* (Madureira, 2004, p. 42).

Os profissionais da saúde são grandes protagonistas do consumerismo, pois não hesitam em criticar as más condições dos serviços de saúde pública, a falta de recursos em clínicas e hospitais, o descaso de autoridades com as causas de acidentes do trabalho ou trânsito, os altos preços de medicamentos e a propaganda enganosa de tratamentos estéticos. No entanto, o Conselho Regional de Medicina de São Paulo (Cremesp), em 2006, recebeu 643 denúncias contra profissionais de saúde envolvidos em propagandas irregulares, predominando temas como cirurgia plástica, especialidades médicas não reconhecidas e dermatologia (Pessoni, 2007, p. 60-1).

Muito se fala sobre a ação dos propagandistas dos laboratórios farmacêuticos que investem contra médicos a fim de promover medicamentos, inclusive por meio da oferta de brindes ou vantagens. Embora as empresas sejam responsáveis, cabe aos próprios profissionais da saúde evitar tal assédio e, assim, estabelecer uma relação legítima com a indústria da saúde.

MULHERES

A mulher tem adquirido importância crescente nas forças sociais brasileiras; seu peso na produção e no consumo aumentou; sua participação política e empresarial obteve relevância em todos os escalões. Seu poder de decisão ampliou, diversificando-se além do âmbito doméstico. Todos os indicadores apontam para a ascensão feminina, o que desperta as atenções empresariais e institucionais na condução das práticas mercadológicas e sociais.

CONSUMIDOR *VERSUS* PROPAGANDA

O percentual de trabalhadoras no Brasil aumentou de 28% em 1976 para cerca de 50% em 2001, embora seus salários ainda sejam inferiores aos dos homens (Fundação Carlos Chagas, Rio de Janeiro, 2004). Considerando todas as matrículas da educação superior no Brasil, as mulheres têm uma presença de 56,4%, e são 62,9% dos estudantes que concluem os cursos (Inep/Censo da Educação Superior/2003).

Cerca de 70% das decisões de compra dependem das mulheres, direta ou indiretamente, pois, além de comprar para si, fazem-no também para os familiares (revista *SuperHiper*, São Paulo, março/2001). Elas têm estado alertas a pechinchas e liquidações, além de ter aumentado a acuidade para as questões de consumo relacionadas a crianças e jovens.

Têm encabeçado movimentos de boicote a produtos e preços, caso da criação do Movimento das Donas-de-casa de Belo Horizonte (1983), depois estendida para a Confederação Nacional das Donas-de-Casa e Consumidores, com representação em 14 estados brasileiros, entidade bastante consultada em litígios consumeristas.

No entanto, atribui-se à mulher maior sensibilidade ao consumo, o que a torna vulnerável a produtos supérfluos ou caros, na expectativa de gerar maior conforto e qualidade para si e para a família.

A atuação social feminina tem sido crescente, buscando um equilíbrio com o homem no que se refere à participação nas forças produtivas e consumidoras. A publicidade tem refletido parte dessas mudanças, retratando uma mulher mais moderna e empreendedora, embora ainda hoje sejam freqüentes as aparições femininas em anúncios com a finalidade de vender produtos que apelam para o seu lado sexual e consumista.

Vários tipos femininos foram reforçados pela propaganda, como a Perfeita Dona-de-Casa, a Mulher Submissa, a Mãe Exemplar e a Esposa Sempre Feliz. Nos comerciais, o mundo feminino foi por muitas vezes reduzido aos limites da cozinha e área de serviço, com eventuais incursões ao banheiro. A única preocupação da mulher na propaganda era conseguir extrair o branco mais branco dos lençóis, alcançar o maior brilho nos móveis, ou descobrir a receita para o máximo rendimento dos eletrodomésticos. Conseguindo combinar simultaneamente avental e alegria, a mulher-escrava do lar publicitário divulgou ao mundo uma imagem que já estava em pleno processo de erosão [...] Embora a preocupação com o branco mais branco ainda persista, nunca se viu tanta ênfase à liberdade, atividade e auto-suficiência feminina quanto agora. As mulheres pilotam barcos e carros velozes, acendendo cigarros e bebendo *whisky*, e não mais escondem seus ciclos fisiológicos sob o eufemismo de "dias difíceis". Apesar de toda esta agitação libertária – ou talvez por causa dela – muita carne feminina ainda é exposta a pretexto de vender tudo. Fase temporária ou tendência permanente, a mulher despida vende bebidas e automóveis, pneus e viagens, sabonetes e material de construção, traseiro ondulante como bandeira de consumo fácil. (Farias, 1987, p. 23)

Na publicidade brasileira, a mulher é mais desvalorizada se comparada àquela dos outros países latino-americanos, caso do México, da Colômbia, da Venezuela e do Chile, pois na análise de anúncios desses países registrou-se que os brasileiros só reconheciam como valor feminino praticamente o de mãe e esposa ideal (Guinsberg, 1984, p. 171).

Esse tratamento ambíguo é reflexo do atual estágio social brasileiro. A mulher vive essa realidade em filmes, programas de rádio e televisão, no ambiente de trabalho; as agressões morais e físicas constantes, principalmente contra as de menor poder aquisitivo, levaram à criação das delegacias da mulher.

Nestes primeiros anos do século XXI convivem, de um lado, anúncios que a apresentam investida de auto-estima e poder e, de outro, peças que a tratam ainda como "mulher-margarina" ou "loira desinformada".

As que têm filhos ficam sujeitas aos inúmeros apelos de marketing, muitas vezes sendo difícil contorná-los. Pesquisa realizada pela McCann-Erickson, em 1995, perguntou às mães: "Qual o seu comportamento quando leva seus filhos ao supermercado?"; 76% delas declararam que "na maioria das vezes comprava o que os filhos pediam" (Quadrado *et al.*, 1996, p. 40).

Relevante tem sido o papel contestatório da mulher em relação à propaganda lesiva, não apenas a de caráter moralista, como já em-

CONSUMIDOR *VERSUS* PROPAGANDA

preendido por ligas de mulheres, mas sobretudo a de caráter ético, sem estardalhaços, porém com conseqüências consumeristas já reconhecidas por empresas e publicitários. Marcas de produtos destinados ao público feminino, como Natura, Boticário e Dove, perceberam o perfil consumerista de suas consumidoras e têm veiculado campanhas retratando uma pessoa mais autêntica e real, e não necessariamente aquela que se enquadra nos padrões de beleza impostos pela moda e pela mídia.

CRIANÇAS

A criança é, no Brasil, a soberana do lar. Soma perto de 40% da população brasileira, número decrescente diante da diminuição da taxa de natalidade, mas que não impede o aumento da participação infantil no mercado e na vida social.

Segundo a entidade Criança Segura[2], em 2004, houve 5.902 mortes de crianças brasileiras envolvidas nos mais diversos acidentes, predominando os de trânsito (41%), afogamento (26%), sufocação (13,4%), queimaduras (6,6%), quedas (4,9%), intoxicações (1,8%) e armas de fogo (0,6%). No caso de envenenamento, por exemplo, esse número inclui intoxicação com medicamentos, ao passo que as piscinas são um dos causadores de mortes por afogamento.

O perfil da criança atual ocorre em função do novo desenho da família: os pais (casados ou descasados) têm menos filhos e estipulam novas relações, muitas vezes baseadas na oferta de um "melhor" padrão de vida, que inclui mais liberdade (ou abandono), provimento de bens materiais (ou compensação material em face da distância presencial) e desenvolvimento de múltiplas habilidades e competências (ou desenvolvimento precoce para atender a uma imagem social).

---

2   A entidade Criança Segura faz parte de uma rede internacional (Safe Kids Worldwide), fundada em 1987 nos Estados Unidos, que tem como missão prevenir a morte por acidentes de crianças de até 14 anos. Disponível em: www.criancasegura.org.br. Acesso em 11 jun. 2007.

Porém, se os pais costumam sentir-se culpados por não darem tudo que a criança solicita, ela o perceberá e aprenderá a manipulá-los por esse meio, o que não é saudável nem para elas nem para os pais.

É comum, por exemplo, que filhos de pais separados sejam literalmente lei-loados. Percebendo a ansiedade culposa dos pais – cada um tentando reiterar seu afeto através de dádivas – a criança pode manipulá-los mediante exigên-cias e insinuações. (Wellausen, 1988, p. 335)

São ingredientes marcantes para a formação de um novo perfil da criança, muitas vezes relegadas à televisão, aos *videogames* e computa-dores. Nesse contexto, os pais sentem-se obrigados a ressarci-la pelo iso-lamento, cedendo com facilidade a seus pedidos e desejos, entre eles o de comprar e possuir. A criança opta pelo que quer comer, vestir, usar e, até, pelo que os adultos devem fazer.

Inúmeros pais, a fim de descartarem-se de culpas, atribuem injustamente o fato à exclusiva influência da televisão e de coleguinhas. Injustamente porque a influência da TV cresce somente na medida em que ela ascenda à catego-ria de principal meio de relação da criança [...] Daí que seja aparentemente mais cômodo encarar o problema como vindo de fora, da TV, dos colegas, do mundo capitalista, consumista, e não de conflitos pessoais e familiares. (Wellausen, 1988, p. 330)

Tapscott (1999) apresenta o público mirim inserto na socie-dade da informação. Caracteriza-o como crianças e adolescentes independentes, abertos emocional e intelectualmente, inclusos na era tecnológica, adeptos da livre expressão e da convicção firmes, inovadores, preocupados com a própria maturidade, investigativos, imediatistas, sensíveis aos interesses corporativos e céticos quanto à autenticidade.

Pertencer à sociedade da informação é consumir o que há de novo, ser ecológico, usar a grife que o ídolo usa, falar inglês, fazer amor com prevenção, ter pai e mãe que não desafiem seus propósitos, levar para a escola a mochila com a estampa da moda, vivenciar uma faixa etária

CONSUMIDOR *VERSUS* PROPAGANDA

superior, ser magro ou fazer regime, colocar os pais ("caretas") no seu devido lugar.

A articulação de fatores sociais com os de mercado motiva empresas, por meio de marketing e publicidade, a arquitetar uma gama imensa de ações para conquistar e manter as crianças como compradoras, consumidoras e influenciadoras. Desenvolvem desde embalagens com sugestões para coleções (figurinhas, bichinhos, carrinhos) até eventos musicais, concursos, sorteios e degustações.

O patrimônio de algumas crianças chega a ser invejado por muitos adultos, pois têm desde bicicleta e *videogame* até telefone celular e contas bancárias. O telefone celular tem sido especialmente formatado para que consumidores de 3 anos ou menos possam utilizá-lo: além de *design* e estética planejados para atrair o público mirim, são disponibilizados serviços e recursos para qualquer criança saber operar o aparelho.

Apurou-se que a garotada leva para a escola, em média, o equivalente a dois dólares, quantia que, se projetada ao público de 7 a 12 anos no estado de São Paulo, totaliza 56 milhões de dólares/ano circulando em suas mãos, apenas referente a gasto em cantinas ou refeitórios (Quadrado *et al.*, 1996).

Para a agência Young & Rubican (Quadrado *et al.*, 1996, p. 14), o público infantil responde pela demanda de 40% dos refrigerantes, 30% do consumo de biscoitos e 80% dos achocolatados; isso sem falar nos brinquedos, que movimentaram em 1995 uma quantia próxima a 900 milhões de dólares.

Segundo a ACNielsen (2003), 40% das compras em supermercados são influenciadas pelos filhos; o faturamento do mercado infantil chegou a R$ 7 bilhões (cerca de 2,3 bilhões de dólares) em 2003, tendo sido detectados artigos com apelo infantil em 47 categorias de produtos compostas pelas cestas "higiene e beleza", "mercearia doce e salgada", "perecíveis" e "bebidas não-alcoólicas"; particularmente na cesta de "higiene e beleza", o segmento infantil representou 22% desse total, que, por sua vez, é responsável por 21% do faturamento do mercado destinado aos menores de 14 anos.

A Tec Toy, uma das maiores indústrias da área de brinquedos, tinha 80% dos produtos de sua linha dedicados ao segmento até 13 anos, entre *videogames*, eletrônicos e brinquedos. Só para o Natal de 1995, a empresa colocou 182 novos produtos no mercado, fechando o ano com 398 lançamentos ("Criança...", *Meio e Mensagem*, 1996, p. 14-9). A mesma empresa investiu maciçamente no binômio brinquedo–informática, dedicando-se à faixa etária de até 3 anos. "Vendemos fantasia", justifica o chefe de marketing da Glasslite, acrescentando que esse mercado vive de lançamentos e tem muito o que crescer; em 1995, a empresa investiu cerca de três milhões de dólares em comunicação, sendo 90% desse total para televisão.

Em 1988 a Coca-Cola promoveu no Brasil uma campanha em que 105 tampinhas carimbadas ou selos impressos em copos descartáveis do refrigerante poderiam ser trocados por uma miniatura de engradado com seis garrafinhas de Coca-Cola. Para esse fim, a empresa mandou confeccionar um milhão de caixinhas e seis milhões de garrafinhas. A campanha não só incentivou o consumo – às vezes exagerado – das crianças, para reunir rapidamente as tampinhas necessárias, como também mudou o hábito de consumo de algumas delas. Rodrigo Pinheiro, de 8 anos, não tomava o refrigerante por "achar que é americano"; só consumia guaraná. Com a publicidade pela televisão, passou a beber só Coca-Cola, para conseguir as garrafinhas (Souza, 1988).

Investida mais audaciosa foi empreendida pela Parmalat, que distribuiu relógios a quem reunisse selos encontrados nas embalagens de seus produtos. Lançada em outubro de 1996, em dois meses distribuiu 50 mil relógios, recebendo quatro mil cartas em média por dia. Sua meta: conseguir dois milhões de unidades até março de 1997. Com essa estratégia, muitas crianças importunaram pais, avós e até a empregada, pois a compra de outras marcas era recebida com cara feia:

> Um exemplo da eficácia da campanha é o que está acontecendo na casa da empresária Dominique Girard, de 37 anos, mãe de três crianças. "Aqueles produtos que podiam ser de qualquer marca viraram Parmalat", conta Do-

minique. A marca domina sua geladeira e a dispensa. Tudo por insistência de Thierry, 10 anos, Francis, 9, e Beatrice, 4 [...] "O Polenghinho é melhor, mas agora eu só quero o queijo da Parmalat", deixa escapar Francis [...] Dominique espera conseguir um relógio por mês [...] Fernanda começou a juntar os pontos a pedido do primo Maurício Luiz Colla, de 13 anos: "Eu chateio todo mundo para só comprar Parmalat", diz o menino. (Pastore, 1996, p. 83-4)

Pesquisa feita pela Universidade Federal de São Paulo avaliou 1.300 crianças de escolas públicas e particulares em Vinhedo (SP), em que 15% apresentaram-se obesas e 15% com sobrepeso, números semelhantes registrados em amostra na cidade de Santos (SP) (Marinho e Intrator, 2004, p. 20-8). Para fazer frente a esse desvio de consumo, as famílias permitem que os filhos se sujeitem a todo tipo de atividades tipificadas para adultos, como esforços em academias de ginástica, regimes e ingestão de medicamentos controlados.

A Organização Pan-americana de Saúde afirma que no Brasil a prevalência da obesidade infanto-juvenil subiu cinco vezes em vinte anos, ou seja, aumentou de 3% para 15%, estimando que 80% das crianças obesas possam se tornar adultos também obesos.

Novamente, os grandes vilões são sanduíches calóricos, refrigerantes, salgadinhos industrializados, frituras e doces, a maior parte deles encontrados inclusive nas cantinas das escolas. O inimigo oculto, e talvez o mais perigoso, entretanto, esconde-se na ingenuidade das crianças. Propagandas de alimentos e estratégias de marketing que visam seduzi-las [...] (*Idec online*, 2004)

A criança, conforme Gade (1998, p. 187), tem a capacidade de lembrar de 20 a 50 anúncios veiculados pela televisão, sendo a maioria de detergentes, leite, cigarros e cerveja. Esses anúncios são particularmente para adultos, mas com a inserção de elementos lúdicos ou da figura de outra criança é possível não só convertê-las ao consumo, como torná-las promotoras de consumo ou conquistar esses futuros consumidores com a "formação de opinião" ainda na idade infantil. Cria-se, assim, a fidelização do futuro consumidor.

Kapferer (1992), no entanto, considera que os efeitos da publicidade sobre a criança são complexos: não necessariamente bons nem maus, inclusive porque ela tem senso crítico e o filtro familiar.

A utilização de personagens infantis em anúncios para adultos é comum, pois, para os publicitários, trata-se de um dos apelos mais eficientes e emocionais para causar impacto:

> Não só a criança, mas também o velhinho desperta emoção. Mas em propaganda existem três apelos muito grandes e que, por darem certo, acabam surgindo constantemente nas mensagens: animal, criança e sexo. E a criança especialmente carrega, além do apelo emocional, o peso de um senso comum a respeito de que criança é verdadeira, inocente, o que acrescenta à mensagem uma grande dose de credibilidade. (Silveira, 1985, p. 7)

O Conar, em 2003, resolveu fazer uma revisão nas normas sobre bebidas alcoólicas (anexos A e P), visando restringir apelos de natureza erótica ou infanto-juvenil nos anúncios. Símbolos tipificados como pertencentes ao universo mirim, como figuras de animais (tartarugas, caranguejos), pessoas parecendo ser adolescentes, cenas de "filme de pastelão" ou sons de ingestão de bebidas, eram usados em comerciais, induzindo esse público a se relacionar com marcas de produtos alcoólicos. Em 2006, o órgão fez novas recomendações no item "Crianças e adolescentes" – caso de não as usar como modelos para vocalizar apelo direto, recomendação ou sugestão de uso ou consumo por outros menores (tipo "Faça como eu, use...") – e no anexo "Alimentos, refrigerantes, sucos e bebidas assemelhadas".

Vários países adotaram normas e procedimentos que protegem os menores de ações publicitárias, impedindo-os de participar em anúncios de produtos perigosos ou ligados a vícios e determinando menor espaço publicitário durante programações infantis e outros procedimentos, como na Europa, onde é proibida a publicidade dirigida às crianças em alguns países (Momberger, 2002). O Conar e alguns dispositivos legais no país (Constituição Brasileira, Estatuto da Criança e do Adolescente, Código de Defesa do Consumidor e ou-

CONSUMIDOR *VERSUS* PROPAGANDA

tros) contêm normas para protegê-las, o que para muitos ainda é insuficiente diante do vigor com que as táticas de marketing têm se sofisticado e intensificado.

O Conar prevê certa proteção às crianças e aos jovens, como exemplifica o art. 37 do Código de Ética no item "e": "Não se permitirá que a influência do menor, estimulada pelo anúncio, leve-o a constranger seus responsáveis ou importunar terceiros, ou o arraste a uma posição socialmente condenável". No entanto, há ainda muitos anúncios que sugerem enfaticamente "peça ao papai ou à mamãe" isso ou aquilo.

Algo que vem sendo apontado como lesivo ao público infantil é a maneira fantasiosa com que anúncios mostram brinquedos e objetos, o que contraria o item "b" do mesmo artigo. É o caso de bonecas que andam e pulam sozinhas, quando, na verdade, não podem realizar esses movimentos espontaneamente.

> Acho [...] que o limite entre fantasia e mentira é muito perigoso, sobretudo na área da propaganda de brinquedos. A criança tende a entrar na fantasia e se frustrar. Mas acho que daí pode advir também o senso crítico, pois é da soma de frustrações que a criança começa a questionar a propaganda e vai criando seus próprios mecanismos de defesa. Resta à propaganda tomar cuidado para não ficar desacreditada. ("A criança...", *Meio e Mensagem,* 1985, p. 5)

Como agentes passivos das táticas comerciais, as crianças reagem diferentemente diante das táticas comerciais, mas muitas pedem para comprar aquilo que lhes é dirigido e têm ansiedade pelo que ainda não possuem; porém têm sido crescentes os apelos e as ações dos pais e dos segmentos sociais contra tais abusos:

> Falo como pai de um menino de sete anos e de uma menina de quatro. Depois que o Alan Parker fez Bugsy Malone parece que os publicitários pensam que podem fazer tudo com crianças em comerciais de TV. Bem, não podem. Na minha casa, por exemplo, eu e minha mulher decidimos boicotar todos os produtos que, na nossa opinião, desrespeitam a criança na propaganda.

Nós cancelamos nossa conta no Banespa quando foi feito aquele horror de comercial com crianças travestidas de adultos. Deixamos de comprar, por princípio, qualquer produto em que apareçam menininhas de batom e salto alto, e menininhos de capa e chapéu. Pode parecer uma atitude pessoal, isolada e romântica. Não é. Na Associação de Pais e Mestres da escola dos meus filhos, pais e mães unanimemente decidiram a mesma coisa. ("A criança...", *Meio e Mensagem,* 1985, p. 4)

O setor infantil é talvez o segmento que enseja maior preocupação quanto aos efeitos publicitários na sociedade. Numa pesquisa[3] realizada em 1988 em São Paulo, os moradores da cidade foram questionados sobre como a publicidade os tem prejudicado mais; 62% responderam: criando ansiedade nas crianças. Essa resposta ultrapassou qualquer outro item, inclusive as argüições sobre propaganda enganosa ou apelo sexual. Em outra pesquisa[4], também empreendida em 1988, 95,5% dos entrevistados alegaram que a propaganda tem causado ansiedade nos menores de idade.

Se de um lado a criança recebe proteção dos adultos, de outro pode ser vítima dos caprichos ou desejos dos próprios pais, principalmente quando projetam nela ideais de *status,* reconhecimento social, notoriedade, sem muitas vezes medir as conseqüências sobre os desdobramentos que isso possa acarretar aos seus filhos.

A própria indústria da propaganda revelou num passado recente desconhecer o universo cognitivo infantil, ao apoiar, por intermédio dos pais, que crianças fossem utilizadas inadequadamente em trabalhos publicitários. Questionado sobre se o fato de uma criança trabalhar muito em comercial não prejudicava sua personalidade, o publicitário Júlio Xavier Silveira, da agência DPZ, respondeu:

3 Foram entrevistados 220 moradores da cidade de São Paulo em 1988, todos acima de 15 anos e de ambos os sexos, por meio de amostra semi-randômica (Giacomini Filho, 1989, p. 184).

4 Enquete com 22 pessoas residentes na metrópole de São Paulo em 1988, todas acima de 15 anos e de ambos os sexos, por meio de amostra estratificada (Giacomini Filho, 1988).

CONSUMIDOR *VERSUS* PROPAGANDA

Olha, não posso mentir. Já vi casos de crianças que fizeram apenas um comercial e adotaram a personalidade daquele personagem, é uma coisa muito triste. Mas sempre que uma criança vem fazer um trabalho para mim pela primeira vez procuro avisar os pais sobre o que aquilo poderá surtir na vida dela. Sei de casos de crianças que são perseguidas por professores, inspiram inveja nos colegas etc. (Silveira, 1985, p. 7)

Questionado sobre a verdade de existirem casos de crianças drogadas em filmagem, respondeu:

Francamente, soube de um caso de um garoto que foi anestesiado durante uma filmagem com autorização da própria mãe. A criança de cerca de três anos de idade estava muito excitada com o ambiente, não ficava quieta. Então o diretor perguntou à mãe se poderiam dar uma anestesia geral no garoto para fazer a filmagem e ela concordou. Mas isto faz muitos anos. Acredito que hoje seria difícil um ato desses passar encoberto. (Silveira, 1985)

Quando a oportunidade de estrelar um comercial aparece, a criança, incentivada pelos pais, fica extremamente motivada, a ponto de pouco se atentar para o cachê ou para as condições de gravação:

Foram quase dez horas por dia, durante três dias de filmagem. Era o comercial de lançamento do *videogame* Phantom System, da Gradiente, em 1989. Era a cena de um combate, em que simulavam rajadas de tiros em plena sala de estar. E dela faziam parte Pamella Camila, de 6 anos, e François Rozawadowski, de 9 anos.

Medo mesmo ela sentiu quando as espoletas explodiram no encosto do sofá, imitando os tiros de uma metralhadora, sem aviso prévio. "Eu corri para o colo da minha mãe e a Flávia teve de acalmar a gente." Seu pequeno companheiro, François, também não gostou da surpresa. "O barulho fazia o ouvido da gente doer", conta ele. (Penna, 1990, p. D-3)

Nos últimos tempos, não só a publicidade, mas a sociedade de modo geral vêm valorizando a criança, sendo muitas as instituições que alimentam um protecionismo que antes não havia. Na própria família se registra tal mudança:

> Foi-se o tempo em que as crianças eram tratadas a puxões de orelha e chineladas no bumbum, e não ousavam abrir a boca em conversas de adultos. Criança hoje em dia é um alvo de peso no mercado de consumo, é tratada a mel e pão-de-ló e seus desejos comandam multimilionários negócios. (Farias, 1987, p. 24)

O que é questionável é se a criança tem o poder de se defender de informações ou situações lesivas, uma vez que, para muitas delas, principalmente as de menor idade, tudo é novidade e, de certa forma, encantamento. Até que cresçam mais e ganhem formação crítica sobre o mundo em que vivem, torna-se difícil avaliar o que aquelas situações provocaram de fato na formação de sua personalidade.

Há indicadores que mostram uma forte relação do que é mostrado no vídeo com certos distúrbios infantis. Um desses estudos (Crippa, 1984, p. 80-1) mostrou que as crianças adotam hábitos iguais aos do vídeo (80%), e, dependendo da faixa etária, o índice de ansiedade que a TV gera é de mais de 90%. Em outro estudo (Penteado, 1979, p. 71-2), a maioria pesquisada, cerca de 45% em uma escola e 60% em outra, declarava ter ficado com vontade de obter esses produtos, tendo em torno de 2/3 delas vontade de comprar alguma coisa porque viram na TV. Entre os produtos que despertam mais o consumo destacam-se guloseimas em geral, roupas e objetos de uso pessoal.

A TV gera fantasias e o fato de as crianças imitarem-nas pode lhes causar distúrbios tanto físicos (acidentes) como psíquicos (ansiedade, frustração e agressividade). A TV exerce tanto fascínio que as mães aproveitam a ocasião para colocar comida em sua boca ou ameaçá-las de não assistir aos programas se fizerem algo errado. Ela funciona quase como um anestésico, tal a passividade, o encanto e a ambigüidade que são gerados nessa audiência.

A atuação publicitária sobre o segmento infantil vem merecendo críticas, mas não se pode esquecer a forma como os próprios meios de

CONSUMIDOR *VERSUS* PROPAGANDA

comunicação estão elaborando suas programações e como estas atingem esse público. Há programas infantis recheados de propaganda oculta; ora, se o uso do chamado merchandising publicitário em programas de adultos já é contestado, o que não dizer de aparições de maravilhosas guloseimas no conteúdo de programas infantis, que exercem tremendo atrativo e envolvimento? Excitada no mais alto grau, a criança não terá chance de filtrar essa ação e, impulsivamente, pedirá que comprem aquilo que seus heróis (personagens) ou ídolos (artistas) comem ou bebem. A situação é ainda mais grave quando se sabe que tais programas têm penetração em milhões de lares de classes sociais mais baixas e atingem crianças cujos pais não têm poder aquisitivo para atender a tais pedidos, aprofundando, assim, sua ansiedade e frustração.

A Agência Nacional de Vigilância Sanitária (Anvisa) e outros segmentos sociais têm feito esforços e empreendido medidas, inclusive na forma de leis, para coibir o consumismo, caso da restrição de propaganda de alimentos que possam causar risco à saúde das crianças (obesidade, diabetes, doenças cardíacas). A Resolução RDC n. 222/2002 da Anvisa regulamentou a promoção dos alimentos para lactentes e crianças, já que alguns fabricantes chegavam a insinuar que o produto industrializado fosse um substituto do leite materno ou contivesse propriedades a ponto de desencorajar a amamentação natural. Verifica-se a tendência de essas normas serem, a cada tempo, mais específicas e exigentes, como a que recentemente restringiu a promoção de chupetas e mamadeiras (Resolução n. 221 do Ministério da Saúde, de 6/8/2002).

Diversas medidas estão sendo discutidas no Brasil e podem equiparar-se às que já estão aprovadas no Conselho Europeu, que veta o uso do merchandising publicitário em programas infantis, ou estipula durante a programação infantil um intervalo mínimo de 30 minutos entre os comerciais (Bredarioli, 2007, p. 33).

A televisão, segundo dados do Ibope em 1995, era o meio de comunicação preferido pelas crianças (88%), seguido das revistas (77%). Assistiam, em média, de três a quatro horas diárias, o que, segundo estudo elaborado por Sílvia Cristina Scuracchio (*apud* Moreno, 1992, p. 6), representaria contato com 1.168 piadas envolvendo sexo e 7.446 cenas de nudez por ano.

O mercado da música também tem sido muito beneficiado. Segundo matéria publicada na revista *Veja*, é o público mais animado e fiel quando se trata da música-sexo:

> São as crianças que pulam da poltrona quando Carla Perez aparece na TV, ainda que seja num anúncio de cerveja. Também foram elas que fizeram a glória dos Mamonas [...] Mas nem sempre essa brincadeira é tão inocente quanto parece. Com danças, encenações e gestos, está se produzindo uma erotização precoce da infância ("a estimulação sexual antes da hora é nociva para as crianças, pois ocorre antes da idade de aparecer o desejo sexual", diz a sexóloga Marta Suplicy). (Masson e Fernandes, 1997, p. 82-4)

A mesma matéria menciona que o disco que contém a música-sexo "É o tchan", figurada por Carla Perez, vendeu dois milhões de cópias em pouco mais de 60 dias nas lojas.

O que chama a atenção dos publicitários são os novos hábitos que o público infantil tem adotado quanto à programação de TV, apontando para um direcionamento para os programas noturnos e voltados a adultos. Dados do Ibope (fevereiro de 2003) mostram que o programa erótico "Noite Afora", da Rede TV!, veiculado a uma hora da manhã, fora assistido por 6.490 crianças entre 4 e 11 anos só na Grande São Paulo (Rainho, 2003, p. 6-7).

A empatia das meninas com o comportamento adulto tem feito o mercado se aproveitar e criar modelos estereotipados, caso da boneca Barbie, que, desde 1959, foi responsável pela venda de um bilhão de roupinhas. O manequim de magreza da Barbie revela um paradigma de beleza estética para as meninas, reforçado pelo próprio padrão consagrado nas passarelas, butiques, novelas e propaganda. É também o referencial das que sonham em ser modelos, artistas ou cantoras, já que a fama e o reconhecimento social pesam decisivamente em sua vida.

CONSUMIDOR *VERSUS* PROPAGANDA

Barbie gosta de shopping, cuida demais de sua aparência, é anorexicamente fina de cintura [...] em suma, ela pode parecer um simulacro do que há de mais vazio e narcísico na modernidade tardia. ("Mil e uma Barbies", *Folha de S.Paulo*, 1996)

Tanto a publicidade como o marketing e o consumerismo voltados às crianças devem levar em conta os novos paradigmas sustentados pela sociedade afluente e pela sociedade da informação, que mostram uma criança mais incluída socialmente, porém mais fragilizada perante a sofisticação dos sistemas sociais: família, tecnologia e mercado de consumo. Tal postura, se formulada de maneira adequada em ações conjuntas (governo, família, empresas), poderá oferecer às crianças mais um ponto de apoio no seu desenvolvimento humano, concomitantemente com um padrão de qualidade de vida e consumo sustentável.

Tal padrão somente será atingido com a educação consumerista. Flori (1978, p. 32-6) propõe que seja fornecida aos estudantes uma visão do consumerismo, por exemplo, por meio de análise de anúncios publicitários e comerciais de TV em que, ao lado dos elementos estéticos e de consumo, sejam discutidos os elementos consumistas, éticos e legais.

CLASSES SOCIOECONÔMICAS

As classes socioeconômicas de maior poder aquisitivo, compostas no Brasil pelo menor contingente da população, dispõem das maiores rendas e servem-se de produtos de melhor qualidade, pois se prontificam a pagar o preço que for necessário para a satisfação de suas exigências.

Já o contingente formado pelas classes de menor poder aquisitivo, mais numeroso e com menor renda, vê-se às voltas com produtos de menor preço e qualidade inferior, cujos danos são mais freqüentes e os recursos para saná-los, limitados. São os integrantes desta classe que estão submetidos a condições de vida precárias (trabalho, lazer, transporte), em que faltam recursos para enfrentar problemas de consumo; exercitam o consumerismo mais de forma reativa e aguda, principalmente quando os danos representam prejuízos diretos a si próprios ou à família. Por vezes, não conseguem realizar compras em estabelecimentos maiores (hipermercados), em razão da distante localização, acessível somente aos que possuem automóveis. Deixam, assim, de adquirir produtos mais baratos, na medida em que tais estabelecimentos têm forte poder de negociação com fornecedores, algo menos comum aos pequenos e médios varejistas locais (mercadinhos, farmácias, padarias), embora estes, por uma questão de sobrevivência, possam aceitar a venda fiada (uso das cadernetas).

Muitos afirmam recair sobre a classe média as maiores ações para a proteção do consumidor, uma vez que seus integrantes tentam elevar a utilidade dos bens em virtude das limitações orçamentárias, o que os impele a maiores contatos e até confrontos. O sentido de imitação ou de perseguição dos níveis de consumo das classes socioeconômicas superiores provoca ainda mais frustrações aos seus integrantes, sendo comum a prática de compra de marcas "alternativas".

Embora as classes de menor poder aquisitivo tenham sérias distorções e privações no consumo, fica claro que no Brasil a proteção ao consumidor está mais voltada às classes média e alta. A própria localização das instituições consumeristas nos centros urbanos corrobora essa posição: esse quadro leva à hipótese de que a tutela do consumidor ainda é uma ação elitista no Brasil.

TRABALHADORES

Os trabalhadores são peças-chave do consumerismo, não somente porque geram renda, mas porque, em função dessa renda, adquirem bens e serviços, e também ficam expostos a acidentes ou problemas na fabricação de produtos destinados ao consumo. Sua atuação na cadeia produtiva e nas relações de consumo pode ser analisada tanto do ponto de vista funcional (prestador de serviços aos consumidores) como civil (cidadão investido de direitos e deveres).

A prestação de serviços ao consumidor pode se dar na forma de atendimento ao cliente, oferecendo informações, comunicação persuasiva e credibilidade, induzindo, assim, as pessoas a adquirir bens e serviços. Pode também se dar na forma de recurso humano, como um insumo na produção de produtos; nesse caso, o trabalhador se insere nos fatores que estabelecem a qualidade dos bens consumidos. Itens como capacitação, treinamento e responsabilidade proporcionam qualidade final a medicamentos, alimentos, produtos de informática, ou seja, bens que trarão satisfação ou não às pessoas.

O trabalhador, na qualidade de cidadão, enseja do consumerismo preocupações quanto à sua própria qualidade de vida, pois nenhuma atividade produtiva justifica colocar em risco a saúde e a segurança de operários ou funcionários, caso da produção e do processamento de asbesto, sílica, carvão e substâncias químicas que compõem aparelhos sanitários, telhas, produtos de decoração, combustíveis, agrotóxicos etc.

Mokhiber (1995) cita várias empresas que vitimaram seus trabalhadores, caso da Farmington, Virgínia do Oeste, em 1968, quando 78 mineiros morreram asfixiados após a explosão de uma mina de carvão; ou então a fábrica da Dow Chemical, em Magnólia, Arkansas, em que 62 dos 86 empregados testados estavam estéreis ou tinham contagem espermática muito baixa em razão do produto químico DBCP, que foi proibido em 1977. Para o autor, as empresas deveriam ser tratadas da mesma maneira que as pessoas responsabilizadas por homicídios e danos, ao que ele denomina "crimes corporativos". Nessa categoria se enquadrariam também danos contra consumidores, como a menção do autor à indústria do tabaco (Philip Morris, R. J. Reynolds, Brown & Williamson), à indústria automobilística (GM/Corvair, Ford/Pinto), à farmacêutica (Grunenthal/Talidomida, Eli Lilly/Oraflex), entre outras.

No Brasil, são muito conhecidos os descasos de empresas e empresários para com os trabalhadores, caso de escravidão em fazendas, assédio moral, sonegação de informação e desleixo da segurança.

Segundo a Organização Internacional do Trabalho (OIT), os acidentes de trabalho são a causa da morte de mais de dois milhões de pessoas no mundo por ano e perto de 15 mil só no Brasil (2001). No país, em 2000, houve 343.996 mortes em acidentes, sendo 19.134 por doenças do trabalho (IBGE/IBGEteen e MPAS/Coordenação Geral de Estatística e Atuária – CGEA/Dataprev).

MINORIAS

Há minorias que ficam preteridas nas relações de consumo tanto pelas empresas, que as consideram mercado pouco lucrativo, quanto pelo governo, que não as trata prioritariamente nas políticas públicas. São pessoas com demandas especiais que, por isso, não encontram estruturas de consumo adaptadas para servi-las plenamente. O crescente movimento em prol da diversidade social tem dado apoio às minorias, o que as tem levado a ser atendidas por empresas e pelo governo, e angariado simpatia perante a opinião pública. É o caso dos idosos, dos deficientes físicos, dos canhotos, dos obesos, dos excluídos (indigentes, "sem-terra", índios).

Um levantamento (*Folha de S.Paulo*, 2000, p. 4) feito pela Universidade de Michigan revelou que os "gordinhos" têm espaços limitados na mídia norte-americana, prevalecendo nas comédias. Na televisão, em cada cem personagens femininas, há três obesas, embora na vida real essa proporção seja de uma entre quatro mulheres.

O grupo da terceira idade, embora minoritário, vem ganhando espaço na sociedade, graças ao progressivo reconhecimento de seus direitos previdenciários e às leis (Estatuto do Idoso). É possível, no entanto, reconhecer dois grupos: o de baixo poder aquisitivo e a terceira idade afluente. O primeiro é representado por uma legião de pessoas submetidas a situações dramáticas para sobreviver, principalmente em decorrência de pouca ou nenhuma renda. São preteridos pela família, submetem-se a condições insalubres e voltam-se para o consumo de produtos básicos, quase sempre não podendo exercer seus direitos consumeristas. A terceira idade afluente é formada por um contingente que tem maior renda ou usufrui de um ambiente socioeconômico que propicia boa qualidade de vida. Muitos, inclusive, ancoram suas famílias em virtude das dificuldades no mercado de trabalho para seus filhos e netos. Esse contingente está sendo também contemplado com a oferta de produtos e serviços específicos, como pacotes turísticos, atividades de lazer, condomínios especiais (inclusive com serviço de enfermagem 24 horas por dia), produtos farmacêuticos para melhorar o desempenho sexual, vestuário próprio, plano de saúde específico etc.

CONSUMIDOR *VERSUS* PROPAGANDA

Os deficientes físicos têm conseguido direitos reconhecidos no transporte público, no mercado de trabalho e na oferta de produtos. Um exemplo pode ser a embalagem de produtos congelados da Sadia, que oferece algumas informações em braile.

Acredita-se (Almeida, 2002, p. 26-8) que perto de 10% da população seja de canhotos, homenageados até com o Dia Internacional do Canhoto: 13 de agosto. Para esse público, muitos artigos apropriados têm sido disponibilizados, caso de tesouras, abridores de lata, *mouse*, réguas, cadernos, cotas mínimas de cadeiras escolares em sala de aula, embora no Brasil a oferta desses artigos seja restrita.

A disparidade racial no Brasil continua sendo realidade. Os números têm tradicionalmente mostrado uma população negra (negros e pardos) significativa, mas ainda com renda e escolaridade aquém do patamar lógico. Em 1999, a população negra (negros e pardos) no Brasil era de 46% do total (IBGE), mas detinha apenas 6% das vagas na direção das empresas (Mattos, 2002, p. B10).

José Penteado fez uma análise da presença dos negros e mestiços na publicidade brasileira em 1988 e chegou à conclusão de que,

> se a propaganda devesse refletir a constituição étnica do mercado sob o ponto de vista de poder aquisitivo, alguma coisa perto de 20% de todos os anúncios deveriam mostrar modelos negros ou mestiços. Basta observar os anúncios publicados em qualquer jornal ou revista, ou assistir a uma dúzia de comerciais de TV, para constatar que não refletem a constituição étnica do nosso mercado. (Penteado, 1988, p. 22)

O impacto da publicidade nos diferentes grupos étnicos brasileiros não tem recebido grande espaço nas discussões do setor, mas são visíveis certas distorções em anúncios que, via de regra, valorizam a etnia branca em relação às outras, como se segue:

> A posição adotada em relação aos negros, por exemplo, é de quase total omissão, que pode até confundir-se com atos discriminatórios. Apesar de representarem uma grande parcela da população, os negros são mantidos caute-

losamente afastados dos comerciais. Nos últimos anos tem havido um certo movimento no sentido de fazer do negro uma face presente nos meios de comunicação. Como o movimento é recente, ainda não está bem definido se o bebezinho preto, fraldas a meio caminho dos joelhos dificultando suas passadas num mundo de bebês brancos, tem sua presença garantida ali por questões de igualdade, ou simplesmente está servindo para aplacar as consciências dos mais exigentes. A propaganda ainda é um universo de brancos, com meteóricas aparições de membros de outras raças. (Farias, 1987, p. 23)

O Programa Nacional de Direitos Humanos do Governo Federal (PNDH II, 2001) estipulou duas atribuições para a publicidade no seu papel de prestigiar a diversidade étnica: "estimular a presença proporcional dos grupos raciais que compõem a população brasileira em propagandas institucionais contratadas pelos órgãos da administração direta e indireta e por empresas estatais" (item 204) e "incentivar o diálogo com entidades de classe e agentes de publicidade visando ao convencimento desses setores quanto à necessidade de que as peças publicitárias reflitam adequadamente a composição racial da sociedade brasileira e evitem o uso de estereótipos depreciativos" (item 205).

Essas diretrizes se juntam a tantas outras existentes em códigos de ética e legislação, sinalizando para o setor publicitário trabalhar a diversidade étnica como um ingrediente básico da comunicação com o mercado, algo que já tem surtido efeito.

ENTIDADES RELIGIOSAS

Um segmento que forma um público altamente influente nas questões consumeristas é constituído pelas entidades religiosas.

A Igreja Católica tem demonstrado preocupações quanto à publicidade, como no documento expedido durante a XI Jornada Mundial das Comunicações Sociais, em que versa sobre problemas morais no conteúdo e nos métodos publicitários, apregoando a necessidade de educar os cristãos para examinar, de forma crítica, esse conteúdo e de motivar reações quando ele apresentar fatos não aceitáveis. Enquanto há essa recomendação e a Igreja Católica proclama a renúncia ou o co-

CONSUMIDOR *VERSUS* PROPAGANDA

medimento do consumo, 25 publicações confessionais na Alemanha, com vendas de mais de dois milhões de exemplares, apresentam publicidade de bens de consumo (Guinsberg, 1984).

No Brasil, a Igreja Católica detém o controle de muitas rádios e empresas de comunicação, sendo o conteúdo comercializado como o de qualquer veículo no país, inclusive com a oferta de medicamentos de valor ético contestável. Esse comportamento reforça aquele adotado por muitas pessoas e entidades, que podem condenar a publicidade como instituição, mas se valem dela para atingir seus objetivos. Esse postulado não se aplica somente a organizações religiosas, mas a diversas outras instituições, como partidos de esquerda que, em tese, criticam a sociedade capitalista, mas, quando assumem o governo, usam intensamente as técnicas de marketing, gastando milhões com publicidade.

É sugestivo o trecho inicial do documento "Formação para a cidadania e o ensino religioso", editado para o IX Congresso de Professores de Ensino Religioso, realizado na cidade de Santa Helena de Goiás, no período de 19 a 22 de setembro de 2002.

> Há um novo mundo surgindo. Mudanças tecnológicas, políticas, religiosas, culturais e econômicas transformam a vida. Ao mesmo tempo que trazem benefícios, produzem um batalhão de excluídos. Vive-se o preocupante clima do consumismo, provocado pela propaganda exacerbada e pela competitividade geradora de exclusão social, cada vez mais crescente. (Site da CNBB, 2004)

Mas também é bastante importante o papel que a Igreja Católica tem desempenhado para auxiliar na conscientização do consumo responsável, na leitura crítica da propaganda e no apego aos valores espirituais, o que tem ajudado muitas pessoas a se reencontrar com um padrão de qualidade de vida melhor.

Outros grupos e entidades religiosas também combatem o consumismo, caso do budismo, do islamismo e do espiritismo. No entanto, algumas correntes religiosas modernas fazem uso intensivo dos meios de comunicação de massa para promover uma ideologia consumista e comercialista, mesmo assim encontrando adeptos que buscam sucesso, riqueza e felicidade no curto prazo.

ATUAÇÃO ESTATAL

O autoritarismo e o centralismo administrativos, historicamente, têm marcado a vida política nacional e dado também ao Estado os instrumentos para dirigir e implementar os mecanismos de proteção ao consumidor. Portanto, dizer que o consumerismo brasileiro se deve, sobretudo, à ação de cima para baixo, antes de ser um elogio ao Estado e aos políticos, é reconhecer que estes podem ter bloqueado sistematicamente a organização popular e desordenado processos educativos e formadores de consciência crítica.

O aparelhamento estatal fez surgir instituições, leis e aparatos punitivos para os desmandos na área consumerista, e, às vezes, deu "bênçãos" para que a sociedade lançasse mão de algo próprio. Alguns órgãos foram concebidos sob medida para uma utilidade política, caso da Coordenadoria de Orientação e Defesa do Consumidor, criada em 1982, vinculada ao Ministério da Agricultura, e extinta em 1985. Outros, como a Sunab (extinta em 1998), tornaram-se tão gigantescos que se incharam de funcionários, embora tivessem papel pioneiro e destacado nas relações de consumo no Brasil.

De qualquer forma, com a entrada do consumerismo na pauta social, o Estado também tem se inserido nessa questão, tanto ao formular leis e normas técnicas que protegem o consumidor, como ao disponibilizar órgãos, caso do Sistema Nacional de Defesa do Consumidor, que prevê a atuação conjunta dos Procons e das entidades privadas de defesa do consumidor.

EXECUTIVO

A ação governamental tem sido irregular na política de controle de qualidade de produtos, mas, com a inserção do país na competitividade internacional e com a adoção de programas de gestão da qualidade avalizados pelo Inmetro e entidades certificadoras, o padrão dos pro-

CONSUMIDOR *VERSUS* PROPAGANDA

dutos e serviços tem melhorado. Ainda são notadas distorções, como no exemplo das frutas, em que as que são comercializadas no mercado interno, em geral, têm qualidade inferior às exportadas.

O governo brasileiro não tem sido muito feliz na administração da economia. Somente num quadro sem planejamento é possível que um país-continente, com amplas e diversificadas áreas para plantio e clima tropical, em certos períodos, tenha precisado importar arroz, feijão, milho, cebola, batata, leite em pó e carne, onerando o consumidor. O modelo econômico adotado pelo Brasil incentiva a produção de artigos exportáveis, relegando os que atendem apenas ao mercado interno. Mesmo assim, sobrariam recursos, mas a corrupção em muitos setores, a partilha política e a troca de favores paralisam o sem-número de órgãos governamentais, que só se movem pelas engrenagens burocráticas no pior sentido da expressão. É assim que toneladas de laranja apodreceram nos pés e safras de cebolas foram atiradas no rio São Francisco, enquanto milhares de crianças sofriam de desnutrição.

Esse desperdício flagrante de riquezas, a subutilização da força ativa da população, a falta de planejamento, a incompetência administrativa, a realização de obras discutíveis, a ineficácia da máquina pública aceleraram a carga de impostos e, conseqüentemente, encareceram produtos e serviços.

No entanto, é preciso ressaltar os avanços, caso de órgãos públicos dotados de informatização e capacitação profissional para atender consumidores. Um exemplo seria o serviço Poupatempo, no estado de São Paulo, que oferece, no mesmo local, uma série de serviços públicos, como emissão de documentos, reclamações a órgãos públicos, certidões para habilitação de veículos e representações do Procon, tornando menos difícil a vida do cidadão perante a burocracia do Estado.

LEGISLATIVO

O consumidor não tem recebido um tratamento prioritário no Legislativo, tanto que a regulamentação do sistema de vendas a prazo foi aprovada pela Câmara em 1977, após catorze anos de tramitação. Um exemplo mais recente ocorreu com o Código de Defesa do

Consumidor, que, previsto pela Constituição para ser aprovado no prazo máximo de 120 dias após a promulgação desta (outubro de 1988), só o foi após dois anos.

Mas as contribuições do Poder Legislativo têm sido fundamentais para o movimento consumerista. A começar pela edição da própria Constituição Federal e pelas constituições estaduais, que também trazem dispositivos sobre o assunto, como é o caso da Constituição Paulista nos artigos 275, que prevê a edição de lei específica; e 276, que institucionaliza o Sistema Estadual de Defesa do Consumidor.

Vereadores, deputados e senadores têm se aproveitado do avanço consumerista e incorporado o tema em suas plataformas políticas, o que é altamente positivo para a população.

É sabido que qualquer lei destinada a proteger o consumidor terá efeito nulo sem que as pessoas estejam conscientes de sua aplicação. Mesmo assim, o Poder Legislativo não pára de propor leis e normas, sem avaliar o que já foi editado e sem trabalhar no sentido de propiciar progressos para informar ou educar melhor alguns segmentos da população. De certa forma, essa situação pode ser comparada à fabricação de um antídoto sem que ainda se conheça plenamente o próprio veneno.

Há, talvez, milhares de normas e leis versando sobre o consumerismo, como o Código da Propriedade Industrial, a lei sobre crimes contra a economia popular, a lei antitruste, a regulamentação profissional do publicitário, as normas de fiscalização fabril e mercantil, as normas sobre produtos alimentícios e seu respectivo código, as leis sobre elaboração e venda de produtos farmacêuticos, higiênicos e de toucador, o Código Penal e a Lei de Contravenções Penais. Somam-se a elas o Código de Defesa do Consumidor, a Lei dos Direitos Difusos, a Constituição Brasileira, além das centenas de normas de entidades públicas, como a ABNT e a Anvisa.

Tal cenário indica que o consumerismo está na pauta política e tende a receber progressivamente mais atenção do poder público; resta, porém, analisar e melhorar a qualidade dessa colaboração para que o consumidor fique suficientemente protegido e esclarecido acerca dos seus direitos.

JUDICIÁRIO

Na esfera do Judiciário, a burocracia, a demora das ações e a punição moderada têm sido obstáculos para a credibilidade da atuação executiva e legislativa em relação ao consumerismo, além de desmotivar o consumidor a denunciar fraudes ou crimes na área de consumo. O então ministro da Justiça, Márcio Thomaz Bastos, manifestava sua preocupação sobre esse quadro:

> Um Judiciário eficiente pode ter reflexo até no custo Brasil. Uma das coisas que encarecem o custo Brasil é a demora do Judiciário e a imprevisibilidade das decisões. Essas coisas precisam ser analisadas por um organismo que seja vocacionado, organizado e que tenha os meios para fazer esse tipo de coisa. A demora numa execução, hoje, é algo absurdo. Leva 5, 7, 8 e até dez anos. É a negação da Justiça. Um processo criminal no Tribunal de Justiça de São Paulo leva de 3 a 4 anos. São esses gargalos que estão sendo vencidos. (Mendes e Rosa, 2004)

Mesmo assim, há ações judiciais que não só reparam justamente o dano, mas também se mostram exemplos para futuros processos, como no caso seguinte:

> Ana Maria Beltrão Arouxa Campos, auditora da Receita Federal no Recife, foi assaltada em 1997 dentro de uma filial da rede de supermercados Bompreço. Perdeu a bolsa com cartões de crédito, documentos e objetos de valor sentimental, como a foto de infância de sua mãe. Ana procurou a administração do supermercado. "O gerente insinuou que inventei toda a história", diz. Ela processou e, cinco anos depois, ganhou R$ 30 mil. O supermercado recorreu e o valor foi reduzido à metade. "Ser tachada de desonesta é uma humilhação que a indenização não paga", diz Ana. "Mas ameniza." (Mageste, 2002, p. 68-74)

A criação de Juizados Especiais Cíveis em algumas cidades mostrou ser o procedimento mais adequado para o julgamento de ações de consumo que envolvem pequenos valores, pois estas necessitam de agilidade e proximidade com a realidade onde se cometeu o dolo ao consumidor. Julgam conflitos que envolvem até 40 salários mínimos, e os que envolvem quantias de até 20 salários não precisam apresentar advogados.

Uma alternativa que ganha espaço se refere às câmaras ou aos tribunais arbitrais, pelos quais os consumidores (geralmente os de maior poder aquisitivo) podem recorrer à justiça privada, direito esse proporcionado pela Lei Federal n. 9.307, em 1996. Segundo a Câmara de Negociação, Mediação e Arbitragem Pan-americana (São Paulo), essa modalidade tem resolvido cerca de 80% dos casos que são apreciados, utilizando prazos menores que os da justiça pública (Vaisman, 2001, p. B10).

ENTIDADES

São organizações não-governamentais (ONGs), entidades de defesa do consumidor públicas e privadas que têm a missão de informar, fazer denúncias, educar e auxiliar o consumidor.

ENTIDADES PÚBLICAS DE DEFESA DO CONSUMIDOR

As entidades consumeristas governamentais formam um aparato fundamental nos problemas de consumo do país. O Sistema Nacional de Defesa do Consumidor faz um trabalho de coordenação dos órgãos e entidades de defesa do consumidor em todos os níveis e instâncias, inclusive das organizações privadas. Os Procons executam as ações no plano estadual, havendo uma representação para cada unidade federativa. Mas, ainda em âmbito federal, existem organismos que atuam diretamente no âmbito consumerista, como a Agência Nacional de Telecomunicações (Anatel), a Agência Nacional de Energia Elétrica (Aneel), a Agência Nacional de Vigilância Sanitária (Anvisa), o Ministério Público Federal, os órgãos públicos federais, como a Associação Brasileira de Normas Técnicas (ABNT) e o Instituto Nacional de Metrologia, Normalização e Qualidade Industrial (Inmetro).

CONSUMIDOR *VERSUS* PROPAGANDA

Talvez os órgãos regionais sejam os que melhores resultados práticos proporcionam, em razão da proximidade que têm na comunidade em que atuam, por conhecerem a realidade social mais de perto. A atividade mais conhecida dos Procons estaduais tem sido o atendimento de queixas de consumidores, por telefone, carta, atendimento pessoal ou internet. O órgão paulista, em 2003, entre orientações e reclamações, fez 368.194 atendimentos, referentes às áreas de alimentos, saúde, habitação, produtos e outras. Atua diretamente na cidade de São Paulo e, por meio de convênios com as prefeituras do Estado, está presente em grande número dos municípios do Estado (fonte: www.procon.sp.gov.br).

Além desse trabalho de atendimento direto à população, promove cursos de treinamento de funcionários, elabora pesquisas sobre produtos e serviços, distribui gratuitamente cartilhas de orientação ao consumidor, aplica sanções, participa de reuniões técnicas e de comissões que elaboram pareceres, leis e portarias referentes à defesa do consumidor, como a que apresentou o Código de Defesa do Consumidor.

Um dos principais trabalhos do Procon é o Cadastro de Reclamações Fundamentadas, em que surgem os nomes das empresas que foram alvo de reclamação no Procon. A chamada "lista negra do Procon", prevista pelo Código de Defesa do Consumidor, serve de parâmetro para o consumidor consultar uma empresa e verificar o grau e o tipo de problemas que ela tem tido na esfera consumerista. O impacto dessa lista é ampliado em função de sua divulgação em sites e na mídia de massa, oferecendo alcance maior porque afeta a imagem das empresas. Atualmente, essa lista é disponibilizada no site da instituição.

O órgão consegue resolver boa parte dos conflitos a ele encaminhados; os casos não resolvidos são passados para outros setores do Judiciário.

O Instituto de Pesos e Medidas (Ipem) também se articula com o Procon, agindo em convênio com o Instituto de Metrologia, Normalização e Qualidade Industrial (Inmetro). O órgão paulista fez 162.207

visitas a empresas e aplicou 12.616 autos de infração no ano de 2003. Fiscalizou cerca de três milhões de instrumentos de medição: pesos, balanças, medidas de comprimento, hidrômetros, taxímetros, bafômetros etc. (fonte: www.ipem.sp.gov.br).

ENTIDADES PRIVADAS DE DEFESA
DO CONSUMIDOR

Entidades privadas, como o Instituto Brasileiro de Defesa do Consumidor (Idec/São Paulo), a Associação de Proteção ao Consumidor (APC-PA/Porto Alegre) e o Movimento das Donas-de-casa e Consumidores de Minas Gerais (MDCC/MG), aliam-se aos esforços governamentais de oferecer serviços de orientação ao consumidor.

O Idec foi fundado em 1987, mantendo-se em virtude da anuidade[5] paga pelos seus associados (pessoas físicas), da assinatura da *Revista do Idec*, de cursos e publicações. Além de dar assistência a seus associados, testa produtos e serviços, move ações judiciais contra empresas e governos, além de atuar em grandes temas que envolvem o interesse coletivo. Um desses estudos envolveu lâmpadas incandescentes, já que em 1996 fabricantes haviam diminuído a resistência de tais produtos – de 127V para 120V –, reduzindo a vida útil das lâmpadas e aumentando o consumo de energia. A divulgação dos testes em 1998 propiciou às empresas se readequar às normas.

A "Associação Pro Teste Consumidores" também é mantida com a contribuição de associados e outras organizações de consumidores, com a venda de publicações, sendo associada da International Consumers Research and Testing (ICRT), organismo independente, criado há mais de trinta anos para articular testes e pesquisas de interesse do movimento de defesa dos consumidores em todo o mundo. A revista *Pro Teste* publica os resultados de testes comparativos de produtos e serviços e não aceita propaganda.

---

5   Em 2004, o valor era estipulado em R$ 200,00 (equivalente a cerca de US$ 65,00) para o associado usufruir de todos os serviços, conforme o site da entidade: www.idec.org.br.

CONSUMIDOR *VERSUS* PROPAGANDA

Já a entidade "Reclame Aqui" oferece um site (www.reclameaqui. net) em que o consumidor pode digitar sua reclamação para que ela seja encaminhada, sem nenhum ônus, ao agente denunciado. Caso este não responda, seu nome fica exposto no próprio site. Oferece também um *ranking* das reclamações encaminhadas.

Entidades privadas de defesa do consumidor, inclusive do exterior, que serviram de inspiração para as nacionais, gabam-se de não veicular publicidade em suas páginas. Porém, fazem intenso uso da publicidade para captar associados, vender seus brindes e produtos, o que às vezes leva a um propósito consumista e conflitante com a missão consumerista.

Não se pode dizer que as entidades privadas de defesa do consumidor no Brasil sejam em número significativo, talvez pelo custo que o cidadão entenda que elas proporcionem, o que o faz preferir consultar e utilizar os órgãos públicos, como as unidades do Procon. Mas oferecem uma alternativa a quem busca um atendimento diferenciado, inclusive com acesso a informações específicas, algo que, para o consumidor atual, pode fazer grande diferença.

CULTURA *JAMMING*

A cultura *jamming* é a contra-informação em relação ao marketing e à publicidade. Busca apontar seus abusos e contradições. Klein afirma que o grupo canadense Adbusters está na vanguarda desse movimento. Ela cita, como exemplo, a colocação de foto de um presidiário famoso no *outdoor* da Levis para lembrar que o produto é costurado por prisioneiros na China (Klein, 2002, p. 309-37). Aponta também para outras organizações que se mostram como vigilantes das empresas: Corporate Watch (Oxford, San Francisco), Earth First!, além da belga Noel Godin, que tem um grupo denominado Biotic Baking Brigade, que arremessa tortas na cara de empresários e autoridades, caso de Bill Gates (Microsoft) e Robert Shapiro (Monsanto).

A norte-americana Commercial Alert traz o *slogan*: "Protegendo comunidades do comercialismo". Tem como missão tratar a cultura comercial num âmbito adequado, a fim de impedir a exploração da criança e subverter os elevados valores da família, da comunidade, da integridade ambiental e da democracia (www.commercialalert.org).

A Adbusters, sediada no Canadá, define-se como entidade sem fins lucrativos, financiada apenas por leitores de sua revista, com 120 mil assinaturas. "Nosso trabalho tem sido apoiado por organizações como Friends of the Earth e Greenpeace, e tem sido reconhecido em centenas de jornais, revistas, emissoras de televisão e rádio no mundo" (www.adbusters.org). Em julho de 2007 publicou o artigo "Publicidade danifica o cérebro", que acusava a propaganda comercial de incentivar o consumismo numa época em que os problemas ambientais estão se evidenciando. A organização também incita, anualmente, em novembro, os consumidores a não fazer compras no Dia sem Compras.

Na França, podem ser destacadas a Resistance a L'Agréssion Publicitaire (RAP) (www.antipub.net), cujo estatuto, em 2007, previa que a entidade "tem por objeto ajudar na tomada de consciência dos procedimentos publicitários voltados à condição da pessoa, do consumidor e do cidadão, e no combate aos danos humanos, sociais e ambientais", e a Brigade Anti Pub, cujo site (www.bap.propagande.org) trazia, em 2007, suas boas-vindas: "Bem-vindo ao BAP! Se você procura combater a publicidade, achou um bom lugar. Temos fóruns repletos de dicas, etiquetas para imprimir, vídeos, galeria de fotos de nossas ações etc. Em resumo, achará tudo com que sonha um antipublicista".

RESPONSABILIDADE SOCIAL DA EMPRESA DIANTE DO CONSUMERISMO

Nas últimas décadas, o aumento de problemas socioambientais gerou uma série de reflexões envolvendo questões como a desigualdade social, a violência urbana, a má distribuição de renda, o desmatamento florestal, a poluição das cidades, o consumismo, o marketing deceptivo, entre outras. Detectou-se que a qualidade de vida da sociedade estava sendo afetada e que haveria necessidade de fazer algo para evitar um dano ainda maior à coletividade. Entre essas opções, estaria a atribuição de responsabilidades sociais à empresa. A responsabilidade social empresarial (RSE) é o comprometimento permanente das empresas com a qualidade de vida na realização de seus relacionamentos e negócios com postulados éticos.

Esse conceito também está muito ligado a uma ética corporativa, que permearia o relacionamento da empresa com o consumidor, com a sociedade e com os públicos de interesse. Nesse sentido, as atividades éticas e morais, inerentes às pessoas, são hoje também próprias das empresas, formando a cidadania ou o sujeito corporativo. As organizações personificam qualidades como honestidade, corrupção, responsabilidade e conduta criminosa, que afetam a percepção de seus negócios.

O modelo piramidal de Carroll (Carroll e Buchholtz, 2006) sugere que a responsabilidade social da empresa estaria embasada em quatro categorias (Figura 1), com destaque para a sua situação econômica, embora os fatores legais, éticos e filantrópicos influenciem decisivamente esse foco.

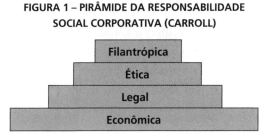

FIGURA 1 – PIRÂMIDE DA RESPONSABILIDADE SOCIAL CORPORATIVA (CARROLL)

FILANTRÓPICA: seja uma empresa-cidadã. Contribua com recursos para a comunidade. Melhore a qualidade de vida. Dê retorno. Faça a empresa contribuir. Estipule programas de suporte à comunidade – educação, saúde, social, cultura, artes, cidadania. Proporcione o melhor à comunidade. Engaje-se no voluntariado.

ÉTICA: seja ética. Obrigações para fazer o que é certo, justo e lícito. Evite causar danos e adotar práticas questionáveis. Responda com o melhor espírito das leis. Assumir a lei é a base comportamental, agir acima dessa base é o mínimo esperado. Estabeleça uma liderança ética.

LEGAL: obedeça à lei. A lei é a codificação da sociedade do certo e do errado. Aja segundo as regras do jogo. Obedeça a todas as leis, acate todas as regulamentações. Leis ambientais e consumeristas. Leis que protejam trabalhadores. Cumpra todas as obrigações contratuais. Honre os compromissos e garantias.

ECONÔMICA: seja rentável. A base sobre a qual as demais responsabilidades se apóiam. Maximize vendas, minimize custos. Tome decisões estratégicas firmes. Esteja atento para a distribuição de lucros. Proveja os investidores com adequados e atrativos retornos de seus investimentos.

Segundo Ashley (2002, p. 3), "O mundo empresarial vê, na responsabilidade social, uma nova estratégia para *aumentar seu lucro e potencializar seu desenvolvimento*". Tal visão também pode revelar, por parte das empresas, um interesse mercadológico desse fenômeno. Ou seja, já que é fato consumado assumir posturas de responsabilidade social, pois são impostas pela sociedade, que tal atitude seja, então, incorporada nos negócios e alardeada como uma concessão ou um benefício adicional.

Com a sofisticação dos procedimentos de marketing e com o avanço dos propósitos sociais, têm surgido muitos termos que causam confusão ao setor. Sugerimos as seguintes definições para alguns desses termos:

MARKETING SOCIAL: é o marketing usado e direcionado para causas sociais. Exemplo: campanhas de saúde, de preservação ambiental, contra o trabalho infantil.

TERCEIRO SETOR: designa as atividades institucionalizadas do setor privado (segundo setor), ao exercer atividades típicas do setor público (primeiro setor). Exemplo: Fundação Roberto Marinho, ou seja, as Organizações Globo (segundo setor), fazendo obras de preservação do patrimônio histórico público (ação tipificada do primeiro setor); ou a companhia aérea TAM (primeiro setor), responsabilizando-se pela manutenção de uma escola pública (ação tipificada do primeiro setor).

MARKETING SOCIETAL: é a orientação do marketing para a responsabilidade social, em que qualquer prática convencional do marketing deve levar em conta os impactos sociais.

Antes, a sociedade era vista como uma abastecedora da empresa, fornecendo-lhe mão-de-obra e adquirindo seus produtos; tal visão inverteu-se: modernamente, a empresa deve prover a sociedade com produtos adequados, serviços corretos e posturas éticas, por meio dos quais obtém concessão dessa sociedade para atuar e conseguir ganhos mercadológicos.

No Brasil convivem empresas com as mais diferentes orientações sociais e lucrativas; em um quarteirão é possível presenciar um sapateiro flexível aos anseios dos seus clientes e um marceneiro que só dá algumas opções ao comprador e o atende com descaso. Também podem ser encontradas empresas preocupadas unicamente em lucrar e outras também em atender a uma função social, ou seja, fazer do produto um elemento de prestação de serviço ao consumidor, orientação conhecida como "societal".

Cobrar uma atuação societal da maioria das empresas brasileiras é esquecer toda a formação empresarial, fatores culturais, econômicos e comportamentais, em que o proveito próprio, o lucro imediato e a luta pela sobrevivência diante de cargas tributárias altas impõem-se ao setor.

É quase inimaginável uma empresa se autodisciplinar na ocupação ambiental ou no atendimento pleno dos direitos do consumidor. Somente com leis claras, atuação firme do governo ou pressão do mercado é que as empresas têm instalado filtros antipoluentes, tratado os dejetos de esgoto, protegido seus empregados com equipamentos contra acidentes, desencorajado o consumismo e tomado outras medidas de alcance social.

Casos rumorosos que demonstram irresponsabilidade empresarial são fartos, como laboratórios que produzem medicamentos com composição diferente da assinalada na bula, ou construtoras que não seguem os padrões de qualidade previstos em contratos.

Mokhiber (1995) relaciona uma série de casos em que empresas praticaram atos criminosos contra a sociedade, algo que ele menciona como crimes corporativos, que redundaram em prejuízos socioambientais e até milhares de mortes. Um caso que também não pode ser esquecido é o do supermercado Ikua Bolanos, no Paraguai, em 2004, cujos proprietários mandaram fechar as portas para que os clientes não escapassem com mercadorias em razão do incêndio que estava ocorrendo no estabelecimento, o que causou centenas de mortes. No Brasil, pode ser citado o caso da Cataguazes Indústria de Papel, que em março de 2003 propiciou um dos acidentes ecológicos mais significativos do Brasil, quando deixou fluir para o rio Paraíba do Sul e afluentes cerca de um bilhão de litros de dejetos químicos, causando a suspensão do abastecimento de água para diversos municípios da região, além de dizimar a vida fluvial, comprometer rebanhos ribeirinhos e prejudicar a população que dependia daqueles rios.

Na esfera do consumerismo, algumas práticas empresariais tradicionais são socialmente irresponsáveis. Eis alguns itens que as empresas desenvolvem por meio de ações mercadológicas e que constituem danos ao consumidor: assistência técnica deficiente, condições de garantias enganadoras, embalagem deceptiva, custos enganosos de crediário, propaganda e promoção deceptivas, obsolescência planejada, vendas de alta pressão, descasos com conseqüências ambientais, descaso com a saúde e a segurança do consumidor, indiferença ante responsabilidades éticas e sociais, manipulação dos consumidores contra seus desejos reais, promoção da poluição cultural, promoção do desequilíbrio social, orientação ambiciosa de lucros, aquisição e incorporações que restringem a concorrência no mercado e obstáculos à entrada de novas empresas no mercado (Zério, 1979, p. 46-63).

Embora muitos estudos ainda apontem para uma imagem negativa do empresariado nacional, no geral as empresas têm um saldo po-

CONSUMIDOR *VERSUS* PROPAGANDA

sitivo na sociedade, resultante de empregos que proporcionam ou de produtos que tornam a vida melhor. Há, porém, as que prejudicam o consumidor sem o menor receio, como ocorre com oficinas mecânicas que, a pretexto de consertar algo em um automóvel, substituem peças sem necessidade, além de cobrar um preço superior ao que seria justo, agindo assim em virtude da ignorância do consumidor sobre o assunto. No Brasil é permitida a comercialização de cigarros, mas os fabricantes, segundo alguns, deveriam ser responsabilizados por casos de câncer e doenças broncopulmonares, pois é sabida a relação entre o fumo e doenças no aparelho respiratório.

Cabe às empresas parte da responsabilidade pelo aumento da obesidade infantil, pelos acidentes rodoviários, pelas internações hospitalares (queimaduras, intoxicação alimentar e outros), pelos vícios de consumo (compras impulsiva e compulsiva), pela inadimplência (incentivo ao crédito), pelos danos morais (constrangimento a consumidores por meio de equipamentos de segurança que emitem alarme ruidoso ao detectar a passagem do cliente com produto etiquetado eletronicamente) e outras conseqüências.

Rizzotto (2003, p. 9) aponta que no Brasil, no período de 1991 a 2003, houve quatro milhões de itens relacionados ao *recall* de veículos automotores, discutindo se as montadoras brasileiras são, de fato, socialmente responsáveis: "Ao investigar vários acidentes em rodovias, descobrimos que muitos foram causados por defeitos de fabricação de veículos. Não representavam a maioria, mas eram casos que poderiam ser facilmente evitados se os proprietários dos veículos acidentados tivessem sido previamente advertidos do risco que corriam". O *recall* (convocatória por parte de empresas para o consumidor realizar a troca ou o reparo de produtos e serviços) tem sido feito em diversos setores, como medicamentos, bebidas, pneus e eletrodomésticos, decorrente de diversos problemas causados aos consumidores, como mau funcionamento de *airbags*, alteração de sabor e odor de medicamentos, risco ao consumidor proporcionado por aparelhos de TV.

Mesmo que o problema seja involuntário, o mercado pune de alguma forma quem pratica ações que trazem danos sociais. Em 1999, dezenas de pessoas tiveram indisposição após ingerir Coca-Cola em latas que haviam sido contaminadas (Sereza, 1999, p. 12), externamente, com fungicida. Houve a apreensão de 50 milhões de latinhas na Europa e dano à imagem da empresa em todo o mundo, situação que se reverteria mediante um competente trabalho de marketing e em virtude do fato de aquele caso ser isolado. Embora o problema fosse restrito à França e à Bélgica, as ações da empresa caíram 10% na Bolsa de Nova York.

A RSE é de tal ordem que testes de produtos devem ser realizados em três tempos: antes da fabricação, durante o processo e algum tempo após terem sido fabricados, pois alguns produtos podem inocular danos irreparáveis ao consumidor, como foi o caso do medicamento talidomida nos anos 1950 e 1960, cujos efeitos só foram conhecidos após o nascimento das primeiras crianças defeituosas. Também tem sido o caso dos antibióticos, que formam gerações de microorganismos mais resistentes ao seu uso, ameaçando, assim, o tratamento de certas doenças, como a tuberculose. A necessidade de testar produtos até os limites científicos, como mostram casos passados, serve de paradigma para casos recentes, como alimentos transgênicos e clonagem biológica.

A responsabilidade social em toda a cadeia produtiva de um produto tem sido a tônica quando se avalia o quão socialmente responsável é uma empresa, ou seja, além de zelar pelos impactos socioambientais, a organização precisa também cuidar para que a escolha de fornecedores, intermediários ou parceiros recaia sobre empresas com procedimentos eticamente aceitáveis.

> Seria ingenuidade acreditar que os consumidores ocidentais não se beneficiaram dessas divisões globais desde os primeiros dias de colonialismo. O Terceiro Mundo, como dizem, sempre existiu para o conforto do Primeiro. Um desenvolvimento relativamente recente, entretanto, é que o interesse investigativo parece se voltar para os pontos de origem, sem grife, de produtos com marca. As viagens dos tênis Nike têm sido rastreadas até o trabalho semi-escravo no Vietnã, as pequenas roupas da Barbie, até a mão-de-obra

CONSUMIDOR *VERSUS* PROPAGANDA

infantil de Sumatra, os cafés da Starbucks, aos cafeicultores castigados pelo sol da Guatemala, e o petróleo da Shell, às aldeias poluídas e empobrecidas do delta do Niger. (Klein, 2002, p. 20)

Medidas atuais punitivas para empresas irresponsáveis estão na esfera jurídica (ações, indenizações) e de mercado (deterioração da imagem, perda de vendas e propaganda boca a boca negativa). Outras podem ser descritas, como sua colocação em banco de dados entre as empresas que prestam maus serviços ao consumidor (caso da "lista negra dos Procons") e o aparecimento em *rankings* de empresas não-confiáveis disponibilizados em sites consumeristas.

Ao contrário do que existe em muitos países considerados desenvolvidos, as empresas brasileiras ainda não enfrentaram problemas de altas indenizações pagas a consumidores. Mas tanto o Legislativo quanto o Judiciário, em razão da pressão consumerista, estão cada vez mais sensíveis ao assunto. Embora os critérios para fixar indenizações por danos morais não sejam totalmente objetivos, os valores têm aumentado, como salienta o seguinte trecho relativo ao ano de 1999: "Há seis anos, quando a Apadic iniciou seu trabalho, comemorávamos as decisões de 20 salários mínimos por dano moral. Hoje, explica o advogado, os danos morais por relação de consumo recebem indenizações entre 100 e 200 salários mínimos"[6].

A justiça já caracterizou a responsabilidade solidária do fabricante e do revendedor, fazendo que empresas selecionem seus fornecedores não apenas pelo preço e pelas condições de venda, mas por garantias de qualidade do produto fornecido para revenda.

A concorrência entre empresas é tida como fator imprescindível para a diminuição de preços ao consumidor. Mas é inegável que tem havido abusos, demandando inclusive a criação do Conselho Administrativo de Defesa Econômica (Cade) para controlar ações mais

---

6   Citação do advogado Antonio Mallet, então diretor jurídico da Associação de Proteção e Assistência aos Direitos e Cidadania do Consumidor (Apadic) (*Gazeta Mercantil*, 1999, p. A-14).

ostensivas, principalmente em caso de fusão empresarial, o que pode gerar quase um monopólio, tornando o mercado refém daquela organização. Casos de incorporações entre empresas, recentemente, mostraram que a atuação do Cade tem sido essencial, como ocorreu entre Pão de Açúcar e Sé (supermercados), Nestlé e Garoto (alimentos/doces), Brahma e Antarctica (cervejas) e Kolynos e Colgate (higiene).

Também não são poucos os casos em que o acirramento é tal que as empresas entram num jogo de corpo a corpo, em que a ética é esquecida, importando defender interesses próprios no mercado. Um indicador desse acirramento se manifesta na propaganda comparativa antiética, ou seja, no anúncio em que a empresa mostra o produto concorrente denegrindo-o ou contextualizando-o, a fim de valorizar o próprio produto, embora estudos indiquem repercussão negativa dessa prática no público brasileiro. Essa "guerra" entre marcas aconteceu em diversos setores, como na telefonia, em que todas as empresas mostravam que suas tarifas eram as menores e seus serviços, os melhores, desorientando o consumidor.

O intermediário tem carregado a fama de encarecer os produtos muito além do que seria justo, mas é certa sua importância no elo da comercialização e de sua representatividade com o consumidor.

Algumas práticas dos intermediários têm sido criticadas, caso de submeter pequenos fornecedores a condições antieconômicas (como fizeram grandes redes varejistas com agricultores ou pequenas empresas), quando manipulam preços finais aos consumidores e quando não conservam adequadamente os produtos colocados à venda.

Pesquisa (Guagliardi *et al.*, 1981, p. 89-93) com estabelecimentos comerciais revelou problemas com: *supermercados*, em que quase a metade dos entrevistados teve algum problema, principalmente de qualidade, sendo a atitude mais adotada a de reclamar no próprio supermercado em que a compra foi feita; *feiras*, tendo o preço como o item mais contestado; *padarias*, com problemas de troco, peso, higiene, preços, maus serviços e, principalmente, qualidade; *açougues*, em que qualidade e preço foram os problemas mais apontados; *restaurantes*, revelando no preço a principal contestação; *hotéis*, também com

CONSUMIDOR *VERSUS* PROPAGANDA

problemas no preço; *bancos*, registrando queixas maiores com os maus serviços e com o atendimento.

No final de outubro de 1988 saiu o primeiro produto (macarrão) com garantia do IPT da USP, atestando que os ingredientes constantes na embalagem estavam presentes no conteúdo do produto. Tal procedimento revelava o aval de instituto idôneo e externo à empresa, dava maior credibilidade e mostrava sua preocupação com garantias extras para empreender os compromissos com a sociedade. Atualmente, além de entidades científicas como o IPT, há um número bastante alto de organismos certificadores que também avalizam a qualidade de produtos e serviços, como no caso do selo da Sociedade Brasileira de Cardiologia/Funcor, para alimentos adequados à prevenção dos fatores de risco cardiovasculares, e da Associação de Agricultura Orgânica, para alimentos orgânicos.

A empresa, como fornecedora de outra, é um elo quase imperceptível ao consumidor, mas com repercussões no que ele consome. Tanto que muitas exigem de seus fornecedores certificações de qualidade, caso dos selos ISO, dos selos específicos ligados à responsabilidade social e dos selos ecológicos. Estampadas em embalagens, rótulos e anúncios publicitários, cada vez mais essas certificações somam-se aos fatores que pesam na decisão de consumo dos produtos.

Nesse sentido, há entidades que, além da publicação do balanço financeiro tradicional, adotam o balanço social, no qual podem demonstrar aos seus públicos de interesse ações e programas desenvolvidos na área social.

Mas, se a responsabilidade social não estiver consolidada na cultura organizacional, seus efeitos e sua sustentabilidade serão ínfimos. Um levantamento feito pelo Tribunal de Justiça do Rio de Janeiro (Mello, 2004) concluiu que, de 2.019.558 processos que tramitaram na Justiça, de janeiro de 2002 a abril de 2004, 668.699 foram de ações de responsabilidade civil para reparação de danos. A empresa mais freqüente em ações ajuizadas era a Telemar, com 1.692 ações, seguida da Petrobras, com cerca de mil ações.

Ou seja, não adianta a empresa dizer-se socialmente responsável se, de outro lado, mantém práticas lesivas ao consumidor, ao meio ambiente ou aos trabalhadores. O discurso precisa corresponder a uma prática ampla, duradoura e real.

Empresas e profissionais pouco idôneos têm usado o termo "responsabilidade social" sem legitimidade, banalizando-o. São empresários e pessoal de mercado que tentam ludibriar a opinião pública com projetos e ações de responsabilidade social sem que a organização mantenha tal prática de forma sistemática. Usam esse discurso apenas para angariar dividendos mercadológicos, o que seria explicado pela necessidade de a empresa estar sintonizada com as práticas de RSE (fase de marketing), mas com uma cultura organizacional ainda resistente ou descomprometida com tais práticas (Quadro 7).

QUADRO 7 – FASES DA RESPONSABILIDADE SOCIAL EMPRESARIAL
Descomprometida: as empresas não assumiam, formalmente, suas responsabilidades sociais, ou praticavam-nas por interesse carismático, local, imediato e vinculado ao negócio. No mais, consideravam a RSE um academicismo ou um apelo descabido.
Pressão: ameaçadas por leis e normas de mercado, as empresas passaram a adotar de forma reativa a RSE, mas não incorporada na cultura organizacional.
Marketing: por questão de imagem pública e sustentabilidade corporativa, empresas integraram a RSE no negócio, incorporando-a em sua cultura organizacional de forma associada aos propósitos comerciais.

A RSE nutre-se da coerência entre práticas e discurso, o que coloca a publicidade como fator relevante desse esforço. O anúncio publicitário é um dos componentes que refletem a cultura organizacional e interagem com ela: se ele traz conteúdos abusivos ou enganosos, sinalizará uma postura socialmente irresponsável por parte do anunciante, da agência e do veículo, por mais que a organização se esforce para passar uma imagem melhor.

De olho na responsabilidade social de suas atividades, as empresas têm buscado formas de estreitar o relacionamento com seus públicos de interesse, não somente no intuito de comunicar atitudes social-

CONSUMIDOR *VERSUS* PROPAGANDA

mente responsáveis, mas também para monitorar e ouvir o mercado, conduta que tem contribuído para a criação e a expansão dos serviços de atendimento ao consumidor.

SERVIÇOS DE ATENDIMENTO AO CONSUMIDOR (SACs)

Preocupadas com os prejuízos e as desvantagens que um mau conceito pode trazer ao consumidor, organizações públicas e privadas estruturam serviços de atendimento ao consumidor, cuja finalidade básica é proporcionar qualidade nas relações de consumo com o mercado e, conseqüentemente, a manutenção de uma boa imagem corporativa.

A Nestlé é considerada a primeira empresa no Brasil a criar um departamento de serviço aos consumidores, quando transformou seu Centro de Economia Doméstica, existente desde 1960, em Centro de Informação ao Consumidor, em 1978. Em 1999, o SAC da Nestlé recebia mensalmente uma média de 25 mil cartas, 28 mil telefonemas e cerca de oito mil e-mails, possuindo um cadastro de dois milhões de nomes ("Do SAC ao CRM", *Consumidor Moderno*, 1999, p. 30-64). Há casos em que o consumidor contata a Nestlé para denunciar estabelecimentos comerciais que trazem danos a ele ao comercializarem produtos da empresa. O SAC está ligado à direção do departamento de marketing e está disponível ao consumidor nos rótulos dos produtos. A empresa tem também um arquivo com mil consumidores que mais a contatam, sendo procurados para participar de testes de produtos, levantamento de dados etc.

São também considerados SACs pioneiros no Brasil os da Johnson & Johnson (1981), da Rhodia (1981) e da Sadia (1982).

Grande parte dos SACs brasileiros foi criada com a publicação do Código de Defesa do Consumidor, talvez como forma de administrar melhor as novas cláusulas nas relações de consumo entre empresa e clientes. Porém, as pesquisas apontam para certo desconhecimento desse setor, caso do estudo da Research International (2003), que concluiu que apenas 36% das paulistanas, de 18 a 55 anos, das classes A, B, C e D, conhecem ou identificam os SACs, e apenas 20% já usaram esse tipo de serviço. Trinta e oito por cento informaram que usam o SAC para reclamar de produtos estragados ou com defeito e 12% para reclamar de produtos e serviços que não cumpriram a proposta (Franco, 2003). Esses números são reveladores, pois muitas empresas, quando divulgam dados de seus SACs, apontam as sugestões, os elogios e os pedidos de informações como os principais motivos dos contatos. As reclamações, normalmente, são consideradas em número reduzido.

Outra pesquisa, elaborada pelo Instituto InterScience em 1998, mostrou que 64% dos que tiveram um problema e recorreram ao SAC voltariam a comprar daquela empresa, enquanto apenas 37% de não-usuários de SACs fariam o mesmo (*Revista do Anunciante*, 1998, p. 28-9). Portanto, além de ser um aliado do consumidor, o SAC é um poderoso instrumento de relacionamento da empresa com o mercado, o que por si justificaria sua implantação e manutenção.

Um SAC bem estruturado pode ajudar na redução de processos judiciais movidos por consumidores. Pode também ajudar a empresa a formular estratégias de qualidade com base nas informações, nas críticas e nas sugestões recebidas.

Há empresas que diante de problemas com consumidores preferem apenas reparar o dano e silenciar, confiando no tempo e na perda de interesse da imprensa para que o problema caia no esquecimento popular. Foi o caso da Sintex do Brasil, laboratório multinacional que em 1983 distribuiu vacinas sem propriedades imunológicas. A empresa repôs as 25 mil doses, mas não esclareceu o que houve, abalando, dessa forma, a credibilidade do laboratório.

A Coca-Cola também experimentou problemas desse tipo, mas com um comportamento mais ativo. Em 1980 surgiram notícias da queda de um funcionário dentro de um tanque de um distribuidor do Nordeste e, em dezembro de 1982, jornais destacaram a contaminação do produto no processo de lavagem das garrafas, o que teria causado lesões a alguns consumidores. A empresa desmentiu tudo, divulgou suas normas de segurança e controle de qualidade, abriu as portas para visitação pública e intensificou sua estratégia promocional; mas

CONSUMIDOR *VERSUS* PROPAGANDA

mesmo assim teve de arcar com uma perda de cerca de 10% de mercado durante um período de três meses. Tal fato contribuiu para o surgimento de um setor na Coca-Cola para atendimento ao consumidor (Chaim, 1983, p. 14).

Tidas antes como "chateações" ou falta de respeito, no conceito do SAC as reclamações são vistas como oportunidades de melhor relacionamento e melhoria na gestão da qualidade, tanto para a organização aperfeiçoar sua oferta como para o consumidor, quando recebe produtos e serviços que incorporaram suas sugestões. Segundo Rogério Aun, sócio-diretor da consultoria Arthur Andersen e especialista no setor automotivo:

[...] Entre 5% e 15%, dependendo da montadora, são clientes insatisfeitos – um serviço malfeito ou algum problema reincidente no carro. Nesse setor ficam os casos que normalmente dão mais pistas para a empresa resolver algum problema na escala de produção que prejudique o produto. (*Apud* Neto, 2000, p. 4)

Por vezes, o relacionamento com o SAC é tão apropriado que se converte numa fonte quase pessoal, inclusive para resolver questões íntimas. Segundo Celso Antonio Diniz, coordenador da área de atendimento ao cliente da Ford:

Além de assuntos práticos, os atendentes das montadoras também encaram situações excêntricas. Na Ford, cujo atendimento funciona 24 horas, um consumidor brigou com a mulher e telefonou para a montadora de madrugada, para desabafar com a atendente. (*Apud* Neto, 2000, p. 4)

Ao contrário do que pensam alguns, um SAC não é exclusividade de grandes empresas. As pequenas e médias podem usufruir de serviços terceirizados mediante um pagamento mensal ou recorrer a uma estrutura própria (central de CRM, banco de dados, telefone, e-mail), que deve se caracterizar pela atitude de bom atendimento e pela incorporação das sugestões e reclamações no seu dia-a-dia.

O serviço Wella foi acionado por consumidores para pedir que a empresa comercializasse um recipiente plástico para misturar o produto (tintura para cabelo). O departamento de marketing avaliou o pedido e foi criada a tigela plástica para essa finalidade. O serviço de atendimento da Zoomp recebeu reclamações sobre a posição da etiqueta externa, o que fez o setor de confecção alterar a localização. O laboratório Novartis alterou a embalagem dos comprimidos efervescentes, pois a tampa dificultava o manuseio. A Natura apurou que uma consumidora teve reação alérgica a um de seus produtos; além de reembolsá-la pelo produto, pagou pelos custos do tratamento, tornando a consumidora uma cliente satisfeita (*Revista do Anunciante*, 1998, p. 28-9).

A incorporação das reclamações por parte da empresa não é apenas sinal de inteligência de marketing, mas, sobretudo, a contrapartida que o consumidor espera receber caso haja interesse num relacionamento contínuo. Cláudia Atas, que desenvolveu um estudo aprofundado sobre o SAC de empresas alimentícias de pequeno e médio portes, apurou que o alto escalão dessas organizações não prestigia os seus SACs e, conseqüentemente, as manifestações dos seus consumidores. Apenas 18% das empresas consultadas afirmam que publicidade é uma das áreas beneficiadas pelo SAC:

> Elas não sabem aproveitar os dados, sempre deixam para depois, preocupam-se primeiro com a estrutura de distribuição, com a mudança de embalagem e de sabor. Os SACs acabam ignorados pelos departamentos de marketing e promoção. (Souza, 2004, p. 82)

Após alguns anos de experiência com os SACs no mercado, é possível apresentar algumas conclusões: 1) pior do que não ter um SAC é tê-lo apenas como fachada para ludibriar o consumidor, o que pode ser desmascarado mais cedo ou mais tarde; 2) o SAC concorrente pode ser um inspirador para a implantação ou a estruturação do serviço, mas nunca deve ser copiado; 3) o SAC pode auxiliar na mudança da imagem corporativa e nas vendas em longo prazo, sempre em conso-

CONSUMIDOR *VERSUS* PROPAGANDA

nância com a boa prática de marketing; 4) o SAC deve estar inserido na cultura organizacional para ter efeitos concretos, conseqüentes e ser útil à instituição (Zulzke, 1990).

Algumas organizações preferem outras denominações, como *ombudsman*. Empresas jornalísticas e bancos no Brasil adotaram a expressão, que, tradicionalmente, enfoca um serviço coordenado por um profissional da empresa que, por vezes, tem mandato para exercer tal função. Sobre o *ombudsman*, Odila de Lara Pinto (1998, p. 19) considera: "Hoje, nas organizações de um modo geral, tem a função principal de representar o cliente no seu relacionamento com a empresa, recebendo críticas ou sugestões para a solução de problemas". O primeiro banco a usar a figura do *ombudsman* foi o Real (1990), enquanto o jornal *Folha de S.Paulo* foi o primeiro da América Latina a adotá-la (1989). Na sua coluna semanal, o *ombudsman* da *Folha* tem publicado ocorrências envolvendo manifestações de leitores, caso de uma polêmica da capa do caderno Folhinha, dedicado às crianças. Essa capa dedicava 2/3 do espaço a uma foto em que uma criança era penteada por um adulto e, abaixo, exibia um anúncio com uma modelo seminua; esse fato provocou reclamações de muitos leitores, dentre elas a de uma professora e mãe de dois meninos:

[...] Precisamos mesmo vender sandálias infantis usando meninas seminuas? [...] Não resta dúvida de que há maneiras e maneiras de lidarmos com as imagens e informações que nossos filhos vêem nos jornais. Mas os jornais não poderiam ser mais cuidadosos com os nossos jovens leitores? Poderiam e deveriam. (Beraba, 2004, p. A6)

ESTRATÉGIAS DE MARKETING: IMPLICAÇÕES CONSUMERISTAS

Os procedimentos de marketing sempre tiveram como objetivo satisfazer necessidades e desejos dos consumidores. Mas, quando o marketing não satisfaz seus clientes, gera automaticamente o consumerismo. Portanto, a raiz conceitual do consumerismo – insatisfação nas relações de consumo – é a outra face da mesma moeda que permite à empresa, via marketing, satisfazer seus consumidores. O consumerismo resulta de práticas de um marketing que deu errado.

A empresa tem basicamente quatro elementos para formular estratégias de venda de um bem ou serviço. São eles: *produto*, *praça* (comercialização/distribuição), *preço* e *promoção*, denominados "quatro pês" do marketing. Essa composição, popularizada por Philip Kotler (2000), parece também adequada para avaliar o impacto desses elementos na experiência direta que o consumidor tem ao adquirir bens e serviços no mercado.

Ferrel (2000, p. 150) traz a exemplificação de atributos de responsabilidade social nos quatro pês:

PRODUTO: redução do tamanho das embalagens e não-redução do preço; má qualidade dos produtos; produtos inseguros; serviço precário no pós-venda; acréscimo de características inúteis para aumentar os preços.

DISTRIBUIÇÃO: comportamento oportunista dos membros do canal; pagamento aos varejistas para obter espaço nas prateleiras; extorsão; contratos de "venda casada"; distribuição de produtos pirateados.

PREÇO: conluio de preço entre concorrentes; preço predatório; preço excessivo; práticas enganosas de financiamento; políticas fraudulentas de garantia ou de devolução do dinheiro.

PROMOÇÃO: propaganda "isca"; propaganda espalhafatosa; comissionamento de vendedores para "empurrar" produtos; propaganda dirigida à criança; sexo ou medo como apelos de propaganda; benefícios exagerados do produto; vendedores insistentes ou enganadores; pagamento de propina a vendedores ou compradores.

Em seguida, desdobramos com mais profundidade os quatro "pês" do ponto de vista consumerista.

CONSUMIDOR *VERSUS* PROPAGANDA

PRODUTO

É o elemento básico e iniciador das ações consumeristas, seja ele um produto físico, um serviço, uma idéia ou um recurso natural.

Deve-se considerar que o consumerismo é diretamente responsável pelo ganho de qualidade nas relações de consumo que o cidadão atualmente desfruta. O automóvel moderno, por exemplo, é um produto do consumerismo. A segurança que proporciona ao usuário reflete esforços consumeristas, desde os anos 1960, de evitar que acidentes automobilísticos causassem tantas vítimas. As alterações nas vias públicas, a edição de leis e normas de trânsito, a qualidade de peças e acessórios são frutos do movimento consumerista que envolveu consumidores, médicos, políticos, montadoras, universidades e outros segmentos sociais.

O mesmo pode ser dito em relação aos medicamentos. Há os que contêm melhores informações na bula, têm embalagem desenhada para dificultar o acesso da criança, apresentam menos elementos nocivos, enfim, trata-se também de um produto decorrente do movimento consumerista.

Hoje em dia, praticamente, não há produtos que não incorporaram, de uma forma ou de outra, exigências consumeristas. No entanto, ainda se observa no mercado uma infinidade de produtos e serviços que precisam ser reparados ou não atendem às expectativas do consumidor, o que parece manter acesa a chama do consumerismo eternamente.

Pesquisa do Instituto Brasileiro de Defesa do Consumidor (Idec) apurou que 65% dos saneantes (água sanitária, desinfetantes e limpadores) apresentam irregularidades no que diz respeito à rotulagem (53,5%), aos vazamentos (7%) ou mesmo a ambos (4,7%) (*Revista do Idec*, 2006, p. 21-4). Foi constatado também que as cores atrativas e as embalagens vistosas podem induzir as crianças a confundir os produtos com bebidas. Alguns têm rótulos com imagens de alimentos, como limão, laranja, tangerina e hortelã, recurso que contraria a Portaria n. 10 da Anvisa (15/9/1980), que não permite que os saneantes tenham aparência que os confunda com alimentos.

Falhas na qualidade, embalagens não-recicláveis, peso ou quantidades irregulares, má aparência, presença de objetos estranhos, falta de segurança, rótulos enganosos, indicações imprecisas do uso, mau acondicionamento, embalagens que retêm produto, deficiência na garantia, produtos fora do padrão, obsolescência precoce, maus serviços e danos ambientais são atributos que condenam qualquer produto ou quem se vale desses recursos para comercializá-lo.

Os problemas de qualidade podem ser atestados por levantamento feito pelo Inmetro em que, de todos os produtos testados em 1996/1997, apenas a metade apresentou-se apta para o mercado. Também a legislação é constantemente desrespeitada: em 2004, um teste do Inmetro com 12 marcas de copinhos de plástico detectou que 11 não estavam adequadas (Kuntz, 2004).

O consumidor brasileiro, na aquisição e no consumo de produtos, já encontrou insetos em alimentos, metais dentro de pães, queijos embolorados, latas de refrigerante com coliformes fecais, inseticidas que matam insetos e pessoas, rótulos enganosos, roupas e sapatos com numeração fora do padrão, brinquedos perigosos, tintura para cabelo que causa alergia à pele, cupins em armários e capacetes para motoqueiros recheados com isopor. Viu comerciantes usarem o padrão de metro com o tamanho de 95 centímetros, tecidos "de algodão" feitos com fibras de poliéster e vacinas inócuas ou que causavam alergia.

Também merecem atenção os serviços prestados por profissionais liberais; segundo a Ordem dos Advogados do Brasil, em 1998, 40 mil advogados brasileiros (10% do total) respondiam a processos nos Tribunais de Ética da OAB, acusados pelos próprios clientes de má conduta profissional (*Época*, 1998, p. 15).

Ainda quanto à qualidade de serviços, podem ser lembrados episódios como as intermináveis filas do INSS, a falta de troco nos ônibus urbanos, as empresas com assistência técnica deficiente, as filas em bancos, o mau atendimento das empresas de telefonia, a imperícia de médicos, as cobranças indevidas por ligações telefônicas, as escolas que não oferecem qualidade de ensino, os restaurantes e hotéis com

CONSUMIDOR *VERSUS* PROPAGANDA

péssimo atendimento, o descumprimento de contrato por parte de empresas de planos de saúde e os hospitais com focos de infecção.

O consumidor pode deparar com produtos que sofrem restrições tecnológicas: músicas adquiridas na internet que não tocam em aparelhos eletrônicos, *softwares* que não rodam em certos computadores, CDs ou discos de DVD incompatíveis com aparelhos comprados no Brasil são alguns exemplos.

Parte integrante do produto é a informação ou o serviço que o acompanha, como manuais, instruções, garantia. No caso dos remédios, é sabido que as bulas não proporcionam boa legibilidade e entendimento, o que levou a Anvisa a publicar a Resolução RDC n. 140, de 29 de maio de 2003, exigindo que as bulas contivessem informações para o médico (técnica) e para o consumidor (de linguagem mais acessível e prática).

Muitos produtos têm regulamentações específicas, tendo em vista riscos que oferecem ao consumidor, caso do tabaco, das bebidas alcoólicas, dos medicamentos, das armas de fogo, dos fogos de artifício, dos agrotóxicos e de outros que recentemente se somaram a essa lista, como motocicletas, alimentos gordurosos, *videogames* e até brinquedos em parques de diversão.

A insegurança proporcionada por alguns produtos pode ser exemplificada por acessórios de automóveis com defeitos de fábrica, brinquedos pontiagudos, embalagens facilmente inflamáveis ou explosivas e outras que podem ser facilmente violadas, danificando seu conteúdo. O episódio que envolveu a Schering do Brasil, em 2002, pode ilustrar essa questão, quando várias mulheres engravidaram apesar de terem ingerido cápsulas do que seria o anticoncepcional Microvlar produzido pelo laboratório; na verdade, aquelas pílulas faziam parte de um teste de embalagem e, após serem descartadas, foram comercializadas inadvertidamente por terceiros.

Relacionada à segurança de consumo está a condição do estabelecimento em que o produto é vendido, como higiene do local e do pessoal, condições adequadas de armazenamento, higienização, conservação e acondicionamento. Cita-se o caso de um vendedor que comercializava abacaxi fatiado em barraca na rua e, após o encerramento do expediente, guardava todo o material e o produto dentro de uma fossa de esgoto próxima ao local.

De forma geral, as embalagens e os rótulos têm sido modernizados, tornando-se mais seguros, compatíveis e convenientes ao consumidor. Há os que trazem dispositivos para alertar o usuário sobre a temperatura interna do produto (cerveja), ou os que facilitam a manipulação do conteúdo (sucos).

Porém, a falta de padronização de embalagens induz o consumidor a erro, caso de produtos que, aparentemente, têm as mesmas dimensões e o mesmo peso, mas, após um olhar mais atento, revelam que houve depreciação na quantidade e no custo–benefício.

Aliás, muitas empresas aproveitam a permissão legal de um erro técnico de 1% e regulam máquinas sofisticadas de enchimento ou empacotamento para conservar esse percentual a menos, prática verificada com o pacote de cinco quilos de arroz (corresponderia a 50 gramas a menos do produto por pacote), o que proporcionaria um ganho de toneladas para o fabricante em todo o processo de comercialização.

Uma forma de garantia do produto alimentício é a datação, prática iniciada pela empresa Jewel Tea Co., dos Estados Unidos, em 1970. Embora seja algo incorporado plenamente nos produtos, há uma série de contratempos, como o de colocar no produto apenas a data de fabricação, pressupondo que o consumidor tivesse condições de saber a durabilidade do produto.

Muitas empresas não fazem um trabalho conseqüente quanto à datação de produtos: alguns simplesmente não têm essa informação, como determinados insumos de informática (CDs, disquetes, cartuchos). Outros trazem-na como forma de pressionar o consumidor a uma recompra mais imediata (o prazo de validade é sugerido pelo fabricante, mas, como o produto não sofrerá depreciação relevante, seu descarte ocorre prematuramente). Práticas incluem má legibilidade ou difícil localização da data de validade, convidando o consumidor a participar de um autêntico jogo de esconde-esconde. Quanto a essa

CONSUMIDOR *VERSUS* PROPAGANDA

questão, o Procon relacionou as formas como se datam alguns produtos. Eis alguns exemplos:

a) quanto ao método, utilizam-no na forma de picote, carimbo, pressão e impressão;
b) quanto ao campo da embalagem, empregam o picote no rótulo (lingüiça), nas bordas do pacote (pizza pronta), nas dobras do papel – este é muito difícil de ler, pois é do tipo aluminizado (manteiga) ou plástico (presuntada em bisnaga); carimbo no plástico (lingüiça, queijo, margarina em copos plásticos); pressão no fundo da lata (leite em pó) ou na tampa (iogurte); impressão numa das dobras da caixa (margarina e leite em pó desnatado);
c) quanto à datação, utilizam-se os mais diversos métodos e pouca inteligibilidade: dia, mês e ano em seqüência (041107) – significando 4 de novembro de 2007; mês e ano invertidos (020712) – ou 2 de dezembro de 2007; mês e dia apenas (1204) – ou 12 de abril; e alguns com números de controle interno ligados à data, o que dificulta ainda mais a interpretação (11080752) – ou 11 de agosto de 2007, sendo 52 um número de controle.

Muitos rótulos não primam pela correta informação: produtos são denominados "naturais", ao mesmo tempo que levam conservantes na fórmula; ou se dizem *diet* ou *light* sem ter essas características. Parecem-se com requeijão, mas têm outra composição. Usam fotos e desenhos de produtos sem correspondência com o que está no interior da embalagem.

Os produtos fracionados podem enganar o consumidor, como bandejas de frios cortados e produtos a granel (azeitonas, doces), já que os prazos de validade nem sempre são respeitados – às vezes são até ignorados –, atitude que não depende do fabricante, mas do comerciante interessado em escoar o produto.

A compra de produtos duráveis também envolve riscos, entre eles: produtos que estejam saindo de linha de produção, que demandem alto consumo de energia, que tenham dimensões incompatíveis com as instalações do imóvel em que serão instalados. Os serviços de atendimento a consumidores nas empresas também funcionam como elementos de uma estrutura para a garantia do produto, principalmente de bens não-duráveis.

A obsolescência programada ou planificada é um recurso da gerência de produtos, baseando-se num tempo ou nas condições em que o produto deve ter vida útil "ideal". Haug (1997) prefere o termo "obsoletismo artificial", em que as mercadorias seriam fabricadas com uma espécie de detonador, que daria início à sua autodestruição interna depois de um tempo calculado.

Packard (1965) difundiu o conceito de obsolescência planejada nos anos 1960, no qual a distinguiu por: *função*, quando um produto substitui outro com vantagem; *qualidade*, quando se quebra ou gasta em determinado prazo; e *desejabilidade*, quando há outro que o torne não mais desejável.

Muitos produtos passam a ser obsoletos por terem se tornado antiquados, sendo substituídos por outros que realizam melhor suas funções, como é o caso dos aparelhos telefônicos antigos pelos automáticos, ou dos aparelhos de alto consumo de energia pelos de baixo consumo. Tais alterações, mesmo que signifiquem menor durabilidade, podem proporcionar outros ganhos ao consumidor, como segurança, leveza, conveniência, compatibilidade ambiental, diminuição no consumo de energia ou combustível.

Outros produtos, porém, tornam-se obsoletos por iniciativa do fabricante interessado em reduzir sua vida útil em razão da quebra ou de seu desgaste precoce, como interfones de plástico, cuja queda rompe facilmente sua estrutura; ou caixas de fósforos que circulavam com dois rótulos, propiciando indecisão no momento de sua abertura que, se feita de maneira errada, possibilitava a queda dos palitos no chão, antecipando a compra de nova caixa. Quantidades expressivas do conteúdo de produtos são desperdiçadas em virtude de artimanhas do fabricante, como usar reentrâncias em embalagens para reter parte do conteúdo ou omitir instruções de uso correto, potencializando a quebra ou a inutilização antecipada do produto.

CONSUMIDOR *VERSUS* PROPAGANDA

Há também a obsolescência por desejabilidade, em que um produto se torna obsoleto simplesmente por não ser mais desejável, mesmo estando em perfeitas condições de uso, como roupas que são substituídas por não serem da cor da moda, ou carros que não são do ano. A própria mecânica de atribuir uma data de vencimento a certos produtos pode ser uma arma para o fabricante tornar o produto obsoleto bem antes de terminar sua vida útil.

Temos presenciado no mercado brasileiro uma inundação de produtos "mascarados" ou "maquiados" que, a pretexto de trazer uma mínima e supérflua modificação, oneram o consumidor e convertem em obsoleto o artigo anterior. Com a desculpa de tornar os produtos mais leves ou moduláveis, aplica-se cada vez mais matéria plástica (carros, bicicletas, eletrodomésticos), o que acarreta desgaste e perda antecipada de muitas peças. Até os uniformes dos times de futebol no Brasil, que mantinham por décadas sua identidade visual, agora sofrem modificações a cada ano, prática que induz o torcedor a comprar as novas versões caso não queira ficar defasado em relação ao seu time e aos demais torcedores.

Cooper (2004, p. 421-49) propôs uma reclassificação: *obsolescência psicológica*, quando o produto não é mais desejado ou atraente, trazendo insatisfação ao consumidor; *obsolescência econômica*, quando proporciona depreciação financeira e de valor; *obsolescência tecnológica*, quando do as mudanças são funcionais ou se referem à qualidade e eficácia.

A gestão da obsolescência tem sido requintada a ponto de incluir também acessórios e insumos no "pacote" de produto adquirido pelo consumidor. Nesse sentido, um computador, ou um aparelho celular, não apenas se depreciam rapidamente, mas os *softwares*, as baterias, os cartões de memória e os *plugs* também sofrem alterações em curto espaço de tempo, o que impele o consumidor a substituir o próprio produto.

Uma das funções da publicidade é tornar produtos e serviços obsoletos, algo possível com a atitude de marketing de induzir o mercado a adquirir certos bens ou marcas em detrimento de outras. Um anunciante, no começo dos anos 2000, promovia na TV um equipamento de ginástica para ajudar os consumidores a emagrecer; depois de alguns meses, deixou de lado o equipamento e passou a anunciar uma cinta massageadora para o mesmo propósito; meses depois, veiculou comerciais estimulando o consumidor a jogar fora equipamentos de ginástica e cintas massageadoras a fim de optar pelo novo produto: seu sistema de dieta.

COMERCIALIZAÇÃO/DISTRIBUIÇÃO

Engloba os procedimentos de transporte e apresentação de produtos e serviços ao consumidor, como apresentação de artigos em locais de venda, pesagem, conservação e distribuição.

Em virtude da massificação do consumo de alimentos, a prática do auto-serviço nesse setor é predominante no Brasil, sendo atualmente os supermercados os responsáveis por cerca de 85% das vendas de produtos alimentícios no país. Esse fato faz que as embalagens e a apresentação estética dos produtos sejam valorizadas, até mesmo superestimando o que há de verdadeiro em seu interior e, em alguns casos, como no sal de cozinha, encarecendo sobremaneira o produto.

Em se tratando de produtos com maior preço, como vestuário e eletroeletrônicos, o vendedor tem tido grande participação, principalmente na sugestão e na informação ao consumidor. Atraídos pela comissão, muitos vendedores envolvem consumidores com atributos e promessas infundadas, ou empreendem a oferta de artigos mais sofisticados do que o comprador poderia pagar, omitindo até as desvantagens para a realização do negócio. O mercado tem vivenciado muitos momentos de "venda casada" de produtos, em que a compra de um artigo de grande demanda é condicionada à aquisição de outro artigo com problemas de venda, como as cervejas, que em 1986 só eram vendidas se o consumidor se dispusesse a comprar refrigerantes; a "sugestão" para o cliente comprar um seguro de vida a fim de manter sua conta bancária aberta; ou ainda a facilitação de compra de certos modelos de automóveis condicionada à aquisição de "opcionais".

CONSUMIDOR *VERSUS* PROPAGANDA

Venda de bebidas alcoólicas e cigarros para menores, venda de medicamentos em supermercados (automedicação) e de alimentos em ambiente inapropriado (como em postos de combustíveis ou locais externos com grande poluição) também proporcionam dano social.

São incontáveis os problemas de desabastecimento, principalmente quando os estabelecimentos retêm o produto em seu domínio esperando a elevação dos preços; exemplo desse tipo de ação ocorreu em 1986, quando os pecuaristas retiveram o "boi gordo" no pasto, descontentes com o preço. Nos anos 2000 o consumidor brasileiro não encontrava facilmente alguns medicamentos genéricos, passagens aéreas promocionais, bons médicos conveniados em planos de saúde e álcool combustível quando da véspera de aumento do preço.

Uma forma quase infalível de ludibriar o consumidor é a adulteração de sistemas de medidas, como em bombas de combustíveis e balanças, inclusive as digitais, que podem ser calibradas para mostrar um resultado maior do que aquele realmente pesado.

Muitos produtos atualmente são vendidos de forma pré-pesada, ou seja, trazem o peso e o preço relativo a essa quantidade; conquanto alguns estabelecimentos tenham balanças acessíveis para o consumidor conferir tal peso, outros não agem assim.

A má conservação de produtos no interior do estabelecimento faz que as garantias do produtor e os prazos de validade percam seus efeitos, principalmente no que se refere a produtos frigorificados, como a prática de manter desligados *freezers* e geladeiras à noite a fim de economizar energia elétrica. Também se nota que alguns locais colocam produtos, como batata e frutas, diretamente no chão ou em superfícies sem higiene, o que os faz ficar expostos a insetos e ao material usado para lavar o piso do estabelecimento.

O transporte de mercadorias também pode trazer danos ao consumidor. Há produtos que são comprados em perfeitas condições no ponto-de-venda, mas durante o processo de entrega são danificados, caso dos eletrodomésticos, entregues até debaixo de chuva, ou dos móveis que chegam riscados na residência do comprador.

PREÇO

A experiência brasileira tem mostrado no dia-a-dia que o preço, muitas vezes, condiciona a compra de um produto, como prova a demanda por produtos populares ou pirateados. O consumidor, geralmente, baseia-se em fundamentos racionais e econômicos para avaliar os preços dos produtos, porém fatores irracionais e psicológicos são igualmente poderosos.

A *contabilidade mental* relaciona-se ao processo cognitivo das pessoas para executar, organizar, analisar e acompanhar as atividades de precificação (Thaler, 1985, p. 199-214). O *preço de referência* é o valor monetário que o comprador considera razoável e justo para um bem (Smith e Nagle, 1995, p. 98-116). O preço alto é normalmente motivo de contrariedade do consumidor, principalmente se não são percebidos ganhos de qualidade ou quantidade nos atributos do produto em questão. Outras referências são a renda/salário e o valor pago nas últimas compras.

Muitas vezes uma mudança superficial ("maquiação" do produto) é acompanhada pela elevação do preço, cujo efeito é perverso quando o mercado não oferece alternativa ao consumidor. Indústrias recorrem à diminuição na quantidade do produto sem reduzir o preço e sem alterar a embalagem, o que induz o consumidor a não perceber tal artimanha, como ocorreu recentemente com o papel higiênico e alguns produtos alimentícios (biscoitos, achocolatados).

Pesquisa do Instituto Brasileiro de Defesa do Consumidor (Idec) (*Revista do Idec*, 2006, p. 21-3) apurou, em 2006, que achocolatados em pó, capucinos e cereais matinais, em sua maioria, estão acondicionados em embalagens que estão em desacordo com o previsto pela legislação, dando ao consumidor a impressão de que a quantidade do produto é maior do que a real. Na pesquisa, 81% das embalagens apresentaram espaço vazio maior do que o determinado pela regulamentação, o que induz o consumidor a fazer um juízo errado de custo–benefício.

Alguns produtos e serviços incluem em seus preços taxas e outros itens de forma ilegal, como o caso dos aluguéis, em que algumas imo-

CONSUMIDOR *VERSUS* PROPAGANDA

biliárias cobram indevidamente pelo cadastro; e também do serviço de restaurantes, que incluem a taxa de 10% na conta do cliente. Essa cobrança pode ser legal desde que o consumidor seja previamente avisado quanto ao valor a ser cobrado.

O próprio governo fixa encargos injustamente, como a taxa do Fundo Nacional de Telecomunicações (FNT) cobrada durante mais de uma década dos proprietários de linhas telefônicas do país, pois, além de inconstitucional (bitributação), deveria ter se restrito ao prazo de dez anos, até 1974. Até recentemente, era muito discutida a pertinência da Contribuição Provisória sobre a Movimentação ou Transmissão de Valores e de Créditos e Direitos de Natureza Financeira (CPMF), que cobrava 0,38% das transações financeiras no Brasil e, para muitos, tratava-se de uma sobreposição fiscal. Isso sem contar tarifas que o governo tem estipulado para serviços públicos deficientes, como no caso do transporte urbano.

A falta de troco é prática comum em muitos setores, como nos supermercados, onde o cliente é obrigado a esperar por algo que deveria estar disponível; ou ainda em bares e padarias, em que o troco em dinheiro é substituído por guloseimas e até remédios.

Basta o consumidor entrar em lojas diferentes para constatar grande diversidade de preços, em alguns casos, despropositais. Uma sondagem ("Material escolar varia...", *Diário do Grande ABC*, 2004) de preços de material escolar em estabelecimentos similares revelou diferenças em até 1.033,3% entre produtos de características semelhantes. O valor da régua plástica de 30 cm, por exemplo, variava, conforme a papelaria, de R$ 0,15 a R$ 1,70.

O preço absoluto pode esconder menor volume ou menor peso do produto em relação aos concorrentes. Uma alternativa seria a adoção do valor combinado, em que seriam afixados no produto o preço absoluto (por unidade) e o relativo (em relação ao peso ou volume), o que facilitaria a avaliação pelo consumidor do que ele está pagando em relação às várias marcas concorrentes. No Brasil, além de não se levar em conta essa prática, ainda são observados problemas referentes a preços diferentes, caso daquele que é expresso para o consumidor e do que é cobrado no caixa.

Procedimento fartamente usado por magazines é a incorporação dos juros de crediário no preço ao consumidor, sem que este seja avisado, fazendo-o acreditar que a aquisição do produto, pago em parcelas, não sofre tal acréscimo; ou então a incorporação no preço à vista, mas com a concessão proporcional de desconto ao consumidor, fazendo-o crer que obteve diminuição real do valor a ser pago. A promoção das ofertas de varejo, apesar de legislação clara quanto a essa prática, tenta omitir taxas de juros, despesas adicionais e restrições de crediário. Preferem anunciar ou mostrar a parcela ao preço à vista e, em alguns casos, fixam o valor até em moeda estrangeira, como tem ocorrido com o setor de turismo.

PROMOÇÃO

Abrange as formas pelas quais o consumidor recebe informações e apelos persuasivos sobre bens e serviços. A promoção pode se expressar por várias modalidades: promoção de vendas, merchandising, relações públicas e propaganda. Ela busca informar e persuadir para provocar a compra ou acelerar o consumo.

Não são poucos os consumidores que colocam no mesmo plano a propaganda e outros elementos de marketing (produto, preço e praça). Essa "confusão" faz que o conceito de um anúncio interfira no conceito do produto e vice-versa, o mesmo acontecendo com os outros elementos. Numa pesquisa realizada em 1988 (Giacomini, 1989), verificou-se que os consumidores se chateavam com a publicidade se o produto fosse ruim (65,5%), se o preço fosse alto (47,3%) e se o vendedor fosse agressivo (46,4%). Ou seja, mesmo sem ter "controle" sobre esses elementos mercadológicos, a publicidade tem seu conceito e sua credibilidade vinculados ao marketing.

Na esfera da promoção de vendas está o incentivo à compra por impulso, em que a colocação do produto no ponto-de-venda busca facilitar sua localização e acessibilidade ao comprador, como os produtos posicionados ao alcance dos olhos e das mãos. Essa prática, quando mal elaborada, pode trazer danos ao consumidor, como é o caso de produtos alimentícios – queijo, lingüiça e

CONSUMIDOR *VERSUS* PROPAGANDA

mortadela – expostos na entrada de estabelecimentos, ficando ainda mais contaminados com a fumaça, a poeira e os insetos do ambiente externo.

Em alguns estabelecimentos, a caça ao consumidor é tão grande que balcões são colocados do lado externo das lojas, em calçadas; às vezes o consumidor chega a concorrer com os carros na rua para passar pelo local. Vendedores também são orientados a fazer um jogo de corpo a corpo com os transeuntes, estratégia denominada "venda de alta pressão".

> Certos setores e vendedores aplicam técnicas de vendas que levam o consumidor a adquirir bens dos quais se arrependerá rapidamente. Vendedores de enciclopédias, imóveis, seguros, carros, carnês, falando rapidamente, hipnoticamente, dramaticamente, elogiando, insistindo, usando de técnicas coercitivas, levam o comprador a tomar uma decisão de compra, apenas como fórmula para libertar-se da presença do vendedor. (Zério, 1979, p. 51)

Outra técnica promocional é o produto-isca. Trata-se de promover a venda de um produto para motivar a ida do consumidor ao local, mas cuja limitada quantidade oferecida impossibilita os clientes de encontrá-lo; para não perder a viagem, muitos compram artigos similares ou bens e serviços de outra natureza.

Outra forma de promoção de vendas são concursos, cujo sorteio ou realização passam despercebidos pelos participantes, mas trazem resultados expressivos para os promotores, até por conseguirem motivar aceleração na compra dos produtos em questão.

Os freqüentes casos de engodo à população têm feito que os setores da comunicação atuem com as agências promocionais para um desempenho ético, como é o caso da Associação Brasileira de Marketing Direto (Abemd), que tem um código de ética envolvendo o marketing direto e estabelecendo, entre outros princípios, que as ofertas sejam claras, precisas e completas, para que o consumidor possa saber a natureza exata do que é oferecido, o preço, eventuais taxas extras, as condições de pagamento e as obrigações nas quais incorre ao fazer a solicitação. As ofertas também não podem incluir material publicitário ofensivo ou inaceitável.

As atividades de marketing direto (telefone, cartas e e-mail) têm trazido uma série de transtornos, como invasão de privacidade, acúmulo de informações inúteis, papelada excessiva e constrangimento. Esse marketing invasivo tem sido combatido com eficácia em alguns países, de maneira que o cidadão pode cadastrar seu nome em um site oficial para não receber material não autorizado e, a partir de então, seu envio passa a ser crime, como ocorre na Austrália e nos Estados Unidos (www.donotcall.gov).

Outra forma promocional recorrente é o merchandising. Esse termo designa basicamente o trabalho promocional no ponto-de-venda. Levando-se em conta esse significado original, tal técnica tem pontos que podem trazer problemas ao consumidor, como a exposição enganosa do produto no ponto-de-venda. Exemplos: iluminação nos balcões de açougue com lâmpadas vermelhas com a finalidade de passar para as carnes uma cor mais saudável; jogos de espelhos em gôndolas para multiplicar oticamente as unidades do produto em exposição, falseando esse número disponível ao consumidor; vendedores portando jalecos de médicos a fim de promover tratamentos ou produtos de beleza.

Atualmente, porém, o termo "merchandising" foi popularizado para denotar a aparição de produtos, serviços ou idéias em programações nos meios de comunicação, notadamente em televisão, recebendo também a denominação merchandising publicitário, ou *tie-in,* ou *product placement.* Um exemplo de êxito e eficiência dessa técnica pode ser encontrado na campanha de lançamento das motocicletas Agrale, em 1984, quando em nove meses conquistaram 8% do mercado paulista, responsável por 35% das vendas nacionais. Tais vendas foram motivadas pela aparição do produto na abertura, no meio e no final da novela "Roque Santeiro", da TV Globo.

Essa e outras ações promocionais têm demonstrado a força das novelas da emissora e seu potencial para a prática do merchandising publicitário; há anos dezenas de produtos têm sido mostrados fora do

CONSUMIDOR *VERSUS* PROPAGANDA

espaço comercial, invadindo o enredo de programas e pegando o telespectador desprevenido para o que ele se propôs a assistir. Trata-se de uma prática tão discutível que raramente emissoras e anunciantes tocam abertamente no assunto. Os esforços atuais são para fazer que os veículos de comunicação, ao menos, avisem o consumidor sobre tal inserção, embora o Código de Defesa do Consumidor o proíba: "A publicidade deve ser veiculada de tal forma que o consumidor, fácil e imediatamente, a identifique como tal".

O merchandising publicitário também tem alcançado o cinema. Exemplo desse trabalho ocorreu com o filme *A taça do mundo é nossa*, em que o automóvel Pólo, da Volkswagen, foi um dos principais protagonistas. O filme, que teve um custo total de R$ 4,9 milhões, obteve R$ 1,5 milhão de ações de *product placement* (Bortoloti, 2004, p. 24-9). O filme *Um novo dia para morrer*, protagonizado pelo Agente 007, conseguiu 24 anunciantes, que investiram cerca de 60 milhões de dólares, quase a metade de todo o orçamento do filme.

Talvez a forma mais preocupante de merchandising publicitário seja aquele embrenhado no conteúdo jornalístico. Nesse contexto, notícia e informação se misturam com venda e persuasão, induzindo o consumidor e o cidadão ao erro.

> Alguns veículos abriram picadas que conduzem a redação ao departamento comercial [...] "o anunciante não é o culpado", diz o diretor de redação da *Carta Capital*, Mino Carta, fundador de revistas como *Veja* e *IstoÉ*. "O anunciante quer que se fale dele. Pode até exercer pressões, mas é um direito dele. A pressão não é o pecado, o pecado é a postura do editor e do jornalista que cedem às pressões." Uma técnica em voga na publicidade gera forte polêmica. É a criação de anúncios que, de tão integrados ao contexto gráfico e conceitual do veículo, acabam por misturar-se ao editorial de forma sub-reptícia [...] (Lanyi e Belmonte, 2004, p. 40-8)

O merchandising publicitário precisa ser corretamente regulamentado. Sua exploração não pode se converter em prática clandestina, pois, de um lado, é proibido pelo Código de Defesa do Consumidor e, de outro, praticado aberta e intensivamente pelos veículos de comunicação. Se sua proibição é inviável, necessário se faz estipular uma regulamentação para preservar direitos essenciais do consumidor, como o de ser informado.

Caso o merchandising publicitário institucionalize-se, é de esperar que novelas, programas no rádio e na TV, desfiles e filmes recebam tratamento semelhante ao que é dispensado ao setor publicitário, pois estão exercendo, nesse caso, funções parecidas às de uma peça publicitária. Bebidas alcoólicas, produtos de tabaco, serviços e tratamentos de saúde e tantos outros produtos que têm restrições de horário, idade e conteúdo quando contextualizados em anúncios publicitários não podem desfrutar das mesmas condições liberais que um programa artístico. Mesmo produtos comuns, insertos em programas ou eventos culturais impregnados de conteúdos de sexo, violência e calão, aproveitam-se desse contexto persuasivo com propósitos comerciais. É de certa forma muito cômodo que um filme se beneficie dos incentivos públicos e da liberdade de expressão e os utilize para viabilizar-se financeiramente, ao veicular mensagens comerciais que receberiam tratamento rigoroso caso fossem dirigidas ao consumidor nos *breaks* tradicionais.

Outra forma promocional de destaque no consumerismo são as atividades de relações públicas, que têm sido um instrumento cada vez mais presente nas estratégias das empresas, em virtude de sua função administradora de conflitos entre os públicos de interesse de uma organização, além de agirem no sentido de manter conceituação positiva para a empresa de modo geral.

Manter bom relacionamento da empresa com consumidores, trabalhadores, fornecedores, imprensa, governo, instituições de defesa do consumidor, entre outros, não é tarefa simples, fazendo da atividade de relações públicas algo estratégico para as organizações terem boa performance em relação ao movimento consumerista. Trata-se, normalmente, de uma série de ações internas e externas pouco rumorosas, que fornecem as bases para que a empresa mantenha-se competitiva e socialmente responsável.

CONSUMIDOR *VERSUS* PROPAGANDA

Por vezes, as ações de relações públicas ganham a mídia de massa, notadamente quando uma instituição afeta algo de intenso interesse público, como acidente de consumo provocado por empresa de grande porte, ou efeitos danosos de um produto em número expressivo de consumidores. Um dos primeiros casos ocorreu com a Sadia, em 1981, quando um problema na fabricação de um de seus produtos motivou a profissionalização do departamento de relações públicas e assessoria de imprensa.

Tem sido delegada às relações públicas a condução dos departamentos de serviço ao consumidor (SAC), demandando uma formação acadêmica e profissional coerente com esse novo papel de responsabilidade social. Contudo, a conduta de alguns profissionais para manipular a opinião pública sobre problemas de consumo ou ocultar conseqüências de crises consumeristas tem sido publicamente criticada pelo próprio setor, já que, além de prejudicar o consumidor e a sociedade, reverte-se em prejuízo de imagem para a própria empresa e suas marcas.

Entre os instrumentos promocionais que afetam o consumerismo, talvez a publicidade ou a propaganda comercial sejam os mais emblemáticos e discutidos.

A publicidade tem mostrado uma intensa participação no setor promocional, sendo muitas ações deste último atribuídas a ela. Vários pontos explicam tal fato, como seu domínio nos meios de comunicação de massa, sua contemporaneidade, sua participação no cotidiano da sociedade, seu caráter inovador e propiciador de *status* ao anunciante e às marcas, pontos estes que a fazem mais evidenciada diante da sociedade e a colocam permanentemente sob a vigilância dos consumidores.

A propaganda comercial tem sido criticada e até considerada um dos males deste século. Muitos intelectuais sustentam-na como um mal, em que apenas produtos ruins precisariam dela.

A sociedade desconfia dos publicitários e da publicidade. Talvez esse tenha sido o motivo básico para a criação do Conar, além de uma série de projetos que tramitam na Câmara e no Senado para restringir ou regulamentar o setor.

Exagerar atributos, apresentar garantias de forma enganadora, atrair consumidores para a compra de artigos que já não existem em estoque, promover falsos concursos, usar letras minúsculas nos anúncios para dificultar a leitura de informação restritiva ao consumidor, argumentar sem provas, não demonstrar as vantagens apregoadas, fazer comparações sem base e apresentar performance superior do produto são alguns fatores que motivam críticas a respeito do negócio publicitário. Em alguns casos, a publicidade atingiu um conceito tão preocupante que práticas fora do âmbito publicitário têm sido condenadas e atribuídas a ela, como preços altos, produtos defeituosos e problemas com vendedores.

Sua importância nas relações de consumo é tamanha que o Código de Defesa do Consumidor reservou alguns artigos para esse instrumento promocional.

A publicidade tem se servido de práticas anti-sociais, como anunciar produtos colocados ilegalmente no mercado, ou então veicular anúncios de forma irritantemente repetitiva de algo que o consumidor não tem o mínimo interesse em comprar – e, se o tivesse, desistiria em razão dessa insistência.

A propaganda deceptiva pode induzir à compra de um produto, mas sua recompra será afetada, pois nenhum cidadão aceita ser ludibriado. A ação "malandra" de uma peça publicitária pode se converter em elemento de contrapropaganda para o produto e a institucionalização dessa prática, em descrédito para todo o setor.

Há esforços e atitudes concretas da publicidade, que visam à sua associação às aspirações consumeristas, como campanhas sociais e anúncios socialmente responsáveis. Mas tal esforço, que mereceria ser visto como uma tentativa do setor em defender o consumidor, é obscurecido pelas práticas enganosas e abusivas.

3
A ATUAÇÃO DA PUBLICIDADE BRASILEIRA SOBRE O CONSUMERISMO

Em termos consumeristas, publicidade é uma atividade prestadora de serviços ao consumidor. Ao fazer uso de seus conteúdos simbólicos – textos, imagens, sons, gestos, efeitos sensoriais –, a propaganda comercial serve-se de elementos em função dos quais o consumidor pode ser levado a tomar decisões em suas relações de consumo. Entre os serviços prestados pela publicidade, destacam-se: 1) informação – fornece dados, atributos, qualidades, quantidades do item anunciado; 2) persuasão – oferece argumentos que objetivam fazer o consumidor se posicionar perante o objeto anunciado; 3) divulgação – fornece publicamente as informações e os efeitos persuasivos; 4) credibilidade – empresta credibilidade aos conteúdos veiculados; 5) valores sociais – introduz, reforça ou contesta valores éticos e morais; 6) inovação – apresenta novidades ao consumidor.

O anúncio publicitário é o contrato que ampara essa prestação de serviços, podendo gerar danos por seu próprio conteúdo ou forma, ou frustrar expectativas do consumidor por não corresponder ao que lhe foi realmente entregue.

> Na sociedade de consumo a publicidade é – salvo se expressamente indicado o contrário – uma promessa de contrato [...] A lei impõe correspondência entre a propaganda e a realidade negocial que, aceita, forma o contrato, sob os princípios da boa-fé. (Ceneviva, 1991, p. 65)

A prestação de serviços advinda da publicidade é feita tanto pelo anunciante como pelos veículos de comunicação e intermediários (caso de agências). A Figura 2 mostra que o anunciante presta serviço ao consumidor ao disponibilizar a mensagem persuasiva nos meios de comunicação de forma direta ou indireta (via agência, *bureau* de mídia, veículos de comunicação). Por essa prestação de serviço, é remunerado pelo consumidor quando este "compra" a idéia anunciada e repassa parte desses valores aos que o auxiliaram nessa tarefa.

FIGURA 2 – SISTEMA DE PRESTAÇÃO DE SERVIÇO PUBLICITÁRIO AO CONSUMIDOR

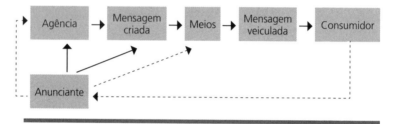

⟶ Prestação de serviço por parte do anunciante, agência e meios
--⟶ Alcance da retribuição do consumidor pelo serviço publicitário prestado

Tendo em vista tal sistema, entende-se que eventuais efeitos danosos de um anúncio ao consumidor devem merecer reparação do anunciante, da agência e dos meios de comunicação proporcionalmente à responsabilidade de cada organização.

A publicidade sempre esteve contextualizada no marketing e sua atuação sobre o consumerismo não pode ser analisada fora do propósito mercadológico. Na prática, o marketing é uma atividade recente no Brasil, pois suas aplicações mais profissionais ocorreram a partir da metade do século XX. As primeiras experiências mercadológicas evidenciaram uma total orientação para o lucro e para a maximização dos insumos produtivos, ficando a questão social à margem das preocupações empresariais. Logicamente, a publicidade, como força a serviço da empresa, seguiu esse balizamento e se estruturou para atender a essa orientação.

O chamado "capitalismo selvagem" que o Brasil desenvolveu durante tempos representou a priorização, patrocinada pelo Estado, da expansão produtiva e consumista, inclusive em detrimento do meio ambiente e de causas sociais, como saúde, educação, transporte e a própria proteção ao consumidor. Inserta nesse quadro, a publicidade, incumbida de atingir os objetivos promocionais sem uma visão crítica do processo, ajudou sobremaneira a efetivar a prática em que os interesses empresariais e estatais estiveram acima dos interesses sociais.

Tais posturas agressivas e puramente comerciais motivaram intensas reações sociais, o que obrigou as organizações a praticar o chamado marketing societal ou marketing socialmente responsável. Nesse contexto, o marketing adquire funções e responsabilidades sociais de forma que qualquer ação de lançamento de produto, comercialização ou promoção considere prioritariamente implicações de curto e longo prazos sobre a sociedade. Nessa orientação da atividade mercadológica devem prevalecer os valores humanitários e do bem-estar comum sobre qualquer interesse comercial das organizações.

O marketing societal pode ser visto dentro de uma dimensão macro, pois suas preocupações extravasam o campo das relações empresa–consumidores. Atualmente, uma empresa que não age em consonância com os valores sociais não pode ser considerada uma organização bem-sucedida, já que suas responsabilidades coletivas são concebidas como parte das atividades de mercado. A orientação societal implica também rediscutir o papel do consumidor, pois suas necessidades e desejos extravagantes e espúrios podem induzir as empresas a erros e estratégias deceptivas. As metas de satisfação individual dos consumidores não podem se esgotar em si, pois o papel de cidadania exige a satisfação e a qualidade de vida em âmbito coletivo.

Se a publicidade contextualiza-se no marketing e se este ganha novas orientações sociais, é indiscutível que a indústria da propaganda também seja envolvida nesse contexto.

Parece desejável conduzir a publicidade dentro do conceito societal do marketing e, atuando nesse sentido, empreender a publicidade societal. Adquirindo funções de responsabilidade social, bem como sendo empregada em uma avaliação macroestrutural da organização a que serve, sua ação permearia o serviço ao cliente com posturas prioritárias ao bem comum, condição indispensável para melhorar sua credibilidade e ser aceita institucionalmente. A estimativa é de que a pressão consumerista acelere a conscientização do setor publicitário em todos os níveis e, com isso, traga novas atitudes, comportamentos e responsabilidades ao setor.

A assimilação plena de responsabilidades sociais pelos agentes da indústria da propaganda seria fundamental para o próprio setor, que tem registrado importante declínio de sua relevância no *mix* de comunicação mercadológica. Em 1985, a participação da publicidade no bolo promocional brasileiro era de cerca de 75%, uma década depois ficou em torno de 60% e em 2005 alcançou o patamar aproximado de 45%. Muitos fatores tecnológicos e de mercado explicam essa queda, mas seguramente problemas éticos que diminuem a credibilidade do setor têm contribuído com essa performance preocupante.

RELACIONAMENTO CLIENTE/VEÍCULOS/ PÚBLICOS COM A PUBLICIDADE

O negócio publicitário pode ser esquematizado com os elementos agência–veículo–anunciante–mercado, embora muitas empresas veiculem anúncios sem a intermediação de agências, fazendo-o diretamente no veículo ou se valendo de agência própria. Atendo-se aos aspectos éticos, podem ser detectados três grandes sistemas valorativos:

SISTEMA DO PUBLICITÁRIO: nesse caso, são confrontados os postulados éticos e os valores morais do profissional da publicidade com os públicos com os quais lida, caso da agência em que trabalha, do anunciante que atende, do público-alvo que é persuadido pela sua criação/produção e pelas entidades sociais que são atingidas pelo seu trabalho. O Código de Ética dos Publicitários traz dispositivos nessa direção, mas o que mais tem contado nesse sistema é o caráter, a formação profissional e a responsabilidade social do publicitário. A busca pela notoriedade, por altos cargos e prêmios não deve atrapalhar os resultados comerciais e sociais dos públicos atingidos por seu trabalho.

SISTEMA DA AGÊNCIA: aqui, os postulados éticos atritam-se entre a agência/agenciador de publicidade e os públicos[1] com os quais se relaciona, caso de seus concorrentes, de seus anunciantes, de seus fornecedores, dos publicitários que trabalham nessa agência, do público-alvo ao qual direciona anúncios, das entidades sociais que recebem impacto de suas atividades. A lei que disciplina a atividade publicitária (Lei n. 4.680) e o Código de Auto-regulamentação Publicitária (Conar) reservam vários dispositivos representativos dessa situação. Nesse sistema, contam muito a ideologia de seus agenciadores, seu apetite em conquistar novas contas, sua política ética e comercial. A obsessão por defender o anunciante, a banalização de serviços, a quebra de contratos comerciais, a indução do anunciante ao erro e o descompromisso com a diversidade social são aspectos que podem distanciar uma agência de condutas éticas e morais desejáveis.

SISTEMA DO ANUNCIANTE: o anunciante, servido por um publicitário e/ou uma agência de publicidade, mostra-se ao mercado e à sociedade por meio de peças e campanhas. Tal trabalho precisa compatibilizar-se com os valores do público-alvo e das entidades sociais influenciadas por seus anúncios, objetivo para o qual o Código de Defesa do Consumidor e o Código do Conar são bastante direcionados. Nesse sistema, também há outros públicos atingidos por esse trabalho, caso de seus concorrentes e da própria agência e/ou publicitários que o atendem. Espera-se que o anunciante não aprove propaganda enganosa, que não exerça pressões para o publicitário ou a agência manipularem informações e usarem a publicidade para denegrir concorrentes (propaganda comparativa), entre outros.

---

1 "Públicos", nesse contexto, designa os diferentes grupos sociais que podem ser atingidos comercial e socialmente pela atividade publicitária. Há autores que também usam os termos *stakeholders* ou "públicos de interesse".

Assim, o resultado ético de um anúncio decorre de uma tensão permanente dos valores sociais presentes nos três sistemas apresentados. Ou seja, a peça publicitária veiculada resulta dos valores éticos e morais do publicitário, do agenciador, do anunciante, dos fornecedores, dos concorrentes, do público-alvo e das entidades sociais que, de alguma forma, podem figurar no mesmo anúncio.

É em meio a esse mosaico de valores sociais que a propaganda atua e precisa cumprir sua missão comercial e social. Não é de estranhar, portanto, que a publicidade e seus anúncios não sejam totalmente aceitos, por mais apurados que tenham sido a pesquisa, os pré-testes ou a criação.

RELAÇÃO ANUNCIANTE E PUBLICIDADE

As necessidades específicas de cada anunciante deveriam conduzir à escolha da agência por critérios objetivos e técnicos, mas nem sempre isso ocorre:

> O cliente interessado em contratar uma agência quase sempre convida várias delas para fazerem sua apresentação. Ao final do processo, é muito comum o cliente se decidir por aquela que lhe causou melhor impressão [...] Ou seja, o cliente escolheu em função da "embalagem", da primeira impressão, da beleza da noiva. (Dias *apud* Ribeiro *et al.*, 1995, p. 371-2)

Em pesquisa[2] realizada a pedido do Sindicato das Empresas de Publicidade de São Paulo, ficou evidente que os clientes escolhem suas agências sem nenhuma concorrência, na proporção de 3 por 1.

Estudo com oito publicitários da área de atendimento a anunciantes do segmento de cerveja no Brasil confirmou que a relação desses profissionais com seus clientes reveste-se de intensos ingredientes emocionais:

---

2 Pesquisa realizada pela Levantamentos e Pesquisas de Marketing (LPM), com 46 anunciantes pequenos, 32 médios e 22 grandes, todos da cidade de São Paulo (Silveira, 1974, p. 42).

CONSUMIDOR *VERSUS* PROPAGANDA

Para os entrevistados esses valores [verdade e transparência] ultrapassam os limites da relação comercial, alcançando a vida pessoal. Três entrevistados usam como analogia da relação com o cliente uma relação amorosa como o casamento e o namoro. Eles entendem que a confiança do relacionamento entre duas pessoas que se amam deve ser a mesma entre o atendimento e o cliente. (Silva, 2005, p. 65)

Essa relação "afetiva" entre agência–cliente pode ser explicada pela necessidade de confiança e bom clima que devem prevalecer no relacionamento anunciante–agência. Mas, por outro lado, tais ingredientes emocionais induzem a um mútuo comprometimento em que valores e interesses sociais podem ficar esquecidos. A escolha emocional ou interesseira de agências é inquestionavelmente condenável quando se trata de órgão público; ainda há práticas, no Brasil, de governos, empresas públicas e estatais contratarem os serviços de agências por interesses políticos, causando evidente prejuízo ao contribuinte.

Uma das cláusulas pétreas do negócio publicitário no Brasil tem sido o comissionamento da agência sobre o trabalho que realiza para seus clientes. Num passado recente, enquanto algumas agências cobravam o estipulado pelo setor, outras diminuíam ou abriam mão de comissionamentos para conquistar ou manter clientes, o que se tornava predatório para o setor publicitário, e a concorrência, desleal. Esse quadro chamou a atenção do maior anunciante no Brasil: o governo. Isso porque, enquanto as empresas privadas renegociavam preços pelos serviços de agenciamento (e conseguiam descontos), os órgãos e as empresas estatais ficavam presos às normas vigentes e aos editais. Como reação, houve uma determinação do governo federal desqualificando essas normas em 1997, ato que estimulou a criação do Conselho Executivo das Normas-padrão (Cenp) em 1998, que condiciona o comissionamento da agência com o cumprimento de padrões de qualidade.

A contratação da agência representa também a consciência do anunciante de que a publicidade é, de alguma forma, necessária e, em alguns ramos, insumo tão essencial quanto a matéria-prima para seus produtos ou a mão-de-obra para seus serviços. Não é por acaso que, de maneira geral, os clientes defendem incondicionalmente a publicidade e, na extensão de seus benefícios, rebatem críticas ou posições a ela contrárias.

Essa postura precisa ser sempre pensada, pois é certo que o empresário também recebe impacto negativo quando um anúncio é contrário ao interesse do consumidor. Uma pesquisa com moradores da cidade de São Paulo[3] detectou que 39% dos entrevistados, quando ficam contrariados com um anúncio publicitário, também se descontentam do fabricante.

Em outra pesquisa[4] ficou aparente o pouco discernimento que os anunciantes têm em reconhecer um anúncio enganoso; precisaria o anúncio conter grandes e incontestes fatores lesivos para, só então, ser reconhecido como tal. Isso demonstra certo pacto entre o anunciante e a publicidade.

Muitas agências se desdobram em atender anunciantes temendo perder suas contas, propondo-se a fazer o que estes quiserem, mesmo que seja algo contrário à sua vocação profissional ou a valores éticos. O somatório de atuações desse nível faz que a publicidade, de modo geral, seja confundida não com um instrumento do anunciante, mas com um submisso fornecedor de serviço:

A publicidade – e os publicitários, por decorrência – são caudatários do poder econômico [...]

Então a gente é caudatário ou do poder econômico ou do poder político. Nós somos agentes do poder.

Só precisamos tomar cuidado para não sermos os jagunços desse poder, ou seja, o braço armado desse poder, econômico ou político, que agride a sociedade [...]

É condição do jagunço servir o poder, ser o braço armado de algum tipo de poder.

Mas agência não precisa ser isso. (Maluf, 1986, p. 7)

---

3   Pesquisa feita com 220 moradores da cidade de São Paulo em 1988, compreendendo pessoas de ambos os sexos, maiores de 15 anos (Giacomini Filho, 1989, p. 186-7).

4   Paulo Levi (1977) entrevistou 60 anunciantes e 20 agenciadores, "todos de grande porte".

Por vezes, falta às agências uma postura própria, pois, se o cliente dispõe de muitas agências para servi-lo, há também nesse mercado milhares de empresas a servir. Longe de ser uma atitude classista, essa postura voltada para a preservação dos interesses sociais e dos interesses legítimos do anunciante traria ganhos mútuos. Não são poucos os governantes e políticos que, com o dinheiro público, promovem-se e, graças à publicidade, empenham-se em campanhas narcisistas cultivando o próprio interesse. Nesse contexto, a publicidade perde oportunidade para servir à sociedade, recusando clientes com tais fins mesquinhos e lesivos ao contribuinte. Essa postura, compartilhada pelo mercado publicitário como um todo, traria ganhos sustentáveis de longo prazo.

O texto da "Carta de São Paulo", emitida durante o 28º Congresso Internacional da Publicidade, em 1982, assinalava:

> O anunciante é responsável pelas informações que, através das várias formas de publicidade, transmite à opinião pública e aos consumidores reais e potenciais de seus produtos e serviços. O anunciante deve ser exato nos dados utilizados na sua propaganda e, ao mesmo tempo, respeitar os princípios de concorrência leal que é uma das bases da economia de mercado.

A quem cabe a culpa no caso de um anúncio enganoso: ao anunciante que fornece as informações ou à agência que o produziu? A discussão é antiga, mas o Código de Defesa do Consumidor estabelece responsabilidade mútua entre o anunciante, a agência e o veículo de comunicação. O fato é que muitos publicitários, sempre atenciosos e parciais ao cliente, quando indagados sobre essa questão, não vacilam em atribuir ao anunciante responsabilidade sobre os anúncios, já que este seria o responsável pela aprovação de todas as peças publicitárias.

> Pouquíssimos donos de agência de publicidade chegam a recusar contas milionárias dos anunciantes de produtos, por questões ideológicas. O sr. Júlio Ribeiro, proprietário da Talent, afirmava, em uma ocasião, que "não é possível salvar o capitalismo sem responsabilidade social". Dirimindo qualquer dúvida sobre seu comprometimento político com o capitalismo democráti-

co, explicava por que não aceita fazer anúncios de cigarros, bebidas e armas. Entendendo que a ética faz parte do negócio, não considera correto provocar ou intensificar a compra de produtos que podem causar desequilíbrio social. Justifica sua atitude, que não avalia como tola, pelo fato de haver se tornado um profissional financeiramente bem-sucedido [...]. (Arruda, 1986, p. 134)

Quando se apregoa uma atitude mais responsável da agência, é também para que esta cobre do anunciante laudos sobre os produtos que anuncia, testes de qualidade, relatórios de organismos independentes sobre desempenho ou eficiência, pareceres de especialistas, pois uma relação anunciante–agência pautada pelo paternalismo, pela superficialidade ou pelo comercialismo é lesiva a todos os interesses negociais e sociais. O pacto bilateral entre agência e anunciante é necessário para uma boa relação num ambiente micro, mas precisa estar inserto num ambiente societal; caso contrário, forças muito mais poderosas, como o consumerismo, inviabilizarão pretensões unicamente bilaterais. Uma atuação macroambiental e societal entre agência e anunciante torna-se imprescindível, uma vez que, para que eles sobrevivam num mercado competitivo, precisam atender com profissionalismo o cliente social.

PUBLICIDADE E VEÍCULOS

Os meios de comunicação de massa (MCMs) têm ação norteada para prestar serviço à sociedade, tanto na vocação como na lei. Embora centenas de veículos estejam nas mãos de pessoas com propósitos políticos, a existência dos MCMs está presa ao atendimento de necessidades informativas, jornalísticas, de lazer e entretenimento. Já que a "audiência" é o que determina o sucesso ou o fracasso de um veículo de comunicação, a sociedade reivindica para si a "propriedade" sobre os MCMs, sem os quais seria muito mais difícil promover a integração social.

De outro lado, a propaganda comercial, baseada no fato que sustenta financeiramente os veículos midiáticos, usa-os sintomaticamente, levando mensagens que cristalizam interesses de venda dos anunciantes, muitas vezes incompatíveis com os interesses sociais. Isso

CONSUMIDOR *VERSUS* PROPAGANDA

porque o consumidor não gosta de anúncios insistentemente repetidos, que sejam sisudos, que omitam pontos fracos do produto ou atentem contra os valores e as crenças da família.

A participação dos veículos na distribuição da verba publicitária brasileira tem registrado a televisão na absoluta liderança, próximo a 50% das verbas, vindo em seguida o jornal, a revista e o rádio. Outros veículos apresentam participação menor, caso da publicidade *on-line* e do *outdoor*. Mas esse perfil deve-se aos grandes e médios anunciantes, pois a maioria consiste em pequenos anunciantes que investem em mídia impressa ou internet.

O Brasil, país formado por uma população desacostumada do contato com livros, também retrata sua falta de hábito de leitura pelas minguadas tiragens de jornais e revistas, se comparadas a outros países. Além disso, a aquisição dos exemplares, diária ou semanalmente, demandaria um dispêndio alto para a maioria dos brasileiros. Nesse sentido, predominam os meios impressos gratuitos e os audiovisuais. Porém, estes últimos parecem exercer maior fascínio sobre o brasileiro, uma vez que lhe são mais convenientes, pois permitem a assistência de sons e imagens pela aquisição isolada do aparelho, cujos custos são diluídos nas demais despesas da residência. O imediatismo da informação e a linguagem desses meios, acessível a quase todas as camadas sociais e etárias, propiciam uma utilização generalizada por parte da sociedade brasileira.

Não faltam os que atribuam aos meios de comunicação de massa propriedades perniciosas ao meio social, principalmente a invasão de lares com programações lesivas aos assistentes, boa parte deles formada por crianças. Numa enquete promovida pela revista *Veja,* em 1990 ("Sexo...", 1990, p. 50-6), foram pesquisadas as programações em TV veiculadas na semana compreendida entre os dias 28 de maio e 3 de junho, com o seguinte resultado: 1.940 tiros, 1.145 cenas de nudez, 886 explosões e 651 brigas.

No entanto, há quem afirme que as pessoas tenham mecanismos de defesa contra os MCMs, como: a) seleção por parte do receptor; b) assimilação só do que lhe interessa; c) adesão à informação somente depois que há um reforço desta pelo líder de opinião e em consonância com a expressa pelo grupo primário (pessoas muito próximas).

Para Carvalho (1982, p. 27), "[...] a massa humana tem uma capacidade incrível de defesa, na qual se forma um dispositivo inconsciente de autopreservação – aí a cultura de massas não penetra".

Alguns fatos demonstram ser limitada a influência dos meios de comunicação de massa em produzir respostas desejadas pelo comunicador, dada a interferência de variáveis, como características da personalidade dos indivíduos, credibilidade do comunicador e a limitação que o esforço persuasivo encontra, uma vez que ocorre apenas no nível simbólico. A "conversão" não é uma função significativa da mídia (e da publicidade), pois seu papel é mais no sentido de reforço ou iniciação de comportamentos do que da mudança por si mesma.

Há exceções, como no feito histórico de Orson Welles, que conseguiu mobilizar milhares de pessoas contra uma "invasão de alienígenas". Tais ocorrências se dão num clima de pressão psicológica, bem diferente do que ocorre na grande maioria das vezes, em que o imenso volume de informações e a rotina dos meios induzem os apelos a cair na mesmice, passando despercebidos pelo consumidor. No entanto, a vulnerabilidade de certos públicos pode fazer que um programa ou anúncio seja determinante em seu comportamento. Crianças se jogaram da janela para imitar o super-homem, pequenos investidores perderam suas economias com os efeitos econômicos de notícias de ataques terroristas e milhões de pessoas são mobilizadas pelos lançamentos de filmes. Portanto, se de maneira geral os MCMs não mudam comportamentos, em determinados contextos podem exercer influência considerável, o que tem demandado maior controle pela sociedade.

Permeando toda essa questão está a publicidade, já que os MCMs são o carro-chefe do setor. Um dos fundamentos da profissão consiste em dirigir a mensagem publicitária aos públicos ou ao *target,* que representa segmentos de mercado a serem atingidos pelo anúncio. Todos, porém, indiscriminadamente, são atingidos pelos MCMs, e, mesmo que o publicitário seja bem-intencionado, o anúncio atingirá alvos desejados e "indesejados".

CONSUMIDOR *VERSUS* PROPAGANDA

Os veículos são praticamente sustentados pela publicidade, razão pela qual dificilmente obstam a veiculação de anúncios. Gostariam que todo o espaço reservado para os *breaks*, e até espaços dentro do conteúdo de programas, fosse ocupados com inserções publicitárias. Mas tal apropriação da mídia, quando ocorre, tem sido um "tiro no próprio pé", já que os telespectadores "zapeiam" de canal quando notam a presença inconveniente de tantos anúncios. Os apresentadores se esforçam para manter o telespectador durante o intervalo comercial – "Já, já, voltamos", "É vapt-vupt", "Voltaremos rapidinho" são expressões costumeiras e desesperadas para não perder contato com um consumidor saturado. O Quadro 8 exemplifica essa situação ao mostrar que menos de 20% dos telespectadores costumam assistir aos comerciais (Blackwell *et al.*, 2005, p. 458).

QUADRO 8 – O QUE OS CONSUMIDORES FAZEM DURANTE OS COMERCIAIS DE TV
45% levantam-se para fazer alguma outra coisa
39% mudam de canal
34% falam com os outros na sala
19% sentam-se e assistem aos comerciais
19% abaixam o volume de som da TV
11% lêem
5% usam o computador

O processo de saturação não está se tornando apenas algo ineficaz e incômodo ao consumidor. A desmedida veiculação de cartazes, a distribuição de folhetos, a fixação de painéis no mobiliário urbano têm feito cidades como Barcelona e São Paulo coibir e até proibir tais práticas. Uma lei municipal de 2006 (n. 14.223) praticamente retirou todos os anúncios exteriores da cidade de São Paulo, uma vez que estavam depreciando o patrimônio artístico, arquitetônico, cultural e ambiental urbano, além de concorrer com sinalizações de segurança. A medida extrema, criticada por publicitários, anunciantes e até consumidores, foi uma reação à ganância publicitária e ao desrespeito às normas vigentes, que, ao que parece, trouxe uma profunda reflexão para o presente e o futuro: o espaço é público e a publicidade precisa comedir suas ações para que ele se mantenha voltado para a população e não apenas para interesses de anunciantes, agências e veículos.

Os veículos de comunicação da mídia eletrônica também precisam repensar práticas em que a quantidade de inserções e a má qualidade do conteúdo desencorajam seus telespectadores, inclusive os de menor renda, pois os segmentos de maior poder aquisitivo já estão migrando para outras formas de entretenimento e lazer, como atestam os recentes índices que medem a audiência.

A maior parte dos aparelhos de televisão está nos estratos menos favorecidos da população brasileira, recebendo, por conseguinte, o maior impacto das mensagens publicitárias, visto serem estes mais suscetíveis aos apelos, dada a gama de necessidades e desejos reprimidos. Mas, se um anúncio divulga que a marca de leite x é melhor (embora mais cara), as mães dessas camadas sociais serão influenciadas a comprá-lo, já que buscam o melhor para seus filhos.

Os programas populares são outra preocupação, pois têm grande penetração na área rural e elevados índices de audiência em segmentos da população brasileira de pequeno poder aquisitivo. Nesses programas, há uma ligação emocional muito grande do apresentador com os telespectadores; sua opinião ou sugestão é quase tão relevante como a de um amigo ou autoridade médica, dada a credibilidade de que boa parte desses apresentadores desfruta; é, portanto, com sérias restrições que muitos vêem medicamentos, cursos e métodos de emagrecimento, entre tantos, ser anunciados livremente, inclusive numa conduta ética discutível. Aliás, o uso de testemunhais e celebridades em anúncios é bastante comum e um recurso persuasivo que induz o consumidor a atribuir certa credibilidade à oferta. Gui-

CONSUMIDOR *VERSUS* PROPAGANDA

marães (2001, p. 20) sustenta que as pessoas que testemunham em um anúncio devem ser também responsabilizadas por conseqüências ao consumidor:

> Analisando o tema por esse prisma, é lícito inferir que as celebridades e os profissionais técnicos envolvidos no comercial, e que recebem cm contrapartida uma remuneração, também são responsáveis por eventuais danos causados aos consumidores, pois, utilizando-se de sua imagem para induzi-los à compra ou uso de um bem ou serviço, passam a responder por eles, nos termos a serem vistos neste trabalho.

O autor considera que até testemunhais de personagens devem responder juridicamente:

> Assim, por exemplo, se a Mônica ou o Cebolinha participarem de um anúncio publicitário de um produto ou serviço ou se a boneca vendida for da Xuxa e os produtos apresentarem qualquer vício, terá o Mauricio de Sousa Produções Artísticas ou a Xuxa a responsabilidade civil, devendo indenizar os consumidores lesados. (Guimarães, 2001, p. 197)

De um lado, o Conar estabelece que o testemunhal deve ser verdadeiro; de outro, o Código de Defesa do Consumidor exige que os anunciantes mantenham as informações que sustentam a mensagem. Dessa forma, se um especialista ou artista afirma utilizar um seguro de vida ou de automóvel, deve, como pessoa física, ter tais serviços contratados na sua vida real.

Muitos programas culinários e femininos, ancorados em personalidades e comunicadores renomados, misturam conteúdos de culinária a métodos de emagrecimento. De um lado, estimulam o espectador com receitas de doces, tortas e massas; de outro, anunciam métodos de emagrecimento e tratamentos contra a obesidade. De certa forma, espelham o próprio comportamento das pessoas, que vivem o dilema entre o prazer gastronômico e as exigências sociais e médicas ditadas para uma alimentação limitada e saudável. No entanto, transmitida pelos MCMs, essa postura proporciona séria reflexão sobre o caráter social de tais programas.

À publicidade não cabe responsabilidade exclusiva pelos efeitos lesivos que os anúncios causam com a penetração dos MCMs em favelas, regiões rurais, periferias urbanas, lares com crianças. Porém, como componente ativo do sistema que mantém e se mantém com os veículos, o setor publicitário deve provocar discussões e até exercer pressões para que esse quadro possa ser minimizado, pairando a possibilidade de a própria sociedade fazê-lo, mediante o emprego de força legislativa ou de outras formas de pressão indesejáveis ao setor.

A ENTIDADE PUBLICITÁRIA

A publicidade está na sociedade de consumo como ideologia, arte, ciência e negócio, sendo sua necessidade justificada, em parte, pela relativa diminuição do preço dos produtos. Em pesquisa realizada nos Estados Unidos (Gracioso, 1971, p. 123-4), foi mencionado que o custo das despesas de marketing nos produtos aumentou, entre 1870 e 1960, de 27% a 60%, custos estes apenas em parte atribuíveis à publicidade. No mesmo período, porém, o preço médio desses produtos caiu em 50%; logo, uma queda bem mais acentuada que o encarecimento sofrido. Esse resultado confirma uma tese amplamente difundida por economistas de que o aumento significativo do mercado de consumo, devido em parte à publicidade, gera uma massificação do consumo e o conseqüente aumento da produção e da produtividade, implicando custos unitários menores.

Dificilmente uma organização voltada para um mercado de massa pode hoje prescindir da propaganda comercial, pois, para atingir esse mercado, necessita comunicar suas marcas de forma persuasiva e em larga escala. Como lançar simultaneamente no mercado, por exemplo, um título de capitalização, a fim de que milhares de pessoas o adquiram em 1.500 agências bancárias? Ou, ainda, como uma loja de varejo consegue arregimentar pessoas de uma cidade para conhecer e comprar seu estoque de vinhos? As respostas remetem ao emprego da propaganda comercial.

É fato que a sociedade delega à publicidade uma atuação pública, fruto do uso dos MCMs, que permite que empresas, igrejas e ONGs anunciem suas marcas, serviços e produtos mediante a venda de espaços em sua programação ou conteúdo. Como esses espaços são pagos, eles concedem, a quem os utilizar, direitos de se comunicar, contanto que obedeçam às normas.

O consumidor tem destacado o caráter informativo da publicidade, por meio do qual fica sabendo de novos produtos, o que está na moda, atributos de artigos que pretende comprar, marcas que podem compor seu estilo de vida, muitas vezes de forma cômoda e conveniente. Uma indústria de roupa feminina, ao anunciar que está oferecendo saias e blusas numa faixa de preço, auxilia o consumidor a fazer um juízo de custo–benefício para uma futura compra ou indicação. Quando uma organização não-governamental anuncia as vantagens de seus produtos ecologicamente corretos, prepara o consumidor para decidir se compra o produto ou não, evitando, por exemplo, que ele continue adquirindo marcas que não tenham os diferenciais ecológicos.

No entanto, mesmo esse caráter informativo apresenta a versão do anunciante sobre a oferta. Esse fato, verificável de forma implícita ou explícita no anúncio, revela a parcialidade da publicidade para com o anunciante. Porém, mesmo a informação parcial faz parte do cabedal de dados que permitirão ao consumidor decidir pela aquisição, não se opondo, portanto, à verdadeira informação ou à informação completa. Essa diversificação da informação, sustentada inclusive pela mútua concorrência entre empresas e produtos, acaba por documentar progressivamente o consumidor e posicionar a marca na sua memória e no seu estilo de vida.

Existe a constante preocupação de associar a propaganda comercial com a verdade ou a mentira, algo que, se levado ao "pé da letra", afetaria desde a comunicação informativa dos órgãos governamentais até o trabalho da imprensa, em que esta última manifesta uma versão dos fatos coerente com as diretrizes do jornal ou dos proprietários dos veículos de comunicação.

Feijoó (1977, p. 11) destaca dois direitos relacionados à licitude da informação:

1. O direito a persuadir. Negar o direito a persuadir seria arrebatar o direito de comunicar, de falar.
2. O direito a resistir à persuasão, que obriga o persuasor a estudar melhor seus próprios argumentos.

A parcialidade, embora presente na comunicação persuasiva ou informativa, não tem sido alvo de críticas quando o anúncio volta-se para temas de interesse social, caso do combate ao fumo, das doenças e das práticas antiecológicas. Porém, mesmo quando a publicidade traz informações úteis de produtos de consumo, essa atuação é vista com ressalvas. Diante desse dilema instalado na opinião pública, os agentes da publicidade lançam-se, por vezes, num trabalho de tentativa e erro para encontrar os limites da tolerância social.

Além de informativa, a publicidade se mostra como fator de entretenimento e lazer em face dos conteúdos humorísticos, literatos, poéticos, sensuais, históricos e simbólicos. Nesse sentido, a propaganda aproxima-se dos interesses dos consumidores, atribuindo-lhes significância social.

Para a publicidade, é uma difícil missão conciliar a atividade criativa com as exigências da responsabilidade social empresarial ou publicitária, uma vez que as metáforas, a simbologia e o efeito lingüístico dificilmente se alinham aos pressupostos da informação objetiva e exata cobrada pela legislação ou pelos princípios técnicos. A imaginação de brilhantes cérebros publicitários não pode ser dirigida à arte em si, como a pintura ou a música. Como um malabarista de mãos ágeis, o publicitário é forçado a atender às mais diversas solicitações do público; se deixa cair uma das bolas, espíritos inflamados apontam o dedo acusador contra toda a classe (Farias, 1987).

CONSUMIDOR *VERSUS* PROPAGANDA

Uma forma que tem possibilitado ao setor obter bons dividendos de opinião pública favorável tem sido a realização de campanhas comunitárias e sociais. Resultado do trabalho voluntário de agências, publicitários, fornecedores e veículos, essas peças são desenvolvidas em prol da justiça social. É o caso das campanhas desenvolvidas atualmente pela agência Leo Burnett para o Centro de Valorização da Vida (CVV), entidade sem fins lucrativos, cuja atividade principal é atender pessoas em estado de alta depressão; ou pela McCann Erickson, atendendo à conta da AACD, que cuida de crianças excepcionais. A agência Standard elaborou campanhas para a salvação de baleias, ao passo que a A & C Propaganda e a Seqüência Cinematográfica criaram campanha para o CRH, que visa recuperar toxicômanos. A DPZ, em 2003, produziu campanha para a Santa Casa de Misericórdia de São Paulo. Num sistema de parceria, também em 2003, a W/Brasil elaborou campanha composta por cinco filmes e 11 anúncios para o Instituto Terra, que cuida da recuperação da Mata Atlântica.

Embora algumas agências façam campanhas comunitárias e socioambientais com o intuito de obter premiações, a sociedade aprova essas iniciativas, acenando com atitudes mais favoráveis ao setor. Uma pesquisa (Giacomini Filho, 1989, p. 188) apurou que 71% dos entrevistados declararam que aceitariam melhor a publicidade se ela se preocupasse mais com o meio ambiente e a natureza; na mesma pesquisa, 51% declararam aceitar melhor a propaganda se ela reunisse mais anúncios de utilidade pública.

No contexto do marketing social, a eficácia da propaganda comercial tem diferentes faces: quando seu apelo é à contribuição em dinheiro, sua ação é mais eficaz; em se tratando de solicitar envolvimento pessoal, como investimento de tempo e energia (fazer serviços voluntários em hospitais, por exemplo), o retorno tem sido reduzido.

Muito se fala da influência da publicidade na aquisição de produtos éticos, ou seja, produtos que demandariam uma orientação profissional, dado o risco que o consumo livre traria ao consumidor. É com relação ao setor farmacêutico que essa ação é mais criticada, sendo muitos os que atribuem à publicidade o incentivo à automedicação; porém, uma pesquisa (Giovanni, 1978, p. 156) mostrou que, nos casos de automedicação, as fontes declaradas para a obtenção de informações sobre medicamentos foram as apresentadas no Quadro 9.

QUADRO 9 – FONTES DE INFORMAÇÃO SOBRE MEDICAMENTOS
Indicação anterior de médico (50,73%)
Indicação de pessoal de farmácia e drogaria (19,21%)
Indicação de amigos, parentes, vizinhos (12,31%)
Consulta a bulas (5,41%)
Propaganda (1,47%)
Nunca tomam remédio sem prescrição médica (5,41%)
Outras fontes de indicação (5,41%)

Costa (2005, p. 211) argumenta que, "sendo a venda de medicamentos sem prescrição médica uma exceção que por si já é questionada eticamente, a propaganda de medicamentos de venda livre, tendo permissão de se dirigir diretamente ao consumidor e aliada à persuasão nos anúncios, é contraditória com a responsabilidade social por estimular ainda mais a automedicação".

Embora esses resultados só registrem o efeito direto da publicidade para a aquisição do medicamento, mesmo que se avaliem seus efeitos latentes, não se pode concluir que a publicidade, por si, seja uma das grandes responsáveis pela automedicação. Porém, um indicador de que o setor farmacêutico tem-se valido muito da publicidade pode ser obtido da despesa do setor com mídia: dados de 2003 apontam que os anunciantes investiram quase R$ 380 milhões (Ibope Monitor, 2005).

Muitos intelectuais e formadores de opinião supervalorizam os efeitos da publicidade no meio social, justamente para ganhar munição extra para combatê-la. Os dados disponíveis apontam para uma

CONSUMIDOR *VERSUS* PROPAGANDA

influência relativa da propaganda comercial, de maneira que suas ações se mostram mais relevantes quando são corroboradas culturalmente e por atividades de marketing. Os próprios agenciadores e publicitários superestimam as potencialidades da publicidade, com o propósito de "vendê-la" aos anunciantes; porém, a prática mostra um retorno real aquém do alardeado, o que tem gerado frustrações e redução no uso desse instrumento promocional.

O ego inflado de alguns publicitários não parece contribuir com as expectativas de consumidores e com o que anunciantes esperam dos serviços da propaganda. Alguns profissionais dedicam-se tanto a prêmios que os problemas de comunicação dos clientes ficam menos evidenciados. Washington Olivetto (*apud* Tavares, 2007, p. 19) tem-se mostrado um crítico das premiações: "O grande problema das premiações é que elas se transformaram em negócios muito poderosos, que ganham dinheiro com a necessidade mais do que humana das pessoas em ter seus egos inflados".

É fato que a publicidade abrange uma atividade ampla, em que convivem pesquisadores, estatísticos, publicitários, administradores, homens de marketing, artistas, profissionais de mídia, produtores gráficos, fotógrafos e outros profissionais. Portanto, disciplinar eticamente o setor significa conciliar segmentos heterogêneos, tarefa muito mais difícil do que em profissões ou categorias profissionais homogêneas. Tais interesses difusos acarretam contradições no trabalho publicitário, algo conflituoso, por exemplo, quando o pessoal de criação quer avançar fronteiras consideradas indesejáveis pelo pessoal de atendimento ou do departamento jurídico.

Um texto publicado pela *Madia Mundo Marketing* (2001, p. 6) revela intensa preocupação quando os esforços dos publicitários convergem para proveito próprio e não exatamente para a qualidade da propaganda comercial no interesse do anunciante:

Mesmo assim, e não obstante todo o doloroso aprendizado de décadas, a televisão mundial, e de forma especial a brasileira, continua poluída por comerciais supostamente de sucesso, que provocam risadas, que recorrem a imagens grosseiras, violentas, de péssimo gosto, que são saudados como grandes comerciais, comerciais criativos, premiados em Festivais de Publicidade, que além de não acrescentar absolutamente nada à empresa e ao produto, muitas vezes provocam indesejados e perigosos arranhões em suas marcas.

Em todas essas situações prevaleceu ou a arrogância/vaidade, ou a irresponsabilidade de um profissional de criação, devidamente coadjuvado pela equipe submissa de atendimento da agência, e, pior ainda, pela equipe subserviente de marketing do cliente. Na maioria delas, o processo foi criminosamente invertido, praticando-se uma grosseira perversão: partiu-se de uma "brilhante idéia" que o criativo guardava no fundo de sua gaveta há anos, à espera de um produto/marca/anunciante incauto [...]

Assim, a crise na publicidade brasileira continua e aumenta, e é da maior gravidade. Mas é muito menos econômica, e muito mais de perda total de qualidade, de referência de valor, do sentido e da missão da ferramenta.

O negócio publicitário encampa uma série de atividades e funções, como criação, veiculação, produção gráfica e eletrônica, pesquisa, serviços promocionais etc. Nesse sentido, muitas agências se tornam polivalentes, declarando ao cliente competência em dar um bom atendimento em todos os setores. Até pequenas agências não recusam serviços como filmagem, vídeo, criação e produção de *jingles,* criação visual, elaboração de sites, confecção de embalagens, serviços de relações públicas, promoção de vendas e outras atividades que estão dentro ou fora da atuação legal da publicidade ou de sua vocação profissional.

A polivalência de atividades e funções pode trazer pontos positivos, como o acesso, numa mesma estrutura, a vários setores que articulam uma campanha publicitária; mas, se incorretamente disponibilizada, pode trazer pontos negativos, como a má prestação de serviços, comprometendo a qualidade do trabalho e a imagem do setor. Não são poucos os anunciantes que, vitimados por agências polivalentes, retraíram-se de futuros serviços publicitários.

Aliás, muitas agências pequenas funcionam como agentes predadores no mercado, vulgarizando trabalhos, fazendo clientes de "co-

CONSUMIDOR *VERSUS* PROPAGANDA

baia" para seus primeiros anúncios ou ainda aviltando preços. Há casos em que afixam *outdoors* próximos ao cliente (perto de onde mora ou trabalha, ou ainda no seu percurso de rua), desobedecendo a critérios de segmentação e eficiência, apenas para impressioná-lo.

A má qualidade na prestação de serviço tem feito anunciantes usarem as agências apenas em momentos ou tarefas críticas. Assim, todas as atividades que possam ser feitas *in company* pelo anunciante são efetivadas, o que é facilitado pelas novas tecnologias da comunicação. Hoje, equipamentos de editoração eletrônica e estação de edição semiprofissionais podem gerar originais e matrizes prontas para a veiculação.

Entrevista com Márcio Moreira ("Entrevista" *Meio e Mensagem*, 1988, p. 7-8), vice-presidente mundial da McCann Erickson, sustentava que os serviços das agências estão muito parecidos e sua credibilidade, abalada; os clientes estão preparando seus próprios planos de marketing, seus próprios *briefings*, seus documentos estratégicos, deixando as agências de lado, chamando-as apenas para a produção.

Anunciantes também se queixam do tratamento genérico a que são submetidos, quando precisam justamente de soluções customizadas. Muitas empresas têm necessidades específicas que demandam atenção total para com seu negócio e uma estrutura enxuta para atender a elas. Tais necessidades levaram anunciantes a estruturar seu próprio serviço publicitário, como a criação de agências caseiras (*houses*). Eis alguns pontos que motivam a escolha de uma *house* ("Honestidade de propósitos", *Marketing*, 1986):

- as agências de propaganda tendem a exagerar o valor da sua contribuição;
- as agências de propaganda não entram no coração dos problemas;
- as agências devem assumir maior responsabilidade por resultados de venda;
- as agências não estão habilitadas a medir a efetividade publicitária;
- elas recomendam serviços de fornecedores mais caros para aumentar os seus honorários;

- os tradicionais honorários de 20% em mídia encorajam as agências a recomendar programações mais dispendiosas.

A formação profissional do publicitário tem sido um dos pontos-chave da responsabilidade social do negócio publicitário. No Brasil, os conteúdos de publicidade podem ser ministrados por meio de cursos técnicos no ensino médio, cursos superiores (bacharelado e tecnológico), além de cursos de especialização nos moldes *lato sensu* e *stricto sensu*. Os cursos superiores de publicidade são oferecidos por faculdades de comunicação social, visando formar profissionais com conhecimento do instrumental técnico e prático, mas com forte embasamento de conhecimentos humanísticos, como ética, antropologia, sociologia, psicologia social e fundamentos científicos da comunicação.

É essa formação completa, com visão holística do processo publicitário e suas conseqüências sociais, que pode habilitar, com mais propriedade, o exercício profissional da propaganda, embora a legislação e o mercado publicitário sejam evasivos quanto a essa exigência. Inexplicavelmente, as instituições interessadas em promover a qualidade da propaganda não se alinham para fazer valer a formação em curso superior para o pleno exercício profissional da publicidade; preferem criticar o nível do ensino e até propor a extinção dos cursos superiores. É oportuno reproduzir um depoimento de Zuleica S. Ferrari (1981, p. 76 e 142-3):

> A profissionalização é produto de um adequado preparo cultural, para o que são inestimáveis os cursos de comunicação, que, a par de uma indispensável cultura geral, fornecem os instrumentos de trabalho específicos para essa área de atividade, incluindo uma bem cuidada formação ética que enfatiza o sentido individual de responsabilidade [...]
>
> Diante disso, cresce o papel das Escolas de Comunicação no preparo de profissionais conscientes e responsáveis, que irão atuar de maneira poderosa no processo geral de trabalho, não apenas pela defesa do consumidor, mas pela tarefa mais ampla da realização de maior justiça e paz [...]

CONSUMIDOR *VERSUS* PROPAGANDA

Assim, é preciso que haja uma constante reavaliação da maneira de se ministrarem princípios éticos e legais aos estudantes de Comunicação e que se aperfeiçoem currículos mais adequados à realidade atual, submetidas às promessas e ameaças dos novos conhecimentos sobre o homem e a técnica.

Pressionado pelas incessantes críticas vindas dos diversos segmentos sociais, o publicitário muitas vezes não nega certo mal-estar, uma "consciência infeliz" em exercer seu ofício, demonstrando certo complexo de culpa. Tal fato foi documentado durante o I Congresso de Publicidade das Nações Ibero-americanas, realizado em São Paulo, em 1979, quando muitos profissionais brasileiros e alguns de outros países fizeram painéis e palestras pondo em xeque a própria profissão, notadamente questionando se sua função social seria compatível com as necessidades dos povos subdesenvolvidos. Tais comentários motivaram Mauro Salles, então vice-presidente da International Advertising Association para a América Latina, a fazer o seguinte relato:

> Os tristes da propaganda, os envergonhados da publicidade, os encabulados da comunicação, melhor seria que rasgassem logo a fantasia e abrissem espaço para outros, os que crêem na profissão, os que acreditam no negócio, os que entendem a missão social, política e econômica do que fazemos, do que somos, daquilo que contribuímos. (Passos, 1979)

Na mesma ocasião, Luiz Celso de Piratininga, organizador do evento, classificou os publicitários descrentes da profissão de "caipiras colonizados".

Washington Olivetto (2004, p. 10-1), um dos publicitários mais competentes e influentes do Brasil, traz uma real inquietação sobre o profissional da propaganda atual:

> Há uma história do Henri Marx contada no livro [*Os piores textos de Washington Olivetto*] sobre o fato de existirem, em gerações anteriores à mi-

nha, profissionais que não preenchiam com o termo "publicitário" as fichas de hotel, por vergonha. Pegava mal, porque inspirava picaretagem. É óbvio que nos últimos tempos a atividade tem sofrido um processo de vulgarização constante.

Olivetto, no entanto, mostra um caminho para reverter os problemas de imagem que tem sofrido a classe publicitária: "Se os publicitários conseguissem fazer exuberantes propagandas respeitando a inteligência do consumidor já estariam fazendo muita coisa" (*apud* Tavares, 2007, p. 18).

Fazer um juízo sobre o que a sociedade brasileira acha do publicitário é tarefa difícil, principalmente porque há um desconhecimento geral sobre a atividade e a profissão, o que geralmente leva a uma distorção sobre seu papel social e profissional. Mas, ao que tudo indica, há um constante temor da sociedade de que o publicitário, ao fazer uso do potencial dos meios de comunicação de massa, não tenha total visão dos danos sociais que sua atividade possa trazer ao conceber e veicular determinado anúncio. Numa enquete realizada em 1988 (Giacomini Filho, 1988), apurou-se que "os publicitários valorizam mais o cliente deles do que o consumidor" (64%).

Nessa mesma enquete, foi incluída pesquisa (1988, p. 56-62) com nove profissionais de oito agências na cidade de São Paulo, cotadas, na época, entre as 20 maiores do país: Almap, DPZ, Lage Stabel, McCann Erickson, MPM, Standard Ogilvy, Deninson e Norton. Os publicitários exerciam as funções de redator (dois), contato (dois), supervisor de mídia, supervisor de pesquisa de mídia, chefe de estúdio de arte, coordenador de planejamento e treinamento e vice-presidente executivo. Todos com mais de dois anos de experiência na profissão; seis tinham ensino superior completo e três, o ensino médio. Cada publicitário foi identificado com um número, que o representa em todos os quesitos (Quadros 10-14).

CONSUMIDOR *VERSUS* PROPAGANDA

QUADRO 10 – QUESTÃO 1: VOCÊ PARTICIPOU DE UMA CAMPANHA OU ANÚNCIO QUE CONTIVESSE INFORMAÇÃO ENGANOSA?

Publicitário	Sim	Não	
1	—	X	
2	—	X	
3	—	X	
4	—	X	Sim: 0%
5	—	X	Não: 100%
6	—	X	
7	—	X	
8	—	X	
9	—	X	

QUADRO 11 – QUESTÃO 2: DE ZERO A DEZ, QUE NÍVEL VOCÊ DÁ À CREDIBILIDADE DA PROPAGANDA BRASILEIRA?

Publicitário	Notas										
	0	1	2	3	4	5	6	7	8	9	10
1											X
2						X					
3										X	
4							X				
5						X					
6						X					
7										X	
8									X		
9							X				
Total						1	2	2	1	2	1
Resultado (mediana): 7,75											

QUADRO 12 – QUESTÃO 3: EM QUE SITUAÇÕES A PUBLICIDADE É INJUSTAMENTE ACUSADA DE CAUSAR DANO AO CONSUMIDOR?

1 – Situações como as do tipo Calvin Klein, quando o anúncio "vagabundo" foi retirado do ar; isto é sinal de que a sociedade é preconceituosa e de que falta democracia.

2 – Como no caso da propaganda de cigarro. O produto é que é ruim, causa dano ao consumidor. A publicidade é chamada pelo cliente e promove o produto valendo-se de artifícios, porém a causa é o próprio produto.

3 – Quando o *briefing* não é correto, quando omite informações sobre o produto, falseando então a informação publicitária.

4 – Quando diz que ela cria necessidades consumistas. A publicidade apenas informa.

5 – Quando o *briefing* é parcial. Por exemplo, se o forno microondas causa câncer de pele ou prejudica a ação de marcapassos e o cliente omite essas informações da agência, quem mentiu foi o cliente, e não a publicidade. Também a publicidade estimula o consumo de cigarro, bebida, sexo, mas é a sociedade que pede e quer tal coisa, portanto são tabus da própria sociedade, e não engano causado pela publicidade ao consumidor.

6 – A publicidade informa, utiliza o emocional, o que pode ser confundido com enganação. Há um abuso da publicidade, no entanto, com a criança, principalmente menor de 14 anos e da classe baixa, um abuso do emocional.

7 – Ela não gera fatos, apenas expõe o produto de forma emocional, com impacto; é adjetiva. Se o produto é um boneco e o cliente pede que o publicitário faça o anúncio com o boneco se movimentando, é algo que vem do cliente, e não da publicidade. Dançamos conforme a música, porém nossa atividade é parametrada pelo Conar, que vigia a nossa ação. A agência tem alertado os grandes clientes e estes têm demonstrado uma crescente profissionalização diante desses problemas.

8 – Quando passa um benefício a que a qualidade do produto não corresponde.

9 – A publicidade não deve nunca ser acusada, pois significaria duvidar do raciocínio, da lógica do consumidor. Por exemplo, proibiu-se no Brasil a propaganda de cigarros e bebidas em determinados horários; agora se quer proibir em nível geral; isto é o mesmo que duvidar do consumidor, como se ele não tivesse juízo para decidir o que serve e o que não serve a ele.

CONSUMIDOR *VERSUS* PROPAGANDA

QUADRO 13 – QUESTÃO 4: COMO A PUBLICIDADE PODE PRESTAR MELHORES SERVIÇOS AO CONSUMIDOR?

1 – Fazendo o que tem feito. Ter mais preocupação em não mentir, criando moda. Por exemplo, aquele anúncio do rapaz de "bumbum" de fora revela uma abertura que deve méritos à publicidade. A publicidade e o veículo, juntos, apresentam comerciais de cigarros e bebidas, mas só após as 22 horas, ou seja, a censura ocorre apenas pelo horário.

2 – Informando melhor, revelando maiores detalhes, situações de uso e validade. A publicidade poderia ajudar a educar o consumidor quanto, por exemplo, a prazos de validade dos produtos, retornando em benefício ao consumidor.

3 – Sendo clara, objetiva. Prestando esclarecimento sempre num fundo de verdade.

4 – Inserindo na própria peça publicitária informações para que o consumidor possa dirigir reclamações ou esclarecimentos. É uma forma de manter um canal de mão dupla em que consumidor e cliente são mutuamente beneficiados.

5 – A [agência] tem contas ecológicas. É o caso da campanha para preservação das baleias totalmente produzida por nós, sem cobrar nada de ninguém. A publicidade é fundamental e pode desmascarar e unir pessoas. A lei para preservação das baleias foi aprovada e quem ganhou foram as pessoas. A publicidade tem nas mãos os veículos e deve usá-los também para essas finalidades.

6 – Sendo honesta, bem informativa, ou seja, completa em suas informações.

7 – Pautando-se por informação verdadeira. Primeiro, informando como é o produto, sendo honesta nas informações. Segundo, participando de campanhas comunitárias, pois as agências estão aparelhadas para tal, além de possuir espaço dos veículos.

8 – Primeiro, conseguindo credibilidade. Segundo, mostrando o produto de uma forma mais profunda, pois às vezes a publicidade trata os produtos com superficialidade, divulgando só a marca e não os diferenciais dos produtos que sejam relevantes ao consumidor.

9 – Quando a gente faz campanha, crê no produto, porém há concorrentes do cliente que nos impulsionam para valorizar o produto de diferentes formas, diversificando os apelos e dando outras opções ao consumidor.

> **QUADRO 14 – QUESTÃO 5: DE QUE FORMA VOCÊ ENCARA A PUBLICIDADE HOJE EM TERMOS DE FUNÇÃO SOCIAL?**
>
> 1 – Ela concede um valor liberalizante, além de ajudar a sociedade sistematicamente com campanhas comunitárias, como para prevenção da Aids. Ela informa as pessoas e isso é importante num país sabidamente desinformado. Foi o caso da conscientização conseguida com a campanha para preservação das baleias.
>
> 2 – Ela tem deixado de cumprir essa função. O consumo deveria ser mais organizado, está desenfreado, mas a culpa é mais do próprio mercado. Há produtos supérfluos e desinteressantes, que criam necessidades artificiais.
>
> 3 – Ela interfere muito no comportamento, cria moda, com isso ela vem contribuindo bastante.
>
> 4 – Ela vem preenchendo a necessidade de informação sobre produtos, o que não ocorre apenas no âmbito do marketing político, no qual se desconhece a verdade.
>
> 5 – Ela tem conseguido ganhos de imagem no desenvolvimento de campanhas comunitárias e do meio ambiente.
>
> 6 – Muito importante. Agiliza a comunicação, estimula a rotação de produtos, torna-os conhecidos imediatamente, auxilia o efeito multiplicador da economia e do mercado em geral.
>
> 7 – Por meio de campanhas comunitárias. O profissional é bem-visto pelo público e, na pior das hipóteses, tem imagem neutra.
>
> 8 – Ocupa espaço importante. Tudo conduz à publicidade; a vida de um produto muitas vezes depende dela.
>
> 9 – Faz dez anos que estou em publicidade e ela mudou muito. Tem conseguido mais diferencial para mostrar os produtos; hoje há mais novidades motivadas pela publicidade.

ÉTICA PUBLICITÁRIA

Todo anúncio publicitário é um ato de intervenção social. Cada peça veiculada pelos meios de comunicação de massa produz impacto nos valores das pessoas e, por isso, precisa balizar-se por posturas éticas e morais socialmente aceitas.

A ética publicitária tem sido também uma preocupação corporativa; nem poderia ser o contrário, pois seus desdobramentos têm impacto direto também sobre os negócios. Em pesquisa (Arruda, 1986)

CONSUMIDOR *VERSUS* PROPAGANDA

realizada com agenciadores de publicidade, apurou-se que: 77,4% concordaram que os anúncios não-éticos afetam a sobrevivência dos produtos; 93,5% apontam que o público que se sente lesado por anúncio abandona o produto ou o serviço.

A sucessiva queda dos investimentos em propaganda comercial no Brasil e no mundo desde os anos 1970 pode ser atribuída, em parte, a uma crise ética do setor.

Abordar a ética publicitária é lidar com um campo vasto e complexo em que se justapõem interesses sociais e comerciais, corporativos e trabalhistas, legítimos e ilegítimos, ambições pessoais e pretensões institucionais. Todo anúncio é caracterizado pela efemeridade, em que seu tempo útil também determina seus desdobramentos éticos. A velocidade com que age uma peça veiculada nos meios de comunicação de massa singulariza o processo ético da propaganda, exigindo prontidão nas medidas institucionais para evitar ou compensar danos.

O Código Brasileiro de Auto-regulamentação Publicitária (Conar) é o instrumento básico que disciplina a conduta ética do setor. Mas, antes dele, muitas tentativas foram feitas pelo setor público, como a do ex-senador José Lindoso, que propunha a criação de um organismo federal cuja atribuição seria a de analisar e aprovar, se fosse o caso, todo e qualquer anúncio criado em território nacional. Cita Piratininga que o México aprovou um órgão semelhante, acabando por criar um monstro burocrático responsável pela desorganização do sistema publicitário mexicano, além de criar mecanismos inéditos de corrupção e ineficiência; por essas razões, projetos como esses nunca contaram com o apoio do setor publicitário (Figueiredo, 1983, p. 10-1).

A sociedade discute a legitimidade do Conar, pois para muitos ele representa o ponto de vista dos publicitários e não dos interesses sociais em relação à conduta ética do setor. É inegável que o temor por uma ação legislativa do Estado tenha motivado também a autodisciplina do setor. Muitos projetos de leis cerceadores da atividade foram surgindo ao longo dos últimos anos, tanto no Executivo como no Legislativo; vários deles úteis e com propósitos sociais, mas a maioria apresentando atitudes demagógicas e perniciosas não apenas para a publicidade, como também para a própria economia.

Mesmo após a criação do Conar, não cessaram as tentativas de disciplinar ainda mais o setor. Segundo a revista *Meio e Mensagem* ("Propaganda...", 2005, p. 1): "[...] existem atualmente 409 projetos de lei que dizem respeito à indústria publicitária em tramitação nas duas Casas [Câmara e Senado] – dos quais grande parte com caráter limitante".

Para atuar no cumprimento da ética do setor, o Conar recebe denúncias de consumidores, empresas, agências e demais setores da sociedade por meio de cartas, e-mail ou telefone, ou então inicia ação por constatação própria. A denúncia é recebida pelo Conselho de Ética, composto por membros dos diversos segmentos relacionados à área publicitária, como representantes de agências, anunciantes, consumidores e veículos.

Cabe ao Conselho de Ética julgar o recurso e, no caso de confirmar infração ao código, encaminhar as seguintes decisões, pela ordem:

a) advertência;
b) recomendação de alteração ou correção do anúncio;
c) recomendação aos veículos para que sustem a divulgação do anúncio;
d) divulgação da posição do Conar com relação ao anunciante, à agência e ao veículo, por meio de veículos de comunicação, em face do não-acatamento das medidas e providências preconizadas.

A ação do Conar se dá, em primeira instância, com o anunciante ou a agência, e, se não atendida, com os veículos.

Ocorre, porém, um problema: mesmo que anunciante e veículo atendam à decisão do Conar, e isso realmente tem acontecido, o anúncio lesivo terá deixado sua mensagem ao público. Há, inclusive, agências que em certos períodos buscaram uma censura do Conar para a valorização e o aumento da audiência do anúncio ou sua polemização, tal como ocorre com a censura de um filme ou de uma peça teatral. Foi o caso de alguns comerciais criados pela agência Fischer e

CONSUMIDOR *VERSUS* PROPAGANDA

Justus para a Calvin Klein: para a agência, mesmo que os anúncios sejam retirados do ar, "sempre promovem muito a marca, que se aproveita inclusive do residual deixado pelas discussões que provoca" ("Na nova...", *Propaganda*, 1984, p. 85).

Um exemplo clássico de "efeito residual" da propaganda – teor de recordação da mensagem gerada por um anúncio – teve desdobramentos em 1983, envolvendo o *slogan* "Danoninho, aquele que vale por um bifinho". Discutia-se que as características de um produto lácteo (iogurte) não correspondiam às da carne. Após analisar a campanha, o Conar resolveu arquivar o processo; todavia, a empresa não veiculou mais o anúncio com esse conteúdo, preferindo aproveitar o efeito residual com a frase "Danoninho, aquele...", pois o *slogan* ficou na mente dos consumidores, até ser definitivamente abandonado.

O primeiro caso julgado pelo Conar correu em 1979, ao apreciar recurso do fabricante do bronzeador Nívea contra o produto Eversun, do laboratório Roche. No comercial, o bronzeador Eversun dizia ser o único que "bronzeia sem envelhecer a pele", insinuando que os dos concorrentes causavam esse perigo. Por solicitação do Conar, o comercial foi retirado do ar, embora o próprio anunciante também tivesse a intenção de fazê-lo (Schneider, 2005, p. 72).

O código é, de fato, um instrumento que representa a expectativa dos brasileiros sobre a conduta ética da publicidade; a fim de preservar sua boa credibilidade, deve acompanhar as mudanças sociais e o progresso das instituições nacionais, promovendo ajustes necessários, como utilização da criança em comerciais, propaganda de medicamentos, anúncios de produtos e serviços perigosos, além de desestimular o consumismo. Mas, como todo anúncio envolve diferentes valores morais, por vezes um julgamento provoca atritos entre o órgão e as agências/anunciantes.

Comentando a atuação do Conar na sustação de um anúncio do relógio Technos, Edilson Leitão, da agência Standard, do Rio, responsável pela criação e produção do anúncio, declarou que achava tudo uma "tremenda babaquice", em resposta ao parecer apresentado pelo relator do órgão, que justificava a condenação do comercial "porque tinha sido criado numa educação muito rígida". Além disso, o relator afirmava que não condenava o nu, mas o comentário "Que relógio!"[5]

Outra restrição que se faz ao Conar é que suas deliberações não têm força de lei. Porém, levando-se em conta que o Brasil é o país onde há leis que pegam e outras que não pegam, é prudente concluir que um órgão, resultante do interesse de publicitários, agências e veículos de comunicação, seja mais respeitado por eles mesmos do que algo criado artificialmente para acomodar a situação, mesmo que tenha força de lei:

> De certa forma, caberá ao próprio Conar ocupar os espaços e impedir ser ultrapassado pelos acontecimentos. De uma ação firme, colocando implacavelmente fora de circulação os anúncios que apelem para a mentira, para a desonestidade, para o mau gosto e que atentem para os valores instituídos da sociedade, dependerá o aumento de sua credibilidade e sua consagração como Tribunal Maior para a publicidade e o foro onde deverão ser julgadas suas causas [...] Caso contrário, a ação de grupos organizados de consumidores, legitimamente preocupados com sua proteção e segurança, ou legisladores, por boa intenção ou demagogia, acabará por esvaziar seu conteúdo. (Figueiredo, 1983, p. 150)

A Secretaria do Centro de Vigilância Sanitária do Estado de São Paulo, por intermédio do doutor Antonio Sérgio Jesus, um de seus responsáveis técnicos, argumentava que o Conar era bem mais eficiente no combate à propaganda lesiva de produtos ligados à saúde e à higiene (produtos farmacêuticos, inseticidas, detergentes etc.) do que qualquer ação que usasse os mecanismos jurídicos formais, pois, além da eficácia do Conar nas agências e veículos, os procedimentos baseados, por exemplo, no Código Sanitário, eram muito mais morosos e burocratizados.

---

5 O comercial mostrava uma mulher nua, apenas com sapato e com o relógio no pulso, passando perto de um homem que comentava: "Que relógio!" ("Conar...", *Jornal da Tarde*, 1987).

O Conar também tem atuado em casos judiciais que envolvem a ética publicitária, sendo ainda um dos membros do Conselho Nacional de Defesa do Consumidor.

Os processos instaurados pelo Conar apresentaram os seguintes números (Quadro 15), disponibilizados em seu site (www.conar.org.br) em 2007:

QUADRO 15 – PROCESSOS INSTAURADOS PELO CONAR			
Ano	Número de processos instaurados	Anúncios sustados	Instaurados por queixa do consumidor
2006	303	62	81
2005	361	77	112
2004	309	88	72
2003	368	110	164
2002	288	59	104
2001	264	97	62
2000	229	90	66
1999	292	124	52
1998	227	119	44

Percebe-se que a participação do consumidor tem sido importante, oscilando em torno de 30%, algo facilitado com a disponibilização de um espaço *on-line* no site do Conar, para o consumidor efetuar sua reclamação.

Os dados referentes a 2006 apontam que o setor de bebidas alcoólicas foi o que teve maior número de processos instaurados (17%), sendo o quesito "apresentação verdadeira" o questionamento mais citado nos processos (34%).

Se for levado em conta que são veiculados milhões de mensagens publicitárias a cada ano no Brasil, em que parte apresenta problemas éticos, esses números são extremamente modestos. Contudo, os processos instaurados funcionam como um sinalizador para o mercado, o que ajuda a formar uma conscientização positiva no sentido preventivo. A participação do consumidor nos processos instaurados é boa, embora o total de processos seja modesto. Uma das razões é o fato de o Conar ser desconhecido para a maioria das pessoas, conforme a série de pesquisas intituladas "A imagem da propaganda no Brasil", que a Associação Brasileira de Propaganda (ABP) promove desde 2002. Outra razão pode estar relacionada ao fato de o Conar ter uma concepção corporativa, voltando-se bastante para a resolução de conflitos entre agências e anunciantes e de agências entre si.

Ao disponibilizar suas decisões no site com acesso irrestrito, o Conar deu importante passo para tornar transparentes suas decisões perante a opinião pública. A título de exemplo, segue o teor de um caso julgado pelo Conar em abril de 2006 e reproduzido na íntegra (www.conar.org.br, acesso em 10/7/2007):

"Liberdade – Lubrificante Pessoal"

Representação nº 39/06

Autor: Conar, a partir de queixa de consumidor

Anunciante e agência: DKT e Emige

Relator: Ênio Basílio Rodrigues

Primeira e Terceira Câmaras

Decisão: Sustação

Fundamento: Artigos 1º, 3º, 6º e 27, parágrafos 1º, 2º e 3º e 50, letra "b" do Código

Consumidores de São Paulo insurgiram-se contra outdoor de lubrificante da DKT com a imagem de dois homens prestes a se beijar. Segundo as queixas, a peça seria inadequada por apelo excessivo à sensualidade e ao erotismo, temas impróprios para veiculação em mídia exterior, exposta diuturnamente a público amplo, inclusive crianças.

Antes mesmo que o Conar aceitasse a denúncia, em meio à divulgação oferecida pela imprensa, os outdoors passaram a ser retirados dos locais de exibição. Houve concessão de medida liminar, seguida de pedido de reconsideração pela defesa, apoiando-se nos protestos de pessoas contrariadas pela retirada dos cartazes. A medida liminar, no entanto, foi mantida pelo relator.

CONSUMIDOR *VERSUS* PROPAGANDA

Anunciante e agência afirmaram em defesa enviada ao Conar que a intenção da campanha era se comunicar com o público homossexual, alvo do produto anunciado, e que o fez de modo legítimo. Alegou que a imagem mostrava um "quase beijo", o que não deveria causar indignação, uma vez que a fotografia não se valia de vulgaridades, retratando apenas uma relação afetuosa.

Em seu parecer, o relator esclareceu que a opção sexual retratada no anúncio não foi o motivo da restrição aplicada a ele e que a peça seria igualmente ousada se, em vez de dois homens, mostrasse um homem e uma mulher em um "quase beijo". Não pela imagem, mas por sua associação a um produto denominado lubrificante pessoal. Para ilustrar sua consideração, o relator levantou a hipótese de uma criança que vê o cartaz e pergunta ao pai o que é lubrificante pessoal.

Dessa forma, recomendou a sustação definitiva da peça em função do veículo utilizado. Seu voto foi aceito unanimemente pelos membros do Conselho de Ética.

A atuação quantitativamente limitada do Conar, tendo em vista a grande demanda por soluções no campo da propaganda enganosa e abusiva, pode levar o setor publicitário a ser disciplinado pelo movimento consumerista em que outras entidades, como órgãos ligados a ministérios federais, poderão formular critérios indesejados ao setor.

As normas éticas sobre publicidade estão presentes também em instrumentos públicos. Com a promulgação da Constituição Brasileira, a publicidade recebeu regulamentação constitucional, especialmente no art. 220, constando que:

Compete à lei federal [...] estabelecer os meios legais que garantam à pessoa e à família a possibilidade de se defenderem de programas ou programações de rádio e televisão que contrariem o disposto no artigo 221, bem como da propaganda de produtos, práticas e serviços que possam ser nocivos à saúde e ao meio ambiente. (Parágrafo 3, inciso II).

A propaganda comercial de tabaco, bebidas alcoólicas, agrotóxicos, medicamentos e terapias estará sujeita a restrições legais nos termos do inciso II do parágrafo anterior, e conterá, sempre que necessário, advertência sobre os malefícios decorrentes de seu uso. (Parágrafo 4).

No rastro do art. 220, o Ministério da Saúde expediu portaria em 1988 para obrigar o uso da inscrição "O Ministério da Saúde adverte: fumar é prejudicial à saúde" em anúncios e embalagens de cigarros. Nos anos seguintes, novas normas foram impostas, como a que obriga os maços de cigarro a ostentar fotos de pessoas doentes ou de indivíduos com seqüelas do produto. Porém, dados da Maxwell International Report mostraram que a proibição da publicidade de cigarros não impediu o crescimento do consumo. Isso se verificou na Alemanha Ocidental, na Austrália, no Canadá, nos Estados Unidos, na Nova Zelândia, na Noruega e no Reino Unido, que proibiram anúncios em TV; e na Finlândia, na Itália, na Noruega e na Tailândia, que proibiram a propaganda de cigarros em todos os níveis. A recente proibição da publicidade de produtos de tabaco nos meios de comunicação de massa no Brasil também mostra pouca influência nesse mercado (Sonego, 2002, p. 40-1), porém será um passo na direção certa se vier acompanhado por políticas públicas consistentes sobre o tabagismo.

A atuação ética da publicidade também é muito controversa na área de medicamentos, tanto quando se dirige ao público, incentivando a automedicação, como quando se dirige diretamente ao médico. No entanto, é oportuno salientar que as ações dos laboratórios farmacêuticos sobre os médicos muitas vezes se dão por via direta ou por intermédio dos propagandistas (venda pessoal), algo que não pode ser atribuído exclusivamente à publicidade via meios de comunicação de massa. Quando se constata que cada pessoa tem necessidades e reações diferentes em relação a qualquer medicamento ou tratamento de saúde, surge o questionamento sobre a pertinência de persuadir o consumidor, massivamente, a comprar e consumir esses produtos.

Com a aprovação da Resolução RDC n. 102, de 30/11/2000, definiu-se pela primeira vez um regulamento claro sobre propaganda, mensagens publicitárias e promocionais de medicamentos. A partir dessa resolução e de outras normas da legislação sanitária, a Agência Nacional de Vigilância Sanitária (Anvisa) tem expedido autos de infração de propaganda em relação a medicamentos ("Propaganda...", Ministério da Saúde, 2005) (Quadro 16).

CONSUMIDOR *VERSUS* PROPAGANDA

QUADRO 16 – AUTOS DE INFRAÇÃO DE PROPAGANDA DE MEDICAMENTOS EM RELAÇÃO AO ANO	
36	2000
44	2001
136	2002
665	2003
970*	2004
*sujeito a alterações	

Outro procedimento publicitário controvertido que se incorpora no campo ético, inclusive no âmbito do Conar, são os anúncios de propaganda comparativa. O Código do Conar dispõe que "a publicidade comparativa será aceita, contanto que respeite os seguintes princípios e limites: a) seu objetivo maior seja o esclarecimento, se não mesmo a defesa do consumidor[...]".

Suscitaram processos nesse órgão as campanhas da Bom-Bril, que divulgou seu produto Mon Bijou lado a lado com o Confort, da Gessy-Lever; outro caso se configurou na campanha dos tabletes Valda e da goma de mascar Ploc, tendo a primeira campanha de ser refeita, enquanto a segunda foi vetada integralmente. Recentemente foram alvo de intervenção do Conar campanhas da Embratel e da Intelig, dos refrigerantes Coca-Cola e Dolly.

Talvez a mais polêmica tenha sido a que envolveu as cervejarias AmBev (com a marca Brahma) e a Schincariol (Nova Schin) em 2004, em que o garoto-propaganda desta última (Zeca Pagodinho) desrespeitou o contrato e passou a protagonizar, de forma agressiva, anúncios da Brahma: "Foi uma pena que tivemos de passar por isso neste ano. Com certeza, toda a publicidade brasileira perdeu. O consumidor brasileiro também não concordou com o ocorrido. Deixou a sensação de que os contratos não valem mais"[6]. Dados do Instituto de Pesquisa

---

6   Entrevista com Luiz Cláudio de Araújo, gerente de marketing da Schincariol (*apud* Nogueira, 2004, p. 10-5).

ACNielsen apontam para uma elevação da participação da cerveja Nova Schin no mercado brasileiro naquele período.

Pereira (2000, p. 128-9) estabelece diferentes tipologias de concorrência desleal por meio da publicidade, entre elas a "publicidade confusória". Nesse caso, uma organização concorrente pode subtrair a credibilidade, a imagem de marca e elementos empresariais de outra organização, induzindo a clientela a erro. A confusão ocorre pela imitação ou pelo uso indevido de elementos identificadores de determinado empresário ou de seus sinais distintivos pelo concorrente.

No entanto, o alcance das leis e dos instrumentos éticos parece ser limitado. Há anúncios que fogem a qualquer controle, embora seus efeitos sejam tão danosos quanto os mais "visíveis". Estamos nos referindo ao submundo da propaganda.

Essa terra de ninguém é compartilhada por anúncios "classificados", peças piratas, cartazes colados em postes, muitos anúncios veiculados na internet e vários exibidos em veículos de pouca expressão. Somados, formam uma rede de comunicação que atinge milhões de pessoas, geralmente atendendo o pequeno anunciante e até alguns empresários que operam na clandestinidade.

A propaganda ilegal consiste em anúncios que contrariam leis e diplomas legais do país, em âmbito federal, estadual ou municipal. Numa avaliação realizada pela prefeitura de São Paulo em 1990, apurou-se que havia nas ruas da cidade cerca de 1,4 milhão de anúncios publicitários irregulares (Alonso, 1990). Sem ser necessariamente ilegais, mas incomodando milhares de paulistanos, eram distribuídos, em 2001, 5,6 milhões de panfletos de imóveis por fim de semana, por meio de oito mil pessoas contratadas para esse fim ("A guerra...", *Veja*, 2001, p. 11).

Mas, em alguns casos, como nos classificados, há a participação de grandes veículos. Em uma única edição de jornal impresso diário (*O Estado de S. Paulo*, 11/11/2004, Classificados, p. 3 – Co3), constatamos 132 anúncios com apelos eróticos intitulados "Relax/acompanhantes"; traziam ofertas como: "AINARA COROA 38A Vadia faço só A. (ativíssima), faço porque gosto!! Jardins 8367-XXXX". Examinando uma edição de revista (*Revista da Folha*, encartada no diário *Folha de S.Paulo*, 15/8/2004, Classificados), encontramos algo parecido: "Casada Loira 27 anos, 1,71 alt. 62kg procura homem/casas p/ festa swing 27/08. Gostou? Ligue [...] 24h".

PROPAGANDA ENGANOSA E ABUSIVA

O Código de Defesa do Consumidor, em seu art. 37, estabelece que:

> É enganosa qualquer modalidade de informação ou comunicação de caráter publicitário, inteira ou parcialmente falsa, ou, por qualquer outro modo, mesmo por omissão, capaz de induzir em erro o consumidor a respeito da natureza, características, qualidade, quantidade, propriedades, origem, preço e quaisquer outros dados sobre produtos e serviços.

Considera que:

> É abusiva, dentre outras, a publicidade discriminatória de qualquer natureza, a que incite à violência, explore o medo ou a superstição, se aproveite da deficiência de julgamento e experiência da criança, desrespeita valores ambientais, ou que seja capaz de induzir o consumidor a se comportar de forma prejudicial ou perigosa à sua saúde ou segurança.

Dessa forma, enquanto a propaganda enganosa gera no consumidor expectativas não atendidas pela oferta do bem anunciado, a propaganda abusiva interfere negativamente nos valores socialmente aceitos. A primeira tem um parâmetro mais material e evidente, ao passo que a segunda é mais ideológica e moral.

O Sistema Nacional de Informações de Defesa do Consumidor, vinculado ao Ministério da Justiça, disponibiliza o Cadastro Nacional de Reclamações Fundamentadas (Ministério da Justiça, 2007), cujos primeiros dados foram relativos ao período de janeiro a agosto de 2006, consolidando informações de alguns estados brasileiros. Esse primeiro cadastro apontou 190 menções de publicidade enganosa e abusiva.

O Procon do estado de São Paulo talvez seja o mais bem estruturado e com o maior número de intervenções; é ele que disponibiliza o Cadastro de Empresas Reclamadas (Fundação de Proteção e Defesa do Consumidor – Procon, 2007). Em 2003, foram encontradas 452 menções de publicidade enganosa e abusiva: só a Sul América Capitalização S.A. foi responsável por 58 reclamações dessa natureza. Em 2004, foram 283 menções sobre a publicidade, cabendo à Valor Capitalização S.A. 22 reclamações de publicidade enganosa. No ano de 2005, houve 238 menções sobre publicidade enganosa e abusiva (1,82% em relação ao total de reclamações recebidas pelo Procon naquele ano), cabendo à Vivo-Telesp Celular S.A. 25 reclamações. O ano de 2006 registrou 286 reclamações sobre publicidade (1,37% em relação ao total de reclamações), das quais 27 couberam à Vivo-Telesp Celular S.A.

PROPAGANDA ENGANOSA

A propaganda enganosa consiste na mensagem persuasiva cujo discurso difere daquilo que realmente é oferecido ao indivíduo, normalmente apresentando-se aquém de suas expectativas.

Enganar sempre esteve – e sempre estará – presente na sociedade. Os pais podem enganar os filhos, que podem enganar os avós; o governo pode enganar o contribuinte, e este, o fisco. Tal ato torna-se especialmente intolerável na publicidade, na medida em que organizações com interesses próprios acarretam prejuízos monetários e morais a uma coletividade.

Um modelo de propaganda enganosa pode ser inspirado na teoria da percepção da qualidade dos serviços, apresentada por Zeithaml, Berry e Parasuraman (1988, p. 35-48), até porque a publicidade é um serviço prestado ao consumidor. Isso porque informações, símbolos, omissões e conteúdos no anúncio podem influenciar o consumidor na tomada de decisões ou no julgamento daquilo que é anunciado. Nesse sentido, a propaganda enganosa gera diferença (*gap*) depreciativa entre o que é comunicado e o que é realmente entregue ao consumidor. Segundo Zeithaml *et al.* (*op. cit.*), a publicidade e outras formas de comunicação do anunciante podem afetar as expectativas do consumidor. Discrepâncias entre o serviço entregue e a comunicação externa – na forma de promessas exageradas ou ausência de informação sobre aspectos do serviço entregue para bem servir o consumidor – podem afetar a percepção do consumidor sobre a qualidade do serviço.

O grau de credibilidade que o consumidor atribui à publicidade é fator decisivo para a exposição perante a propaganda enganosa, assunto que será desenvolvido mais adiante.

O caráter verossímil da oferta publicitária formata a propaganda enganosa junto do consumidor. Essa arquitetura vale-se de recursos persuasivos que induzem o consumidor ao erro:

- Apelos que omitem informações relevantes, exageram na performance, enaltecem qualidades inexistentes ou deformam conteúdos, aproveitando-se de um contexto persuasivo.
- A oferta apresenta-se óbvia, vantajosa, indiscutível, o que desarma e induz ao erro. O consumidor sente-se desautorizado a contestar algo tão evidente.
- A apresentação e os recursos estéticos do anúncio são dimensionados a fim de que o consumidor tenha seu foco de atenção desviado de conteúdos relevantes.
- A retórica firme, com autoridade, contundente, ritmada, confere confiança e segurança para a aquisição, mas não a ponto de resistir a qualquer análise objetiva.
- À oferta agregam-se elementos que são confiáveis, respeitosos, por vezes éticos, mas, de fato, não se integram a ela em sua totalidade.
- O anúncio desvia-se das condições reais de consumo do produto e volta-se para situações lúdicas e abstratas de seu uso.
- A verdade é desvalorizada no anúncio. Os apelos emocionais colocam-na em segundo plano, valendo-se do humor, dos apelos sensuais e dos modismos.
- O anúncio não mente, mas usa modelos culturais viciados – crenças populares, hábitos hereditários, costumes reprováveis. Contestar a veracidade do anúncio seria contestar a cultura vigente.

- O anúncio publicitário torna a oferta conveniente: fácil de usar, rápida na solução do problema, barata para a aquisição, disponível a qualquer hora ou em qualquer lugar.
- A superioridade da oferta é total, inclusive sobre uma concorrência retratada convenientemente de forma desfalcada.
- A mensagem publicitária não é claramente identificada como tal; o consumidor é enganado ao pensar que se trata de conteúdo editorial, informativo ou de entretenimento.

Lampreia (1983, p. 27-34) estabelece outras formas para o emprego da propaganda enganosa:

A) DISSIMULADA: consiste em anúncio disfarçado no conjunto editorial. Há casos em que anúncios apresentam a mesma tipologia gráfica dos demais elementos editoriais para se fazer passar por matérias jornalísticas, apropriando-se, assim, da credibilidade da imprensa. Essa dissimulação, no entanto, é tolhida pela legislação, que obriga a colocação de fios isoladores para o anúncio, além do emprego da tarja de informe publicitário.

B) OCULTA, CLANDESTINA OU INDIRETA: é a aparição de produtos e marcas no contexto de programas dos veículos de comunicação; são bens que aparecem em cenas de filmes, marcas que fazem parte de um programa, nome de empresa que está explícito num capítulo de novela, ou a própria degustação do produto em programas infantis.

C) SUBLIMINAR: é anúncio que contém informação emitida fora do limiar de percepção humana, como a presença de uma marca ou frase em menos de 16 fotogramas de um filme, cuja velocidade de projeção não permite uma visualização consciente. Tal informação seria registrada somente no subconsciente.

Esta última tem sido alvo de intensas discussões. A banda visível da cor para o ser humano é de aproximadamente 390 nm a 780 nm, e en-

CONSUMIDOR *VERSUS* PROPAGANDA

tre 15 a 20 mil hertz para o som. Imagens e sons fora desses limiares seriam subliminares. Estudos mostram que é possível obter percepção subliminar, mas não fazer persuasão subliminar. No primeiro caso, a percepção de uma pessoa pode ser influenciada por uma imagem, algo que teria eficácia limitada, efeito fraco e de curta duração, geralmente poucos segundos ou minutos. Já a persuasão seria inviável, na medida em que estímulos subliminares não permitem mudar o comportamento ou a personalidade de forma duradoura e significativa (Hockenbury e Hockenbury, 2003, p. 85).

Segundo Turner (1968, p. 288), em 1934, uma companhia britânica experimentou a projeção de marcas sobre a tela de cinema de forma muito rápida para serem conscientemente captadas, e também transmitiu mensagens sonoras fora do limiar da percepção das pessoas, fazendo que elas não percebessem os elementos.

No entanto, as experiências mais marcantes ocorreram na metade dos anos 1950, em que exibidores norte-americanos utilizaram recursos de projeção de mensagens, em velocidades subliminares, em telas de cinema. Em 1957, James Vicary realizou uma dessas demonstrações, ao projetar as frases "Coca-Cola" e "Coma pipocas" na tela de um cinema em New Jersey, na velocidade de tempo de 1 por 3.000 de segundos, durante o filme *Pic-nic*. Mas suas alegações de incremento da venda desses produtos na saída do cinema nunca foram cientificamente comprovadas. Outros relatos encomendados por esses empresários falavam em aumento substancial na venda de produtos cujas marcas tinham sido projetadas, mas nenhum instituto independente conseguiu comprovar tais efeitos. "Mais tarde, Vicary admitiu que tudo aquilo que dissera não passava de uma mentira para atrair os clientes para o seu decadente negócio" (Hockenbury e Hockenbury, *op. cit.*, p. 85). Nesse sentido, Miguel Angel Furones, diretor de criação da Vitruvio/FCA, faz um interessante comentário sobre a possibilidade de manipulação da publicidade subliminar:

> Eu creio que não manipula em absoluto [...] Na minha opinião, trata-se de um dos grandes tópicos que circulam por aí [...] Se realmente manipulasse, os

grandes poderes fáticos que existem em nossa sociedade a utilizariam [...] Se não se utiliza, é pela simples razão de que não serve para nada [...] Toda profissão tem um fantasma e na nossa esse papel é desempenhado pela publicidade subliminar [...]. (*Apud* Roselló, 1988, p. 128)

Consultando-se levantamentos referentes a seis países europeus, ou seja, França, Alemanha, Itália, Holanda, Bélgica e Luxemburgo, um anúncio é enganoso quando fere o princípio da veracidade, quando traz indicações inexatas ou quando as indicações não correspondem à realidade. A Itália parece ser o país mais tolerante com os exageros publicitários, dando conta de que, "em matéria de publicidade, não se observa rigorosamente a verdade e que, sabendo disso, a clientela adota geralmente uma atitude desconfiada e procede ela própria às retificações necessárias" (Bulgarelli, 1985, p. 90).

Enquanto isso, David Ogilvy (*apud* Farias, *op. cit.*, p. 22), presidente da Ogilvy & Mather, relatava: "Acho que hoje, pelo menos nos países desenvolvidos, 90% dos anúncios são honestos, porque a maioria dos produtos é de boa qualidade. Isso não se deve ao fato de que os fabricantes têm bom coração: eles simplesmente querem vender".

Se num país desenvolvido como a Itália os anúncios enganosos são tratados como se a publicidade não tivesse responsabilidade social, e se pelo menos 10% dos anúncios nos países desenvolvidos são considerados desonestos (por um influente publicitário), não há por que se espantar com o fato de a propaganda enganosa ser encarada como um problema global, distante de uma unanimidade.

São infindáveis os exemplos de propagandas deceptivas, algumas apregoando o fim da calvície, o emagrecimento de vários quilos em poucos dias, sem efeitos colaterais, o enriquecimento certo. Algumas são acintosas, caso da animação de brinquedos inanimados, que provocam frustração na criança, ou daqueles equipamentos de ginástica que modelam o corpo sem esforço. Outras mentem com sofisticação, como as que induzem ao crediário ou levam ao consumismo. Até os anúncios do governo contêm inverdades, como a imprecisão de campanhas do Ministério da Saúde (Gonzalez, 2002).

CONSUMIDOR *VERSUS* PROPAGANDA

Ocorrem, no entanto, exemplos em que a publicidade anuncia de forma plenamente verídica, mas outros elementos da cadeia de comercialização tornam a informação publicitária sem valor ou até errada, como produtos que não são encontrados no ponto-de-venda por culpa do distribuidor ou em decorrência de o preço ter sido fixado de forma errada pelo comerciante.

O fato é que a propaganda enganosa é sintomaticamente relacionada com a defesa do consumidor, isso porque a publicidade é uma referência informativa e um importante componente para a aquisição de produtos. O consumidor age diante da publicidade de acordo com o somatório de experiências que tenha obtido com anúncios. Portanto, se a credibilidade do setor for baixa, mais difícil será a aceitação de cada anúncio. A propaganda enganosa talvez seja o procedimento publicitário que mais desperte o descontentamento social com o setor.

Pesquisa[7] do Instituto Ethos argüiu: "Qual destas atitudes da empresa fariam que você não voltasse jamais a comprar seus produtos ou usar seus serviços?" O item mais apontado foi quando a empresa "veicula propaganda enganosa", fator que obteve o primeiro lugar nos anos de 2000, 2001 e 2002, sendo o índice, neste último, de 43%.

Helio Mattar, do Instituto Akatu pelo Consumo Consciente, revela uma pesquisa (*apud* Araújo, 2007, p. 22) feita pelo instituto em que foram listadas 30 ações negativas para que o consumidor apontasse as que o fariam rejeitar uma empresa. Em primeiro lugar ficou a propaganda enganosa, com 54% das respostas. Em seguida, colaborar com políticos corruptos (48%) e ter produtos nocivos à saúde (42%).

PROPAGANDA ABUSIVA

A propaganda abusiva tem sido polemizada por afetar valores sociais relevantes, que são diferentes entre grupos e mudam de acordo com processos de aculturação e ao longo do tempo. Seria o caso do beijo na boca, que foi socialmente condenável na primeira metade do sécu-

---

7 Entrevistas realizadas com 1.002 pessoas entre 18 e 74 anos no Brasil em 2001 (Instituto Ethos, 2002).

lo XX e hoje não o é mais; ou de cenas de tabagismo, que eram toleradas em seriados voltados para crianças e adultos e hoje são vistas criticamente. Os valores mudam e a publicidade precisa acompanhar essas mudanças, como os limites que a sociedade estipula para conteúdos sexuais.

Numa pesquisa elaborada pelo Gallup no Brasil, 72% dos entrevistados achavam que deve haver censura em cenas de sexo na propaganda. O publicitário Agnelo Pacheco, depois de utilizar o erotismo nas primeiras campanhas da calcinha Hope e da cueca Mash, declarou estar fugindo dessa linha, embora reconheça que as vendas cresceram muito além do esperado; ele acha que atualmente o erotismo está massificado, comprometendo os anúncios que usam esse apelo (Militello, 1988).

A utilização do apelo sexual, fora dos limites éticos ou morais, enquadra-se como propaganda abusiva, como o comercial de TV da ducha Lorenzetti, que apresentou, de relance, um nu frontal feminino, demandando sua apresentação após as 22 horas. Fato inegável, porém, é que muitos consumidores aprovam esse tipo de apelo e, em função dessa "ousadia", canalizam certa preferência para a marca. De acordo com uma vendedora da Casa das Cuecas (Magarian, 1987), as vendas cresceram com a colocação dos *outdoors* do rapaz vestido apenas com uma gravata. "As clientes gostaram e acharam diferente. Algumas até comentaram que a gravata devia ser menor."

Um caso rumoroso de propaganda abusiva ocorreu em 2005, quando boates veicularam *outdoors* na cidade de São Paulo para aproveitar a corrida de fórmula-1 programada para a cidade. Inseriram, em uma das peças, um "profissional de corrida" de pé com o macacão parcialmente retirado e, em posição inferior, uma mulher seminua, de modo a sugerir sexo oral. As peças foram retiradas pela prefeitura e denunciadas pelo Conar.

Outro caso de propaganda abusiva ocorreu em 1986, envolvendo o anunciante Valisère e a agência GTM&C. O anúncio, que mostrava cinco adolescentes vestindo *lingerie*, estava programado para ser veiculado apenas em revistas femininas. Porém, durante a promoção da

CONSUMIDOR *VERSUS* PROPAGANDA

campanha na imprensa, uma foto com duas das modelos acabou sendo veiculada na revista *Club*, dirigida ao público masculino. Os familiares das meninas protestaram, pois a agência de modelos Margot e Ângela, que contratou as meninas, garantira aos pais que a veiculação ficaria restrita às revistas femininas (Zigband, 1986).

Há ainda anúncios cujo apelo, contexto e produto se referem claramente às mulheres mais adultas, mas, no entanto, utilizam modelos femininos muito mais jovens, ludibriando o mercado. O uso de modelos magras e excessivamente magras também tem sido alvo de críticas, pois tenta passar o conceito de que ser magra é sinônimo de beleza, *status*, moda e realização. A mulher, em pleno século XXI, ainda é retratada em alguns anúncios de forma estereotipada, o que também atinge outros públicos.

> A principal reclamação é que a propaganda tende a retratar certos grupos de uma forma muito intolerante e previsível: afro-americanos e outras minorias são historicamente retratados de forma desproporcional em papéis da classe trabalhadora e não em toda a variedade de posições que eles ocupam; as mulheres também são estereotipadas como donas-de-casa ou objetos sexuais; e os idosos ainda são caracterizados como pessoas débeis e esquecidas. (Shimp, 2002, p. 78)

Uma das formas abusivas de propaganda está no mecanismo de transferência de valores de um pequeno grupo para toda a sociedade. Jaquetas de grife, relógios de fórmula-1 e brinquedos diferenciados voltados para segmentos afluentes da população são anunciados em meios de comunicação de massa e passam a atiçar outros públicos. Isso faz que consumidores, impossibilitados de alcançar a realidade mostrada, passem a comprar não por precisarem, mas por quererem atingir o patamar preconizado pelo anúncio. Essa ação, de um lado, gera ansiedade e frustração aos que não podem realizá-la e, de outro, é conflituosa para os que conseguiram alcançá-la, mas pela qual pagaram um alto preço, além de terem possivelmente adotado um valor artificial diante dos que estão estabelecidos em seu grupo social.

Talvez um exemplo clássico de propaganda abusiva seja o de algumas peças baseadas no trabalho do fotógrafo Oliviero Toscani para a Benetton. Suas fotos figuraram em anúncios dos anos 1990, mostrando-se polêmicas: exibiam cenas chocantes (uniforme de um soldado morto em guerra), quebra de tabus (beijo entre padre e freira) ou imagens que possibilitavam interpretações de discriminação racial (menino negro com penteado na forma de "chifrinhos" e menina branca com ar angelical). Esse trabalho procurou endossar um posicionamento de marketing da Benetton, que tinha como diferencial comercializar roupas coloridas. O diferencial motivou estabelecer o tema "United Colors of Benetton", que tem vínculo direto com a diversidade étnica, o pluralismo cultural e o realismo social.

A indústria, coerentemente com seu posicionamento mercadológico, pretendeu passar para os anúncios um contexto de realidade, algo que foge à rotina publicitária, que, via de regra, mostra um mundo fantasioso. Porém, parece que o teor dessas mensagens foi além dos limites socialmente tolerados, ocasionando protestos, boicotes e processos judiciais. Segundo Veríssimo (2001, p. 160):

> Já ao transpor a realidade para a publicidade, utilizando a força e o impacto de imagens que refletiam, explícita ou implicitamente, assuntos que, nos momentos das exibições, eram de real importância para a humanidade, a Benetton atingiu um grande objetivo publicitário: ganhar capital de notoriedade para a marca.
>
> [...] Aliás, como afirmou Luciano Benetton, "não creio que estas campanhas vendam mais camisas, mas, mais que um produto, vendem uma imagem".

Nessa linha de trabalho, algumas outras indústrias de vestuário, grifes de roupas e butiques se aventuraram, como a Du Loren, com sua linha de *lingerie*. Isso porque a conquista de um usuário exigente, como é o caso de fabricantes de roupas em relação à sociedade afluente, dependerá do êxito em conferir aos produtos uma "personalidade" com a qual tal público se identifique, o que, nesse caso, significa trabalhar com valores arrojados, polêmicos, inusitados, chocantes e fronteiriços.

Trabalhar nesse limiar valorativo é sempre um risco, pois a publicidade sempre atingirá públicos "indesejados", em virtude de seu caráter massivo. Cabe aos anunciantes e publicitários calibrar esse avanço de fronteiras para conseguir os efeitos desejados e, ao mesmo tempo, não ferir os valores de toda a sociedade. Tal esforço de planejamento requer conhecimentos publicitários e multidisciplinares atualizados e aprofundados, o que reforça a necessidade de o exercício da propaganda ser guiado pelo profissionalismo e pelo preparo ético.

CONTEÚDOS DECEPTIVOS

Não há receitas para detectar a propaganda enganosa ou abusiva. Existem, porém, indícios que muitas vezes podem levar o consumidor ao dano. Nesse sentido, o discurso publicitário tem uma série de ingredientes que podem frustrar o consumidor, trazendo prejuízos de ordem econômica, moral e social. O consumidor deve ficar atento.

LIQUIDAÇÃO, OFERTA, PROMOÇÃO: são termos comumente usados em anúncios que levam o consumidor a pensar que há uma significativa redução do preço, o que nem sempre corresponde à verdade. Embora tais termos estejam muito desgastados pelo uso indiscriminado e pelos efeitos frustrantes, sempre causam curiosidade, demandando atenção para o preço e para a qualidade do que está sendo promovido, muitas vezes não compensando o deslocamento até o local.

PRECIFICAÇÃO: nem sempre adjetivos como "barato", "moleza", "quase de graça", "imperdível" ou "o menor preço" significam melhor valor de compra. A omissão dos preços real e total deve ser motivo de preocupação, o que, no mínimo, pode demandar um trabalho adicional do consumidor: entrar em contato com a empresa para certificar-se se vale a pena se deslocar para adquirir o produto. Preços em moeda estrangeira precisam ser observados dentro de um quadro de totalidade e compatibilidade com a moeda nacional. Por vezes, o preço colocado no anúncio esconde a incidência de outros custos, como frete e postagem.

"INIGUALÁVEL" E PALAVRAS SEMELHANTES: são termos que algumas vezes exageram a qualidade do produto. "É o melhor", "Você não vai encontrar nada igual", "É o único" são alguns outros exemplos. Esses termos muitas vezes mais causam impactos persuasivos do que expressam uma real categoria do produto.

"NOVO", "CHEGOU": são expressões que comunicam uma novidade. Porém, há casos em que produtos "novos" são relançamentos, ou apenas produtos "maquiados". Podem expressar apenas a idéia de modernidade ou modismo, sem trazer benefícios reais ao consumidor.

IMAGENS BONITAS: principalmente na televisão são apresentados produtos perfeitos, bonitos, fáceis de manusear, plenamente ajustados ao estilo de vida do consumidor. Esse "mundo perfeito" deve ser analisado com cuidado, pois a realidade muitas vezes revela-se diferente, como ocorre com brinquedos para montar ou eletrodomésticos que precisam ser instalados. Por vezes, ilude-se o consumidor com imagens em que o eletrodoméstico ou o utensílio culinário apresentam excelentes performances no comercial, mas, no dia-a-dia, verifica-se que o trabalho de limpeza e manutenção é de tal ordem que desencoraja seu uso novamente. Inúmeros apartamentos são vendidos por meio de folhetos que apresentam o prédio de forma acessível (boa localização), com bom isolamento (sem outros prédios vizinhos) e muita área verde; mas, quando o interessado chega ao local, a realidade é bem diferente da imagem anunciada.

CRIANÇA: a publicidade tem usado a criança em situações de risco, erotismo, práticas ilícitas e até diante de comportamento socialmente condenável. Tais situações não têm sido muito combatidas em razão do entendimento de que tudo é "brincadeira", já que são protagonizadas por crianças. Anúncios que mostram crianças dirigindo, crianças furtando doces são exemplos de que a propaganda passa valores inadequados a pretexto de conceber uma atmosfera lúdica.

CONSUMIDOR *VERSUS* PROPAGANDA

DEFORMAÇÕES GRAMATICAIS: são expressões usadas propositalmente de forma incorreta, como palavras e estrangeirismos. A pretexto de aproximar o produto ou serviço do universo social do público-alvo, alguns anúncios trazem termos ou pronúncias avessos aos esforços educacional e cultural defendidos pela sociedade.

INFORMAÇÕES INCORRETAS: são conteúdos que revelam desinformação, descuido ou ignorância do anunciante/publicitário. Informações incorretas e imprecisas são a base da propaganda enganosa. Nesse item, podem ser incluídos anúncios que afirmam que o produto tem um selo de qualidade, como os da linha ISO, cuja aplicação ou vantagem ao consumidor é relativa. Ou então anúncios que induzem ao erro: produtos *diet* que não são dietéticos, ou produtos geneticamente modificados que não contêm tal informação na propaganda. O uso de letras minúsculas, quase ilegíveis, pode ser considerado uma forma de desinformar o consumidor, privando-o de uma decisão mais consciente e conseqüente.

PERSUASÃO EDITORIAL: é a prática do merchandising publicitário, ou *tie-in,* ou *product placement.* Toda dissimulação publicitária em conteúdos editoriais pode ser interpretada como uma manipulação da crença do consumidor da informação.

GESTOS E CALÃO: gestos obscenos e calão podem ser usados para sugerir um comportamento natural e informal, contabilizando para o anúncio maior afinidade com seu público. Deve-se observar que tal significado pode não ser compartilhado por outros públicos de interesse, que podem se sentir ofendidos e até chocados com esse tipo de manifestação.

CONVENIÊNCIA: no mundo da propaganda, fantasia-se a realidade com "conveniência". Com um simples toque ao telefone o consumidor já fala com o serviço público; com apenas uma passada do produto de limpeza, o chão ou o móvel ficam impecavelmente limpos; nos bancos, os clientes estão sempre felizes, pois não enfrentam filas e todos os serviços são imediatos. Muitos anúncios usam expressões como "é só ligar", ou "num piscar de olhos", dando a impressão de que o consumidor terá o produto ou o serviço à mão, imediatamente. Essa fantasia oculta fatores inerentes a uma compra, como transação financeira, aprovação de cadastros, limite de estoques e transporte. Não são poucos os consumidores que, depois de convencidos da conveniência de comprar um *freezer* ou uma TV de 42 polegadas, descobriram, após a compra, que tais aparelhos não entravam no elevador ou na casa, além de demandarem serviços de assistência técnica especiais.

COMPARAÇÃO: o discurso de propaganda comparativa muitas vezes é agressivo. Em vez de mostrar os aspectos qualitativos e quantitativos que uma marca tem em relação à concorrente, parte para a ofensa ou para o denegrimento. Além do dano da desinformação, a propaganda comparativa causa rivalidades e hostilidades entre empresas que não interessam ao consumidor, mas acabam por confundi-lo.

PROPRIEDADES IRREAIS: são aspectos estéticos que denotam ou conotam propriedades a que produtos e serviços são incapazes de atender. É o caso de medicamentos que prometem curar certas doenças, que se dizem afrodisíacos, ou de tratamentos que emagrecem com rapidez e sem danos colaterais. Também é o caso de brinquedos inanimados, que nos anúncios se movem sozinhos. Ou então de produtos que prometem algo às pessoas – muitas vezes aquilo com que elas sempre sonharam –, mas, na prática, não são capazes de cumprir: rejuvenescimento, memorização perfeita, sono tranqüilo, agilidade nos afazeres, atratividade em relação ao sexo oposto, aprendizagem de um idioma estrangeiro durante o sono.

ESTEREÓTIPOS: são idéias e símbolos que sintetizam pontos de vista tradicionais na cultura social, mas, por vezes, traduzem preconceitos, como a insistência de usar a mulher como apelo sexual em anúncios de bebidas alcoólicas, imóveis e automóveis, ou então a figura de pessoas obesas para criar uma atmosfera engraçada ou uma situação ridicularizadora.

CONSUMIDOR *VERSUS* PROPAGANDA

COMPROMISSO SOCIAL: alguns anunciantes, a fim de conquistar um posicionamento ético mais elevado, procuram incorporar ao discurso publicitário uma imagem de responsabilidade social. Incorporam na mensagem compromisso com as futuras gerações, com a ecologia, com as leis, com a educação, com a saúde etc. Nota-se, porém, que muitos anunciantes utilizam tal discurso de forma oportunista. Usam, na verdade, a retórica da responsabilidade social de forma demagógica, talvez com o intuito de angariar residuais de aceite social para suas práticas mercadológicas.

IMEDIATISMO: "venha correndo", "pronta entrega", "instantâneo", "cura rápida" são termos que induzem o consumidor a pensar que poderá usufruir da oferta ou do produto imediatamente, o que não ocorre em muitas situações.

BRINDES: a sedução de um anúncio pode ter como ingrediente o apelo de vantagem ao consumidor, como, na compra de algo, ganhar um brinde. Cabe refletir se o custo do mimo simplesmente não está diluído no preço que se está pagando. Ou, então, se o custo–benefício da oferta é compensatório. Também é possível registrar casos em que consumidores juntaram cupons, rótulos, embalagens, tampinhas para receber brindes e enfrentaram problemas, como poucos locais para a realização das trocas ou término da promoção. As crianças são os alvos preferenciais dessas táticas.

VALORES ABUSIVOS: são ilustrações e expressões que carregam discurso ideológico discriminatório (religião, raça, cultura), fazem apologia ao consumismo, ou passam valores condenáveis (suicídio, falsificação, descuido ambiental).

DEFESA CONTRA A PROPAGANDA

O consumidor de hoje reveza-se em condutas tradicionais e inovadores. Às vezes, seu comportamento parece sinalizar para compras das mesmas marcas e sintonizar com produtos e serviços aos quais está habituado; mas fatores pessoais ou sociais podem causar mudanças significativas a ponto de reverter seu comportamento em determinadas relações de consumo. Há uma mescla de comportamentos previsíveis e conservadores com comportamentos inusitados e inovadores.

Esse dinamismo comportamental mexe diretamente em suas expectativas quanto ao serviço publicitário e condiciona o grau de tolerância que atribui à propaganda enganosa e abusiva. Zeithaml e Bitner (2003, p. 69) consideram que cada consumidor atribui uma zona de tolerância à defasagem que há entre o serviço desejado e o adequado. Caso o serviço fique abaixo do adequado, haverá manifestação de insatisfação. Da sujeira na comida preparada pela mamãe ninguém reclama com a mesma veemência com a qual o faz se isso acontecer com a comida do restaurante, embora nem a mamãe nem o restaurante tenham intenção de trazer danos.

O consumidor estipula um "delta" diferente de tolerância para aceitar danos provocados pelas instituições com as quais se relaciona. No caso da publicidade, esse "delta" é maior (maior tolerância) se o anunciante é idôneo, se o dano é pequeno, se há compensações significativas, se o grupo com o qual convive também é mais condescendente com a publicidade etc.

O dilema da propaganda é que, de um lado, para se tornar uma prestação de serviço eficaz, precisa atuar em espaços limítrofes da aceitação ética para conseguir os efeitos persuasivos desejados; mas, de outro, não pode ultrapassá-los para não ser penalizada. Ocorre que os referenciais que separam os dois lados são nebulosos e mutantes, já que a sociedade e os grupos freqüentemente alteram seus valores sociais, notadamente no contexto atual guiado pela sociedade da informação.

Tal discussão exemplifica a necessidade extrema de conhecer os valores sociais da atualidade para calibrar o uso da publicidade, quer em termos de conteúdo, quer em termos de forma ou mídia. Conforme a incidência de fatores pessoais e sociais, o público atribui um "delta" de tolerância a fatores polêmicos. Se o anúncio estiver nesse "delta", será socialmente aceito; caso contrário, poderá ser alvo de denúncias, processos ou boicotes.

A autodefesa e a defesa tutelada diante da propaganda deceptiva abrem outro ponto de discussão. A autodefesa é postulada pelos que argumentam que a propaganda enganosa é como um agente doentio no organismo. Com o contato, o próprio organismo vai criando anticorpos que combaterão essa doença em experiências futuras. No caso de um anúncio enganoso, esse efeito inoculador faria que o consumidor nunca mais comprasse aquela marca e evitasse conteúdos semelhantes. A grande inconveniência desse procedimento é com relação a produtos caros, cuja recompra seja difícil de ocorrer, impedindo assim o consumidor de punir o anunciante. Outro inconveniente é se a conseqüência for muito grande, como no caso de danos morais e coletivos.

A defesa tutelada contra a propaganda lesiva vem sendo patrocinada tanto na esfera legislativa (leis, órgãos) como na ética do setor (Quadro 17).

QUADRO 17 – EXEMPLOS DE AÇÕES TUTELADAS CONTRA A PROPAGANDA LESIVA		
Âmbito	Instrumento normativo	Entidade
Ético	Código do Conar	Conar
Legal	Código de Defesa do Consumidor – Lei n. 8.078	Procon, Justiça
Legal	Legislação sanitária; RDC n. 102	Anvisa
Legal	Código Penal; Estatuto da Criança e do Adolescente	Órgão da administração pública

A penalização para as práticas publicitárias lesivas ao consumidor tem sido levada a cabo por diferentes entidades, como as entidades públicas de defesa do consumidor, os órgãos ministeriais e o Conselho Nacional de Auto-regulamentação Publicitária (Conar), que, entre todos, tem mostrado números menores de punição.

No caso brasileiro, muitos defendem a simples aplicação de multas pesadas ao anunciante que patrocinar a propaganda enganosa:

> Proteção efetiva ao consumidor só existe quando existem sanções econômicas respaldando-a! Não que se construam cadeias para todos os infratores, mas que haja aplicação de multas ou até a suspensão de atividades. Veja o caso de uma empresa inglesa denunciada no Congresso Mundial de Proteção ao Consumidor em Londres: ela anunciava que seu suco de frutas era natural, provaram que não era e ela foi multada em 250 mil dólares! Pergunto: esta ou outra empresa qualquer embarcará outra vez na canoa da publicidade fraudulenta? Nunca! E eu poderia dizer o mesmo se ela tivesse sido somente advertida [...] depois de ter veiculado, para milhares ou milhões de pessoas, uma mentira? ("Proteção...", *Briefing*, 1978, p. 14)

Portanto, a arma contra a propaganda enganosa é a informação, a visão crítica do mundo e a racionalização por parte do consumidor. As leis, as entidades consumeristas e os organismos éticos do setor publicitário complementam as defesas do consumidor contra tal prática.

CREDIBILIDADE DA PROPAGANDA

O consumidor pode ser enganado pela propaganda uma vez que atribui certa credibilidade ao que é anunciado. Portanto, discutir a credibilidade da propaganda é avaliar o peso dessa instituição nas relações de consumo de cada pessoa.

Quem não acredita na propaganda comercial não se deixará levar por qualquer promessa ou informação de caráter publicitário. Já quem considera os anúncios absolutamente críveis tomará as decisões de consumo de forma inquestionável. Ambas as situações, porém, não são realistas, uma vez que cada pessoa atribui, em maior ou menor grau, uma dose de credibilidade a uma peça publicitária.

Diversos fatores colaboram para que um indivíduo creia na propaganda: condições do próprio indivíduo (personalidade, vulnerabilidade emocional, poder aquisitivo), passado do anunciante/marca, grau de

CONSUMIDOR *VERSUS* PROPAGANDA

inovação do produto anunciado, influência da mídia em que há a inserção, formato da apresentação, histórico da propaganda, entre outros.

A credibilidade de uma instituição, no caso, a propaganda comercial, compõe-se do somatório das impressões e dos conceitos que as pessoas têm a seu respeito.

A frase popular "Isso é propaganda", usada no sentido de "não acredite nisso", dá bem uma amostra de como a sociedade tem tido amargas experiências com anúncios.

A publicidade se desenvolve baseada em muitos atributos (veículos, agências, anunciantes, publicitários, produtores etc.) e nas conotações de valores do negócio publicitário (honestidade, veracidade, informação, entretenimento etc.). Portanto, avaliar a credibilidade do negócio é lidar com uma estrutura complexa que demanda variadas e múltiplas formas de mensuração, o que impede qualquer quantificação completa ou exata. Uma das formas de que podemos nos valer para abordar o assunto é selecionar alguns indicadores dessa credibilidade e, em função deles, fazer incursões sobre a área publicitária em questão.

Se "premiação no exterior" for indicador de credibilidade, o Brasil não está mal situado, uma vez que tem obtido boas colocações em festivais internacionais, inclusive se posicionando à frente de países de economia desenvolvida. No Festival de Cannes (Cannes Lions), por exemplo, a performance do Brasil tem sido boa: em 2003, finalizou sua participação com 33 Leões; em 2004, com 41; em 2005, com 43; em 2006, com 29; e em 2007, com 30. Historicamente, o Brasil tem ficado em terceiro lugar, abaixo apenas dos Estados Unidos e da Grã-Bretanha.

Em pesquisa realizada por Mazzon *et al.* (1979, p. 136-41), foi aferido que:

- as pessoas de menor poder aquisitivo dão mais importância à propaganda do que as de maior poder aquisitivo, de maneira que a propaganda exerce menor influência sobre estas últimas;
- as mulheres acreditam mais na propaganda do que os homens, os quais, pelo menos, reconhecem seu espírito informativo;

- as pessoas que têm maior grau de instrução examinam a propaganda mais detalhadamente, ou seja, prestam mais atenção aos anúncios, em comparação àquelas com grau de instrução inferior;
- os entrevistados acham que a empresa deveria testar os anúncios antes de mostrá-los ao público;
- as pessoas, de modo geral, não acreditam nos comerciais;
- segundo os entrevistados, se uma empresa falseia a propaganda, deveria ser obrigada a corrigi-la em propagandas futuras;
- deveria haver pesadas penalidades para anúncios falsos;
- os entrevistados não são favoráveis à eliminação da propaganda.

Outra pesquisa sobre o tema foi feita por J. M. Queiroz (*apud* Arruda, *op. cit.*, p. 34):

- a propaganda deveria se preocupar em mostrar utilidades práticas ou diferenças concretas entre os produtos, em vez de simplesmente motivar o consumidor à compra;
- a propaganda cria necessidades artificiais, gerando frustrações entre os consumidores de menor poder aquisitivo;
- a publicidade exagera nas promessas de *status* que faz;
- a propaganda negligencia as pessoas de menor poder aquisitivo;
- ela é a grande responsável pelo consumo desenfreado;
- a propaganda desperta uma falsa imagem de realidade nas crianças;
- ela cria um quadro social ideal, muito diferente da realidade brasileira;
- as pessoas mudam de opinião e atitude com relação a vários produtos graças à propaganda.

Pesquisa publicada no *Anuário de propaganda 2004* (*Meio e Mensagem*) revelou que, de todas as atitudes com relação à propaganda, a que os consumidores mais mencionaram foi: "As propagandas exageram as qualidades e/ou benefícios dos produtos", com 81% de respostas considerando que a propaganda o faz "sempre" e "de vez em quando".

CONSUMIDOR *VERSUS* PROPAGANDA

A fim de detectar a credibilidade de várias instituições brasileiras (de +100 a –100), o Instituto Gallup empreendeu um estudo[8] (Quadro 18) e obteve o seguinte resultado (1984):

QUADRO 18 – CREDIBILIDADE DAS INSTITUIÇÕES BRASILEIRAS		
Correios: +72	Sindicatos: +1	Televisão: –28
Professores: +69	Justiça: 0	Governo federal: –35
Igreja: +59	Imprensa: –13	Propaganda: –39
Médicos: +57	Empresários: –25	Deputados e senadores: –60

Usando o mesmo critério, Alex Periscinoto, diretor de criação da agência Almap, empreendeu outra pesquisa[9], a fim de averiguar em que setores a propaganda tinha mais ou menos credibilidade (Quadro 19). Considerando a propaganda por categorias de produto, este foi o resultado (1985):

QUADRO 19 – CREDIBILIDADE EM SETORES DA PROPAGANDA		
Companhias aéreas: +42	Alimentos: 0	Cigarros: –56
Automóveis: +38	Produtos de limpeza: –14	Governo federal: –66
Eletrodomésticos: +30	Cosméticos: –36	Governo estadual: –68
Roupas/vestuário: +14	Remédios: –52	
Bancos: +2	Bebidas alcoólicas: –54	

8 A pesquisa, realizada de 13 de janeiro a 12 de fevereiro de 1984, ouviu igual percentual de homens e mulheres, pertencendo 21% às classes A e B e 79% às demais. Dos entrevistados, de diferentes faixas etárias, 36% residiam em capitais, 28% em cidades de mais de 50 mil habitantes e o restante em centros de até 50 mil pessoas, representando toda a população urbana brasileira (*Veja*, 11/4/1984, p. 42-50).

9 Pesquisa intitulada "Avaliação da propaganda em geral. Propagandas que agradam mais e que agradam menos". O método utilizado foi o da amostragem, englobando um total de 400 entrevistas pessoais realizadas entre o público masculino e feminino, nas faixas de idade de 20 a 45 anos, das classes sociais A, B e C (Periscinoto, 17/11/1985).

Comentando os resultados, Alex avaliou que, quanto mais é utilizado o apelo racional, maior é a possibilidade de o consumidor acreditar no anúncio, uma vez que os apelos e atributos são mais factíveis de ser percebidos e alcançados do que as promessas e situações emocionais. Alex também comentou que "é muito mais gostoso dar a verdade para o consumidor do que receber dele um nariz de Pinóquio".

Outra questão avaliada foi (Periscinoto, 3/11/1985): "Na sua opinião, ultimamente a propaganda está mais, ou menos?" (Quadro 20).

QUADRO 20 – IMPRESSÃO SOBRE A PROPAGANDA		
	Mais (%)	Menos (%)
Apelativa	78	22
Criativa	71	29
Agradável de ver	70	30
Interessante	67	33
Divertida	67	33
Convincente	53	47
Honesta	34	66
Sem graça	31	69
Chata	31	69

Portanto, os consumidores assinalaram que a propaganda ficou mais apelativa e menos honesta, retratando a impressão de que no aspecto ético deixou a desejar. Nos aspectos plástico, criativo e humorístico, a propaganda conseguiu um bom conceito: é mais criativa, agradável de ver, interessante, divertida, mais engraçada e menos chata.

Outra pesquisa[10] elaborada pela revista *Imprensa* e pelo Instituto Vox Populi em 1991 apurou que 30,9% das pessoas prestam atenção em todos os anúncios, 67,9% consideram que a propaganda cumpre um papel legítimo (informar e convencer), 17% julgam os anúncios como claros e verdadeiros, 57% pensam que as agências de propagan-

10   O estudo ouviu 500 pessoas em todo o país ("O povo...", *Imprensa*, 1991, p. 60-7).

CONSUMIDOR *VERSUS* PROPAGANDA

da elaboram os anúncios, mas 78,1% não sabiam dizer um nome de agência. Na avaliação das pessoas, os anunciantes não iriam respeitar o Código de Defesa do Consumidor (67,5%), posto que, "no Brasil, leis são feitas para serem desrespeitadas" (61,5%).

Sobre o cumprimento às normas do Código de Defesa do Consumidor (CDC), outra pesquisa[11] concluiu que 64% das peças analisadas não cumpriam o CDC no quesito "propaganda enganosa e abusiva", peças estas de anunciantes filiados ao Instituto Ethos, justamente uma das entidades de responsabilidade social mais importantes e representativas do Brasil.

Pesquisa nacional[12], realizada pelo Cepac-Ibope em 1993, apurou as seguintes notas (de 0 a 100) para a frase "Pode confiar sempre" (Quadro 21).

QUADRO 21 – CONFIANÇA NAS INSTITUIÇÕES BRASILEIRAS		
Correios: 64	Bancos: 28	Justiça: 19
Igrejas: 50	Sindicatos: 24	Propaganda: 10
Professores: 44	Imprensa: 22	Deputados e senadores: 9
Médicos: 34	Televisão: 20	Empresários: 9

Novamente, os números apontam para a pouca confiança destinada à propaganda, só superior àquela destinada aos políticos e empresários.

Sondagem do QualiBest, em 2003, apurou que 80% dos consumidores já se sentiram enganados pela propaganda, e um estudo do Ibope/*Carta Capital* (7/9/2005) apurou que 53% não confiam nos publicitários.

Héctor Brener[13], por meio de sua agência Expressão, e o Instituto de Pesquisas Tendência realizaram, na cidade de São Paulo, em 1987, pesqui-

11 A pesquisa foi feita com uma amostra de 131 anúncios em televisão, revista e jornal de anunciantes filiados ao Instituto Ethos (Govatto, 2003).

12 A pesquisa envolveu dois mil entrevistados (Figueiredo, 1993).

13 Pesquisa de opinião realizada com a classe média-alta, com a classe média e com a classe média-baixa, na cidade de São Paulo, com maiores de 18 anos, num total de 500 entrevistas realizadas entre os dias 5 e 15 de outubro de 1987 (Brener, 1987, p. 6).

sa sobre as instituições, entre elas a propaganda. Num primeiro momento, a pesquisa aferiu índices de credibilidade diversos (avaliados de 0 a 10) e, numa segunda etapa, detectou os atributos da publicidade (Quadro 22).

QUADRO 22 – CREDIBILIDADE E ATRIBUTOS DA PUBLICIDADE	
Credibilidade	Atributos da publicidade
1º) Bombeiros: 8,1	
2º) Meios de comunicação: 6,7	
3º) Propaganda, Exército, médicos: 6,5	
6º) Jogo do bicho: 6,1	
7º) Bancos, Igreja: 5,4	1º) Bom gosto: 6,5
9º) Empresários: 5,2	2º) Sentido agradável e entretido: 6,4
10º) Educação: 4,7	3º) Capacidade de transmitir informações: 6,3
11º) Sindicatos: 4,5	4º) Honestidade: 5,0
12º) Judiciário: 4,4	5º) Moral: 4,3
13º) Política: 4,0	
14º) Congresso: 3,2	
15º) Governo: 2,1	
16º) Políticos: 1,4	

Pautando-nos pela pesquisa de Brener, seria possível atribuir à publicidade uma boa credibilidade, pesando muito nessa avaliação o bom gosto, o entretenimento e o caráter informativo; mas, considerados os fatores éticos e de responsabilidade social, a exemplo das pesquisas anteriores, a propaganda tem resultados negativos: honestidade, 5,0; e moral, 4,3.

Em outra pesquisa (Giacomini Filho, 1988, p. 54), realizada na região metropolitana de São Paulo, em 1988, apurou-se nota 7,58 (de 0 a 10) para a credibilidade da propaganda, dada por consumidores.

A Associação Brasileira de Propaganda (ABP) vem realizando, desde 2002, a pesquisa "A imagem da propaganda no Brasil". O Quadro 23 mostra a característica "Ética e transparência" da propaganda para a população brasileira acima dos 16 anos com dados consolidados em 2006[14].

QUADRO 23 – PORCENTAGEM DOS QUE APONTARAM SER A PROPAGANDA ÉTICA E TRANSPARENTE (ABP)
Ano de 2002: 68%
Ano de 2004: 64%
Ano de 2006: 70%

A versão de 2006 da mesma pesquisa realizada pela ABP[15] mostrou os dados apresentados no Quadro 24.

QUADRO 24 – OPINIÃO DOS BRASILEIROS SOBRE A PROPAGANDA
Os entrevistados avaliaram a propaganda no Brasil como ótima/boa (43%) e regular (34%).
As cinco principais características presentes na propaganda brasileira destacadas pelo público são: informação (85%), beleza das imagens (83%), inteligência (83%), humor (80%) e qualidade do texto (79%).
89% dos entrevistados admitem que a propaganda exerce algum tipo de influência na tomada de decisões.
78% ficam sabendo da existência de produtos por meio da propaganda.
68% admitem que, quando a propaganda é boa, têm mais vontade de comprar o produto.
As advertências mais lembradas de forma estimulada são as contra o fumo (92%) e as contra o uso de bebida alcoólica na direção de automóveis (90%).
39% consideram que a propaganda brasileira não discrimina grupos sociais. Porém, a discriminação, quando apontada, refere-se principalmente aos negros (18%) e pobres (17%).

14 Pesquisa encomendada ao Ibope pela Associação Brasileira de Propaganda (ABP).
15 Idem. A pesquisa empreendida em 2006 contou com amostra de 2.002 entrevistados em 142 municípios brasileiros, compreendendo pessoas a partir de 16 anos.

Em outro estudo (Giacomini Filho, 1989, p. 185), 66% dos consumidores declararam que aceitariam melhor a publicidade se ela mostrasse os aspectos positivos e negativos dos produtos, ou seja, se o anúncio informasse sobre as contra-indicações ou as limitações do produto. No mesmo estudo, foram apontados indicadores da credibilidade da propaganda brasileira, considerando os fatores:

TV: qualidade dos comerciais de televisão (considere a qualidade visual e do som, a atenção obtida, a compreensão da mensagem e o interesse despertado pelos comerciais);

RD: qualidade dos anúncios de rádio (considere a qualidade do som, a atenção obtida, a compreensão da mensagem e o interesse despertado);

RV: qualidade dos anúncios de revista (considere a qualidade da apresentação visual, a atenção obtida, a compreensão da mensagem e o interesse despertado);

JO: qualidade dos anúncios de jornal (considere a qualidade da apresentação visual, a atenção obtida, a compreensão da mensagem e o interesse despertado);

CA: qualidade dos anúncios em cartazes de rua (considere a qualidade da apresentação visual, a atenção obtida, a compreensão da mensagem e o interesse despertado);

VE: veracidade da informação publicitária (ou seja, qual o teor de "verdade" presente, em geral, nos anúncios publicitários);

RS: responsabilidade social da publicidade (ou seja, até que ponto a publicidade atende aos interesses dos consumidores, como você, sem causar problemas);

HO: honestidade dos publicitários;

CONSUMIDOR *VERSUS* PROPAGANDA

NE: necessidade da publicidade (considere a utilidade da publicidade para conhecer um novo produto, saber das novidades, escolher produtos, obter mais informações, levar a um maior consumo de produtos, prestar serviços à sociedade etc.).

A média das notas dadas (de 0 a 10) aos itens, refletindo como indicadores de credibilidade, composta pelo resultado geral e pela estratificação por sexo e instrução (ensino fundamental incompleto, ensino fundamental completo, ensino médio completo e ensino superior completo), é dada pelo Quadro 25.

QUADRO 25 – OPINIÃO DOS BRASILEIROS SOBRE A PROPAGANDA DE ACORDO COM SEXO E INSTRUÇÃO (MÉDIA DAS NOTAS)							
	Geral	**Sexo**		**Instrução**			
		Masc.	**Fem.**	**E.F.I.**	**E.F.C.**	**E.M.C.**	**E.S.C.**
TV	6,91	6,97	6,86	6,85	6,98	6,82	7,26
RD	7,17	7,18	7,17	7,13	7,38	7,14	6,68
RV	7,31	7,14	7,43	7,16	7,44	8,00	7,55
JO	6,97	7,27	6,71	6,98	7,01	6,81	7,43
CA	5,87	5,61	6,08	5,37	6,16	6,53	7,15
VE	5,01	5,20	4,86	4,87	4,68	5,85	5,68
RS	5,82	6,06	5,64	5,74	5,80	5,96	6,22
HO	5,84	6,34	5,45	5,90	6,01	5,32	6,26
NE	7,47	7,63	7,35	7,31	7,40	8,22	7,94
Total	6,48	6,60	6,39	6,36	6,54	6,73	6,90

Esses números apontam para alguns resultados significativos:

- a credibilidade da propaganda ficou em 6,48;
- a credibilidade é boa quando se consideram a "plasticidade" dos anúncios e a necessidade da propaganda, mas é baixa quando se refere aos itens "ética" e "responsabilidade social";

- quanto maior é o grau de instrução, maior é a credibilidade da propaganda.

Segundo outra pesquisa[16], realizada pela agência Standard em 1987, em São Paulo e no Rio, os anúncios de cervejas, refrigerantes e *jeans* são tidos como agradáveis e instigantes, ocorrendo o oposto com anúncios de analgésicos e café. Já os anúncios de companhias aéreas, fabricantes de computadores e montadoras de automóveis são classificados como informativos. Em geral, a publicidade tem como ponto positivo informar sobre produtos e serviços que estão surgindo no mercado; no entanto, exagera e desperta desejos de posse de artigos desnecessários.

Em outra pesquisa feita por Penteado (1979, p. 71-2) verificou-se que cerca de 45% das crianças entrevistadas não acreditam nas informações sobre os produtos anunciados.

Portanto, os indicadores obtidos por meio de várias pesquisas e estudos apontam para o reconhecimento da necessidade da publicidade, de suas qualidades técnicas e plásticas; porém, observam-se restrições quanto à conduta ética e de responsabilidade social. Esses mesmos indicadores parecem ser baixos para sustentar a qualidade da propaganda como negócio que atenda às expectativas das pessoas, mas suficientemente altos para convencer e influenciar o consumidor nas suas relações de consumo.

O profissional da propaganda também não desfruta de alta credibilidade, tarefa difícil de ser conseguida num setor que sofre alta pressão social e precisa mostrar serviço para o anunciante obter os resultados mercadológicos previstos. Mesmo sabendo que sua profissão tem um papel social importante, sendo necessária em muitos aspectos, os publicitários não a "vendem" positivamente à sociedade. Pelo contrário, quando têm oportunidade de expor idéias em público ou mesmo pe-

---

16 Foram investigados homens e mulheres residentes em São Paulo e no Rio de Janeiro, acima de 18 anos, estudo este denominado *Investigando a publicidade*. A amostragem totalizou 400 pessoas (Chiaretti, 1987).

CONSUMIDOR *VERSUS* PROPAGANDA

rante sua classe, muitos não hesitam em desdenhar seu próprio ofício. Uma visão da credibilidade do publicitário é dada por Júlio Ribeiro (*apud* Maluf, *op. cit.*, p. 6):

A publicidade de uma forma geral (e os publicitários) têm tomado cuidados e têm se comportado de forma ética, mantendo a ecologia do negócio bastante aceitável.

Mas são tratados pelo governo, pelas empresas, pela sociedade e pelos sociólogos, de certa forma, como marginais.

Tirante o Mauro Salles, que quase foi ministro do Tancredo, ninguém, seja veículo de publicidade, seja de agência de publicidade, jamais se sentou ao poder.

O que é outra visão também de jagunço.

Porque o jagunço serve para desenvolver certas tarefas para o senhor, mas não senta na mesa do jantar.

Ele vai na porta da casa, mas não entra na casa.

Tal visão, embora drástica, reveste-se de certa razão, pois raros são os publicitários que recebem reconhecimento social. A não ser em festivais ou premiações arquitetados corporativamente por veículos, agências e fornecedores, o publicitário não tem recebido distinções, embora participações em projetos e campanhas socioambientais tenham reconhecido alguns profissionais.

Escândalos políticos recentes, em que publicitários como Marcos Valério e Duda Mendonça estiveram presentes, aprofundaram ainda mais a visão estereotipada que os profissionais da propaganda têm da opinião pública.

Diante de tantos desdobramentos, qual o futuro da publicidade diante do consumerismo? Como o publicitário encara a ação consumerista uma vez incomodamente situado no meio social? E o consumidor, como tende a se comportar quando seus interesses de consumo são manipulados pela publicidade? Feijoó considerou que a questão não estaria propriamente na propaganda ou no publicitário, mas incrustada na própria sociedade, preferindo, portanto, discutir a índole do consumidor:

Mas quem é o consumidor, sujeito de tanta proteção em nossos dias, parecendo como um ser misterioso e imaculado incapaz de fazer mal, com muitos direitos e nenhum dever? [...]

Pensaram os críticos da publicidade, os supostos protetores do consumidor, que as famílias dos publicitários estão imunizadas contra o "vírus publicitário" ou os consideram despidos para cair em danos? [...] Mas o consumidor é também o homem que maltrata a sua mulher e seus filhos, a mãe que abandona seu filho, o ladrão de bancos. (Feijoó, *op. cit.*, p. 33-4)

Essa postura de Feijoó, bastante reativa, retrataria mais um desabafo corporativo do que um pensamento fundamentado em visão profissional. Questionar os valores do consumidor é algo pertinente a qualquer avaliação nas relações de consumo, mas tornar a publicidade vítima desse comportamento parece distorcer a lógica dos fatos.

Às pessoas não interessam as críticas que a publicidade tenha a fazer sobre os aspectos doentios; ela simplesmente quer cobrar do setor uma atuação legítima e de prestação de serviço social, colaborando também para o não-agravamento dos distúrbios existentes; ela cobra uma participação menos lesiva da publicidade na lista dos valores instituídos. Ela cobra e exige, por mais diferentemente que possam pensar alguns publicitários, "marketeiros" e empresários.

O consumerismo é apenas uma das armas à disposição dessa sociedade, arma, porém, inserta no mesmo campo que faz a publicidade ser o que é.

A publicidade venera e teme o consumidor. Procura ser eficiente ao cliente, competente perante seus concorrentes e honesta com o cidadão; tarefa árdua, o que demonstra não ser fácil sua atuação na sociedade brasileira, sem acumular controvérsias.

4
CONSIDERAÇÕES FINAIS

A publicidade brasileira, ao longo dos anos, tem demonstrado adequação aos interesses sociais e econômicos do país. O consumidor reconhece sua importância no dia-a-dia como uma das instituições que propiciam prestação de serviços, informações, inclusão e entretenimento, além de incrementar o mercado.

Contudo, a trajetória histórica do setor mostrou muitos dos vieses que o negócio apresenta até os dias atuais. O setor não estava "espanando suas mercadorias" à espera do freguês; pelo contrário, os mercados produtor e consumidor adquiriram uma dinâmica tal que os elementos da propaganda foram "jogados em cena" para viabilizar o espetáculo do consumo.

Portanto, a propaganda comercial não se encaixou no processo consumista brasileiro de maneira planejada ou articulada. A própria formação profissional serve de indicador para essa constatação: primeiro, tinha-se uma prática amadora; depois, profissionais transplantando a realidade de outros países, dos quais os atuais publicitários extraíram boa parte de sua formação prática e técnica. Sem perguntar o que era a propaganda, como funcionava e se tinha condições de atender às suas necessidades, o mercado passou a lançar mão dos elementos publicitários ou do que mais se parecia com eles.

A propaganda, tanto como negócio quanto como arte, técnica ou ideologia, em face do estreito comprometimento com o anunciante, não soube construir uma matriz alicerçada na responsabilidade social;

mesmo assim, seus produtos e subprodutos proliferavam à medida que o desenvolvimento do país ocorria. Sua convocação por parte das empresas e do marketing atendeu à necessidade funcional de escoar a produção massiva de bens, pouco se importando com a qualidade de vida e com os impactos sociais decorrentes de sua atividade.

Com a entrada em cena da sociedade afluente, um contingente expressivo da população passou a exigir respeito e comprometimento social, pois apenas a plena oferta de bens e serviços não proporcionaria bem-estar às pessoas e à coletividade. Se, de um lado, a persuasão vendedora apresentava o mérito de potencializar as decisões de consumo; de outro, sustentava valores consumistas e de discutível validade no que diz respeito à cidadania, principalmente na forma de propaganda enganosa e abusiva.

Comprometida em servir o anunciante, a propaganda jamais perderia o rótulo de parcialidade, o que causou a percepção de algo por vezes contrário ao interesse do consumidor. Hoje, os próprios veículos de comunicação mantêm uma atitude ambígua, pois ao mesmo tempo que formatam programas e conteúdos para atrair anunciantes também trabalham para que a audiência não os abandone nos intervalos comerciais e, conseqüentemente, durante os programas. A rejeição dos públicos aos maçantes e cansativos anúncios enseja, a todo momento, o desenvolvimento de alternativas para contornar o problema, embora a solução seja simples e evidente: criar um bom trabalho de gestão da indústria da comunicação, inclusive no seu âmbito ético.

Na tentativa de rentabilizar as emissoras por meio de receita publicitária, os veículos ocupam espaços possíveis com mensagens comerciais, inclusive dentro de programas e conteúdos editoriais. Para segurar a audiência e evitar que a maioria fuja do *break* e do próprio programa, lançam mão de apelos como "Não mude de canal, voltaremos já" ou "Não saia da poltrona: é só um minutinho". Trata-se de um discurso que reconhece que o *break* comercial é algo incômodo, só faltando dizer aos consumidores: "Desculpem, mas temos de passar os comerciais". A demanda por anúncios é de tal ordem que muitos veícu-

CONSUMIDOR *VERSUS* PROPAGANDA

los não fazem um controle da qualidade do que é anunciado, destoando das tentativas de promover a autodisciplina do mercado.

Assim, a publicidade brasileira, que não tem sido bem-vista no aspecto ético, também se compromete nos planos estético e negocial. Registrem-se as boas performances que o setor vem obtendo em festivais internacionais; pena que o padrão desses exuberantes anúncios não seja o mesmo das peças publicitárias aborrecedoras e repetitivas que maciçamente invadem nossas casas diariamente e justificam serem tratadas como autênticos trastes na sociedade. A máquina desvairada de anunciar não só contraria pesquisas sobre saturação de mensagens como onera o anunciante e aumenta no consumidor a certeza de que a propaganda apóia-se mais nos aspectos invasivos do que nos de atendimento a reais expectativas sociais. A decisão de algumas prefeituras de acabar com a propaganda exterior é mais uma sinalização de que a sociedade pode tomar medidas drásticas contra o assédio do setor em espaços públicos.

Mesmo anúncios medíocres ou carregados de distorções éticas e técnicas promovem marcas, talvez corroborando a frase "Fale mal de mim, mas fale de mim". Para certo público, a publicidade é *commodity*. São pessoas que não cobram um conteúdo de qualidade, pois estão interessadas na oferta em si, como os preços convidativos ou os serviços diferenciados, como comprovam os anúncios classificados. Porém, no atual quadro, marcado pela competitividade e pelo aumento de exigência dos consumidores, a pressão para uma propaganda de melhor qualidade, em todos os níveis, é crescente, o que tem demandado constante reavaliação do setor com o que vem sendo veiculado.

Os programas na mídia e os conteúdos editoriais precisam receber maior reflexão por parte da sociedade e do setor publicitário, pois estão assumindo cada vez mais ostensivamente as práticas de merchandising publicitário, termo vistoso, que traz em sua raiz o efeito perverso da propaganda lesiva ao consumidor, pois, como tem sido utilizado, impõe uma persuasão de caráter comercial sem que o consumidor seja avisado de tal intenção.

Caso o merchandising publicitário seja institucionalizado, além de regulamentação mais específica, torna-se necessário enquadrar os filmes, as novelas, os telejornais e os demais formatos que o ambientam dentro dos mesmos princípios legais que norteiam as ofertas comerciais, como a propaganda.

O assédio que os anunciantes praticam no conteúdo editorial e programático dos veículos de comunicação tem se tornado mais um procedimento predatório do que algo contextualizado numa gestão responsável, possibilitando a morte da "galinha dos ovos de ouro", que simboliza a própria qualidade e a credibilidade dos conteúdos dos programas dos veículos de comunicação, como mostram os resultados de queda, nos últimos anos, da média de audiência de TV e de venda de jornais.

Ao menos os conteúdos jornalísticos informativos poderiam ficar de fora desse desespero midiático, pois seria uma distorção do papel fundamental que a sociedade espera da imprensa. Seria o comprometimento de um trabalho secular, que tem sustentado democracias e direitos fundamentais. O próprio consumerismo tem na imprensa, apesar de certos desvios, um de seus principais aliados, já que direitos são informados, produtos são testados, empresas são fiscalizadas e marcas são ajustadas dentro do mercado real e não sugestivo, como faz a publicidade.

Não só a imprensa, mas todos os atores sociais precisam adotar discurso e posturas comuns perante certas questões fundamentais do consumerismo. Pouco adianta um anúncio trabalhar de forma socialmente responsável se sua ação é desacreditada por uma novela ou um político influente. Na recente proibição de anúncios de cigarros, anunciantes conseguiram divulgar o produto por outros meios na mídia de massa, como seriados, novelas e filmes, inclusive em horários incompatíveis em virtude da audiência infantil.

A criança de hoje tem despertado o interesse dos anunciantes em razão de seu poder econômico e de sua influência familiar. Por vezes, a conquista do mercado mirim deixa em segundo plano o próprio "eu" infantil, pois as práticas de marketing promocional seguem o rumo das promessas, sugestões, persuasão e geração de conflitos na criança, sem dar conta como tais conteúdos contrariam seu complexo universo cognitivo.

A profissionalização da publicidade deve antever conhecimentos e estudos dos impactos que sua mensagem gera, tanto no público infanto-juvenil, como nas classes de menor poder aquisitivo e nas minorias.

Nesse sentido, tem sido relevante o papel do Conar, que, embora tenha um desempenho pouco expressivo em termos quantitativos, vem consolidando paradigmas éticos que melhoram o desempenho não somente dos agentes publicitários, mas também de anunciantes e veículos. Se sua performance como "conselho" pode ser melhorada, o código escrito é uma referência de inconteste qualidade para o mercado, pois é suficientemente genérico para ser duradouro e prático, e específico nas estruturas que repercutem no trabalho ético da publicidade. No entanto, a própria entidade, periodicamente, tem revisado seu conteúdo com a finalidade de incorporar novos parâmetros exigidos pela sociedade.

O Código do Conar é um instrumento tecnicamente bem elaborado com dispositivos que realmente expressam a expectativa da sociedade brasileira em relação à conduta ética publicitária. Como o cumprimento do código é fator essencial para a credibilidade do Conar e da propaganda, alguns de seus elementos merecem alguma reformulação em virtude da evolução não só das técnicas publicitárias, mas também da tecnologia, das entidades e dos valores sociais. Nesse sentido, seria importante o código ter maior empatia com o Código de Defesa do Consumidor (CDC), como a responsabilidade solidária da agência de propaganda e a prática do merchandising publicitário.

A penalização para as práticas publicitárias lesivas ao consumidor tem sido levada a cabo por diferentes entidades, como as entidades públicas de defesa do consumidor, os órgãos ministeriais e o Conar, que, entre todos, tem mostrado números menores de punição. É preciso, porém, considerar que todo anúncio sustado pelo Conar tem um caráter multiplicador, já que a ação do órgão é diretamente contra o anúncio, evitando, assim, que seus efeitos atinjam dezenas e até centenas de consumidores.

Os números e a análise efetuada sobre as práticas publicitárias mostram que o combate à propaganda lesiva deve reunir diferentes entidades, pois o enfoque especializado de cada entidade compõe um sistema amplo e diversificado contra a publicidade que se opõe aos interesses sociais. Em tal contexto, o Conar não pode ser demasiadamente cobrado por suas decisões ou pela quantidade de processos instaurados, pois a coibição da propaganda lesiva ao consumidor já é uma prática compartilhada, que precisa ser aprimorada por todas as entidades incumbidas de tal tarefa e por outras que poderão integrar o sistema.

O CDC é outro documento extremamente bem elaborado, necessitando mais de uma aplicação efetiva pelos agentes do mercado do que de um detalhamento regulatório. Com todas as letras, ele expressa o que é contrapropaganda e como ela deve ser feita, mas tanto o mercado como os órgãos fiscalizadores dão as costas para esse dispositivo legal. O mesmo ocorre com a exigência de as informações serem disponibilizadas em língua portuguesa, algo que não tem sido respeitado por anúncios e rótulos de produtos posicionados como "estrangeiros".

Um dos referenciais para a aplicação do CDC tem sido o Procon, que também é uma instituição paradigmática do consumerismo brasileiro. Sua atuação histórica é imprescindível para que as relações de consumo no Brasil estejam em um nível mais elevado do que no passado. É claro que o brasileiro quer mais, espera mais e, realmente, precisa mais do Procon; com a estrutura de que dispõe, porém, os resultados são muito positivos. Cabe à própria sociedade, por meio dos poderes Executivo e Legislativo, priorizar a defesa do consumidor e, com isso, dotar o Procon de uma estrutura compatível com a realidade verificada no sistema de consumo.

O consumerismo, antes visto como ameaça às empresas, consolida-se como movimento imprescindível à sociedade e à democracia. Os esforços consumeristas redundaram em benefícios sociais consoli-

CONSUMIDOR *VERSUS* PROPAGANDA

dados e incorporados nas relações de consumo. Produtos como automóveis, medicamentos, equipamentos de informática, eletrodomésticos são, atualmente, subprodutos do consumerismo, embora para o consumidor isso não transpareça. Os ganhos de qualidade, conveniência e adequação que os bens tiveram e estão tendo mostram que o consumerismo vai além da defesa do consumidor, comprometendo-se também com sua qualidade de vida.

Embora o Estado tenha sido o grande institucionalizador do consumerismo brasileiro, baseando-se na realidade do país e nas experiências internacionais, fica evidente que as iniciativas de âmbito privado precisam ampliar-se e ter elevado envolvimento com as políticas de proteção e educação ao consumidor. Nesse sentido, destacam-se as entidades privadas de defesa do consumidor e os serviços de atendimento aos clientes (SACs), os quais, salvo exceções, ainda não atendem às expectativas dos consumidores.

Os SACs, que surgiram basicamente como reação ao CDC, proliferaram-se no Brasil. Alguns, com funções deturpadas para promover vendas; outros, com a nobre missão de representar o consumidor na empresa, levando-a a refletir e agir de acordo com as necessidades de seus clientes. Estes últimos representam os "verdadeiros" SACs, que estão ancorados na cultura organizacional e exercitam a responsabilidade social que as empresas devem assumir perante o consumidor e o mercado como um todo.

Porém, a responsabilidade social empresarial não se resume à oferta de um setor. Refere-se a uma postura de ideário e de ações concretas para se comprometer com os impactos sociais que suas atividades negociais geram. Ao disponibilizar um produto ou um serviço, qualquer organização, ao lado de sua missão comercial, deve levar em conta seus desdobramentos na sociedade, como danos ao consumidor, prejuízo aos acionistas minoritários, danos aos funcionários e ao meio ambiente, entre outros. A função lucrativa, por si só, não faz uma empresa ser aceita no corpo social. Ela deve assumir funções e responsabilidades até onde alcançarem suas atividades. Tal postura pode ser exercida pela prática do marketing societal, em que a publicidade assumiria também contornos de responsabilidade social.

Vivemos num ambiente marcado pela omissão da própria sociedade e, conseqüentemente, do Estado, sobre a oferta de melhores condições de vida a todos. As empresas não podem apenas apontar essa questão; devem ir além, mostrando com ações possíveis modos de modificar e melhorar o quadro social. Todos nós sabemos que o consumismo é um dos fatores que depreciam a qualidade de vida. Estamos cientes de que, como qualquer outro problema social, ele tem na própria sociedade as razões para existir, já que valores como os da sociedade afluente e da sociedade da informação empurram as pessoas para comportamentos consumistas. Contudo, com a prática societal do marketing e da publicidade, o consumismo pode ter outros contornos, impedindo que valores indesejáveis sejam incorporados nos modismos, caso dos produtos alimentícios que levam as crianças à obesidade.

Todos nós sabemos que é inviável cobrar da publicidade uma atuação equilibrada socialmente se a própria sociedade não o é em setores básicos, como na saúde, na educação, na habitação, na distribuição de renda e nos desníveis regionais, além de parte da própria sociedade apresentar problemas culturais crônicos, como a discriminação racial e o desprezo pelas ações humanísticas, favorecendo as de caráter econômico e produtivo. Se o setor quiser desfrutar de aceite social, precisará compartilhar da agenda social. Significa reconhecer que a família, o Estado, a escola e os grupos sociais têm responsabilidades maiores e intransferíveis, mas que a publicidade, mesmo representando uma pequena parte dos problemas consumeristas, deve contribuir em duas frentes: diminuindo seus impactos negativos e atuando nas outras frentes para amenizar os danos provocados por outros setores.

A prática da propaganda enganosa e abusiva ainda se mostra incorporada na indústria da publicidade: embora não utilize apelos claramente mentirosos, segue fórmulas sutis para induzir o consumidor a erro ou ferir valores sociais. Age nas entrelinhas do discur-

CONSUMIDOR *VERSUS* PROPAGANDA

so, nas lacunas da convergência das mídias, no conflito de posições, na ansiedade e nas carências do consumidor. Antes de ser meros parâmetros para o exercício profissional da publicidade, as normas e leis são encaradas pelo setor como referências para rupturas, para dar um passo além dos concorrentes. Mas deve-se considerar que, ao testar os limiares das fronteiras éticas e legais, a publicidade encanta, seduz e satisfaz aqueles que esperam algo arrojado de uma entidade incorporada no nosso dia-a-dia, alinhando-se a outras instituições sociais que também o são, como os adolescentes em relação à música, às artes e à mídia.

Cabe à publicidade fazer a sociedade enxergar melhor a extensão de suas atividades, impedindo que outros setores a façam de bode expiatório para problemas com os quais ela pouco tem que ver. Quando os próprios publicitários enaltecem artificialmente os efeitos do negócio, também realimentam o mito de que "a propaganda é a alma do negócio", o que a faz ser mais cobrada por ter tal *status*.

Todos os indicadores mostram o decréscimo da participação da publicidade entre as opções promocionais no Brasil. Esse desempenho tem se depreciado de alguns anos para cá e deve se estabilizar num patamar "aceitável". Tal performance ocorre em virtude de diversos fatores, como a necessidade por parte dos anunciantes de utilizar meios mais dirigidos e segmentados para empreender ações de relacionamentos mais personalizadas com seus consumidores. Mas também concorrem com esse fator muitos outros, decorrentes de problemas estruturais na relação agência–anunciante–veículos–consumidor e problemas com a própria "entidade publicitária", que apresenta níveis de credibilidade preocupantes, situação desencadeada pela prática sistemática da propaganda enganosa e abusiva.

A qualidade da propaganda comercial é construída também pelos insumos éticos e de responsabilidade social, que ajudam a formar a imagem do anunciante. Esse vínculo proporciona munição para o mercado avaliar o uso da publicidade quando essas questões são relevantes para a estratégia empresarial. Embora boa parte dos que estão envolvidos com o negócio da propaganda esteja ciente dessa correlação, há muitos ainda que sofrem as distorções ocorridas no passado e, com inúmeras estratégias, sobrevivem no mercado brasileiro, talvez porque este também compartilhe de inúmeros desequilíbrios e distorções históricas.

No rastro da "lei de Gerson", a propaganda, impelida pelos anunciantes, achou campo para anúncios que enaltecem o consumo como valor mais importante que o meio ambiente e a defesa do consumidor. A mesma propaganda, porém, em virtude de mudanças de valores sociais, passou a contribuir com campanhas condenando o "levar vantagem em tudo" e, hoje, são comuns anúncios que valorizam o consumismo, as questões ambientais e humanísticas.

O setor publicitário não pode se esquecer de que a publicidade é uma prestação de serviço em que a base contratual é o anúncio e as promessas e informações que contém. O anúncio tem valor jurídico como um contrato, ou seja, a peça publicitária não é apenas algo lúdico, artístico e informal, como alguns agentes poderiam pensar. Nesse sentido, é fundamental que o exercício profissional e o trabalho publicitário sejam alvo de preparo técnico, multidisciplinar e ético. É também necessário que o profissional da propaganda tenha atitudes socialmente responsáveis quando do planejamento, da criação e da veiculação de qualquer peça, o que pode ser traduzido como um trabalho adequado técnica e eticamente aos públicos de interesse, e não apenas ao público-alvo. O profissional deve ainda levar em conta os valores sociais das pessoas que o anúncio pode atingir, e não fazer valer na peça valores pessoais, necessidades unilaterais do anunciante e propósitos meramente hedonistas.

É indiscutível que a publicidade tem elementos lesivos à sociedade, como os têm a medicina, a igreja, o governo e tantas outras instituições. Mas atribuir aos meios de comunicação de massa e ao setor certos males sociais é não contribuir para um debate conseqüente e responsável. O setor farmacêutico, por exemplo, oferece ao mercado milhares de marcas, produtos e versões de medicamentos, quando algumas centenas seriam suficientes para atender a todas as necessidades da população brasileira. Pode este consumismo ter origem apenas na atividade publicitária? Parece lógico admitir que é interesse do próprio setor farmacêutico prover o mercado com tantas opções de produtos e, se assim definir, empregar a publicidade para estimular as vendas.

O mesmo ocorre com outras polêmicas que envolvem o setor, como o aumento da violência urbana, o consumo de bebidas alcoólicas, a obesidade e o consumismo infantil. Ocorre que a publicidade é a face mais visível do marketing e da comunicação da empresa, enquanto a omissão da família, a incompetência do Estado, o descomprometimento dos grupos sociais ficam no subsolo do discurso social, já que seriam instituições a serem preservadas de uma crítica mais dirigida.

A publicidade tem sido elemento de exacerbação das opiniões de muitas pessoas, que deparam com os vários problemas sociais, mas, na impossibilidade de agir ou criticar frontalmente tais problemas (por vezes constrangedores), descarregam no setor críticas em profusão. Caberia uma comparação com a figura do empregado que vê falhas estruturais na empresa onde trabalha, mas, por necessidade de desfrutar dos benefícios da corporação, não a critica enfaticamente, preferindo fazê-lo em relação à comida servida no refeitório ou à falta de um clube de campo.

Não que a publicidade e os meios de comunicação sejam necessariamente fatores menores, mas, numa era em que os direitos civis estão implantados (caso do Brasil) e as instituições em pleno funcionamento, chegou o momento de a sociedade colocar o dedo nas feridas a fim de tratar as reais causas que comprometem a qualidade de vida.

A publicidade é uma das instituições que sustentam não apenas as relações de consumo, mas também a democracia. Por isso, precisa ser protegida, vigiada e exercida com responsabilidade.

Ultimamente os agentes publicitários vêm aceitando o fato de que o consumidor é o elemento fundamental na eficácia das campanhas e anúncios. Esse *status* tem encorajado o setor a manter um relacionamento sustentável com o consumerismo, já que essa condição é básica para manter a credibilidade do negócio e seu êxito no mercado. O consumerismo e a propaganda não são elementos antagônicos; tornam-se conflituosos apenas quando um ou outro rompe os limites do verdadeiro interesse público.

O consumerismo, unicamente preocupado com os reais interesses do consumidor, compartilha, assim, o mesmo ideal da boa propaganda comercial, que é o de tornar as pessoas mais felizes.

APÊNDICE

EXPERIÊNCIAS CONSUMERISTAS MUNDIAIS

Nesse espaço apresentamos uma pequena amostra da situação consumerista em alguns países, tendo como base histórica as obras de Sidou (1977 e 1985), Lucieto (1983), Filomeno e Benjamin (1985) e Momberger (2002).

Tal abordagem histórica e situacional pode propiciar um referencial à situação brasileira e, em alguns casos, detectar implicações no modelo do Brasil. Um exemplo foi a utilização de experiências dos sistemas norte-americano, mexicano, francês, belga e inglês para a criação do Grupo Executivo de Proteção ao Consumidor (Procon) em São Paulo (Hamburger, 1981, p. 23). Outro exemplo se relacionou ao Instituto Brasileiro de Defesa do Consumidor (Idec), criado em 1987, em São Paulo, cuja estrutura emergiu da experiência de institutos semelhantes da Inglaterra, França, Espanha, Bélgica e Estados Unidos (Borgneth e Lazzarini, 1987, p. 5).

O atual Código de Defesa do Consumidor brasileiro teve sua elaboração diretamente influenciada por instituições, pessoas e normas de outros países. Foram úteis para esse propósito as legislações da Alemanha, Austrália, Bélgica, Dinamarca, Espanha, Estados Unidos, França, Holanda, Inglaterra, Israel, México, Portugal, Suécia e Venezuela, além de organismos internacionais, como a Organização das Nações Unidas e a Comunidade Econômica Européia. A participação de autoridades internacionais no I Congresso Internacional de Direito do Consumidor, realizado em São Paulo (maio de 1989), trouxe grande contribuição para a configuração final do Código, como Thierry Bourgoignie (Bélgica), Eike von Hippel (Alemanha), Mário Frota (Portugal), Sinai Deutch (Israel), Edwoud Hondius (Holanda), Neil França (Austrália), Tsuneo Matsumoto (Japão), Peter Maggs (Estados Unidos), Dan Slack (Estados Unidos) e Palle Bo Madsen (Dinamarca).

ATUAÇÃO MUNDIAL

As ligas dos consumidores foram, talvez, a primeira ação consumerista com desdobramentos mundiais. Elas se iniciaram na Inglaterra (1890) e nos Estados Unidos (1891), expandindo-se para outros países, como França, Holanda, Bélgica, Alemanha e Suíça, com conferências mundiais em Genebra (1908) e Antuérpia (1913), mas desaparecendo antes da Segunda Guerra (Vieira, 1976, p. 8-9).

Em 1973, a Comissão das Nações Unidas sobre os Direitos Humanos, em Genebra, considerou os quatro direitos fundamentais do consumidor: direito à segurança; direito à informação sobre produtos e serviços, bem como sobre condições de venda; direito de escolher e direito de ser ouvido no processo de decisão governamental (Comparato, 1976, p. 20).

Na resolução n. 39/248, de 1985, a ONU fornece diretrizes para que as nações desenvolvam políticas para a proteção dos consumidores.

Para instituir uma ação mundial, líderes das maiores associações de consumidores em cinco países – Estados Unidos, Inglaterra, Holanda, Bélgica e Austrália – fundaram em 1960 a Organização Internacional das Uniões de Consumidores (Iocu), com sede, naquela oportunidade, em Haia; transformou-se desde então em órgão consultivo da ONU. Atualmente sua denominação é Consumers International (CI), contando com cerca de 250 organizações-membro em 115 países (www.consumersinternational.org). Sua missão é promover uma sociedade melhor, defendendo os direitos de todos os consumidores, especialmente os pobres, marginalizados e excluídos. Sua sede é em Londres, com escritórios em Kuala Lumpur (Malásia), Santiago (Chile) e Harare (Zimbábue).

A entidade tem promovido estudos e até protestos em áreas como alimentação (alimentos geneticamente modificados), comércio eletrônico, meio ambiente e responsabilidade social corporativa. Em um dos estudos, a CI asiática mostrou que crianças na Ásia estão sendo alvo de altos e irregulares níveis de comerciais em televisão, especialmente de produtos alimentícios. As seguintes entidades consumeristas brasileiras são membros da Consumers International: Associação Brasileira de Defesa do Consumidor (ProTeste), Fórum Nacional das Entidades Civis de Defesa do Consumidor, Instituto Brasileiro de Defesa do Consumidor (Idec) e Instituto Brasileiro de Política e Direito do Consumidor (Brasilcon).

CONSUMIDOR *VERSUS* PROPAGANDA

O Código Internacional de Práticas Leais em Matéria de Publicidade é tido como o primeiro documento de auto-regulamentação publicitária, tendo sido aprovado pelo International Chamber of Commerce (ICC) e revisado em 1949, 1955, 1966 e 1973. Vários países adotaram a auto-regulamentação, entre eles Reino Unido e Itália. Os Estados Unidos têm o Código Publicitário da Empresa Americana, elaborado em 1964 pela Federação Americana de Publicidade, a Associação de Publicidade do Oeste e a Oficina Internacional para o Desenvolvimento da Imprensa, além do Código da Associação Americana de Agências de Publicidade (Jacobina, 1996).

ESTADOS UNIDOS

Por ser a nação economicamente mais poderosa do globo e por representar o modelo capitalista, os Estados Unidos são referência para outros países na questão consumerista.

Para alguns pesquisadores, nos Estados Unidos a proteção ao consumidor teve como marco inicial a lei de 1872, que regula atos fraudulentos de comércio.

Desde então, seguiram-se outras normas: Pure Food and Drug Act (1906), Meat Inspection Act (1906), Federal Food, Drug and Cosmetic Act (1938), além de legislações que regulam produtos como lãs (1939), peles (1951), fibras têxteis (1958) e automóveis (1958). Foram editadas leis como a National Traffic and Motor Vehicle Safety Act (1966), leis mais severas de inspeção de carnes (1967) e o Public Health Cigarette Smoking Act (1969), que regulamentou a propaganda de cigarros na televisão e no rádio, trazendo como conseqüência também a exigência de avisos nos rótulos referentes aos perigos do fumo.

Em 1914 foi criada a Federal Trade Commission (FTC), cujo objetivo tem sido a aplicação da lei antitruste e a proteção dos interesses dos consumidores, inclusive com o poder de aplicação de sanções diretas a empresas. A FTC inspirou o Conselho Administrativo da Defesa Econômica (Cade) no Brasil, em ação antitruste e contra o abuso econômico desde 1962.

McCarthy e Perreault (1997, p. 88) indicam (Quadro 26) algumas leis norte-americanas consumeristas e como elas afetaram a política de marketing, leis estas que se relacionaram principalmente às práticas comerciais no âmbito da concorrência, do monopólio e da restrição ao comércio (Sherman Act, 1890; Clayton Act, 1914; Federal Trade Commission Act – FTC , 1914;

Robinson-Patman Act, 1938; Antimerger Act, 1950) e às práticas abusivas e ilícitas (Wheeler-Lea Amendment, 1938, e Magnuson-Moss Act, 1975).

QUADRO 26 – LEIS NORTE-AMERICANAS CONSUMERISTAS				
Lei	Produto	Praça	Promoção	Preço
Sherman Act (1890)	X	X		X
Clayton Act (1914)	X	X		X
FTC (1914)		X	X	X
Robinson-Patman Act (1938)		X	X	X
Wheeler-Lea Amendment (1938)	X		X	X
Antimerger Act (1950)	X	X		
Magnuson-Moss Act (1975)	X			

Schewe e Smith (1982, p. 524) fizeram um trabalho ainda mais amplo, com 26 leis, obtendo o seguinte quadro: 22 leis sobre *produto*, uma sobre *praça*, 11 sobre *promoção* e quatro sobre *preço*.

Em 1936 foi fundada a Consumers Union, atuante até hoje. Uma característica das grandes associações de consumidores dos Estados Unidos é o amplo suporte de comunicação. Um exemplo é a revista *Consumer Reports*, editada pela Consumers Union, que tem como missão "testar", "informar" e "proteger o consumidor", contando com tiragem de quatro milhões de exemplares mensais. Seu Centro de Testes e Pesquisas, em Yonkers (Nova York), é considerado o maior centro de testes de produtos de uma entidade não-lucrativa no mundo (www.consumersunion.org).

Algumas personalidades têm ações reconhecidas no campo do consumerismo americano e mundial, como Vance Packard, que, desde os anos 1950, vem criticando os efeitos da propaganda e os desperdícios provocados pelo sistema mercadológico. O próprio presidente Kennedy, que em 1962 oficializou o Consumer's Protection and Interest Program, reconheceu os direitos básicos do consumidor: direito à proteção, a ser informado, a escolher e ser ouvido, programa este acompanhado posteriormente por extensa legislação de proteção ao consumidor e seguido por várias nações. Ralph Nader, advogado americano, exerceu forte influência nos assuntos consumeristas dos anos 1960 para cá, inicialmente denunciando problemas de segurança dos automóveis em

CONSUMIDOR *VERSUS* PROPAGANDA

1965, quando escreveu o livro *Unsafe at any speed*, enfocando pesadamente o Chevrolet Corvair. Depois estabeleceu escritórios em todos os estados americanos, onde muitas ações de defesa dos consumidores teriam desdobramentos. Nos anos 1960 também foi editado o livro *The silent spring*, de Rachel Carson, que denunciou os efeitos colaterais de herbicidas, como o DDT.

Em 1975, o *New York Times* publicou artigo apontando várias empresas norte-americanas como responsáveis por fabricar e vender, indiscriminadamente, na América Latina, inclusive no Brasil, produtos farmacêuticos cuja comercialização é proibida nos Estados Unidos. Destacava o artigo (Burnett, 1976, p. 169-70) que as empresas americanas e européias controlavam mais de 84% da indústria farmacêutica no Brasil, tirando vantagem do precário controle existente no país, minimizando os riscos e exagerando a aplicação das drogas, comportamento muito diverso que tinham nos Estados Unidos, onde são disciplinadas com rigor pelos regulamentos federais, inclusive pela poderosa Federal Drug Association.

EUROPA: ATUAÇÃO EM COMUM

O Tratado de Roma, que instituiu a Comunidade Européia em 1957, já trazia disposições que se dirigiam direta ou indiretamente à proteção do consumidor.

Em 1973, a Europa concluía seu primeiro instrumento fixando grandes diretrizes básicas orientadas para o interesse do consumidor; o Conselho da Europa em Assembléia Consultiva adotou a Carta de Proteção aos Consumidores, assim expressa:

1. Direito dos consumidores à proteção e assistência:

   a) contra os prejuízos materiais resultantes de produtos danosos;
   b) contra os agravos aos interesses econômicos dos consumidores.

2. Direito à reparação do dano.
3. Direito à informação.
4. Direito à educação.
5. Direito à representação e à consulta.

O tratado que instituiu a Comunidade Européia estabelece no art. 100a que a Comissão, nas suas propostas previstas em matéria de saúde, segurança, proteção do ambiente e proteção dos consumidores, basear-se-á em um nível de proteção elevado. Embora a instituição do euro (moeda) tenha aglutinado ainda mais as normas consumeristas numa ação conjunta, cada país desenvolveu sua legislação específica nesse campo.

O Bureau Europeu da União dos Consumidores (Beuc) reúne 38 organizações nacionais européias independentes, que financiam sua atuação (www.beuc.org).

Outra associação de organizações de consumidores é a Euroconsumers, que congrega várias entidades de defesa do consumidor, como a OCU (Espanha), a Deco (Portugal), a CCA (Itália) e a ABC (Bélgica).

REGIÃO ESCANDINAVA

A Suécia surge como um dos países com maior tradição no setor consumerista, não só na área do consumo como na da ética administrativa. Data de 1809 a criação da figura do *ombudsman*, uma espécie de fiscal dos atos governamentais, previsto no direito administrativo; depois de então, tal figura se estendeu a outros países, como Dinamarca, Finlândia, Noruega e Nova Zelândia.

Em 1971 houve uma reforma na Suécia de interesse do consumidor. Editou-se a Lei de Práticas Comerciais instituindo maior controle sobre a publicidade e as práticas ilícitas. Instituiu-se a Corte de Comércio, composta de representantes da administração pública, indústrias, comerciantes e consumidores, cujas decisões são definitivas, além de contar com o *Ombudsman* do Consumidor como órgão supervisor do sistema protetório, para o qual são encaminhadas as reclamações pertinentes. O *Ombudsman* do Consumidor é um juiz nomeado pelo rei para determinado período de exercício, assistido por um secretariado. "A Suécia possui, indubitavelmente, o melhor e mais avançado sistema de proteção ao consumidor. Afora uma legislação progressista e moderna, criou órgãos estatais novos com tal intuito, como é o caso do *Ombudsman* do Consumidor e o Tribunal de Mercado" (Filomeno e Benjamin, *op. cit.*, p. 63).

Na Suécia, desde 1991, a publicidade dirigida às crianças menores de 12 anos é proibida antes das 21 horas, ação que foi regulamentada pela Lei de Rádio e Televisão.

Na Noruega, a Lei de Controle Comercial, de 1972, contém cláusula geral dispondo sobre transações comerciais e regras sobre publicidade e concessão de brindes. Porém, desde 1953, vige no país a lei sobre controle de preços, lucros e restrições à concorrência desleal.

CONSUMIDOR *VERSUS* PROPAGANDA

A Finlândia, até 1974, não tinha legitimado nenhuma associação ou órgão público (inclusive o *Ombudsman* do Consumidor) a agir em juízo no interesse dos consumidores, porém os setores comerciais estabeleciam por si próprios cortes de reclamações. A partir da edição da lei de 1978, houve uma reforma completa e abrangente, diferente do que ocorreu na Suécia, onde o processo foi gradual; ao todo, as normas versavam sobre proteção aos consumidores, criação de um tribunal especializado em questões de consumo, estabelecimento de comissão de reclamações e norma que instituía um mediador especializado em questões de consumo.

Em 1947 foi fundado, na Dinamarca, o Conselho do Consumidor, um dos primeiros grupos organizados de consumidores na Europa.

Nesse país, a lei de 1959 dispunha sobre compra de produtos, competição desleal, publicidade nas vendas, além de vendas, conteúdo e preço de produtos. Em 1975 foi criada a Corte de Reclamações do Consumidor, destinada a conhecer e decidir as queixas relacionadas com produtos e serviços.

REINO UNIDO

São numerosas as leis editadas, como aquelas concernentes aos alimentos e medicamentos (1955), à falsa especificação de produtos e serviços (Lei de Especificações Comerciais, de 1968), entre outras. Em 1957 era instituída na Inglaterra a Consumers' Association (atual Which?), com cerca de 700 mil associados. Edita as revistas *Which? Magazine* (desde 1957), *Computing Which?*, *Gardening Which?* e *Holiday Which?* (www.which.co.uk).

Em 1975 foi instalado o National Consumer Council, que vem empreendendo estudos e pesquisas de relevância mundial. Em 2004 o órgão apresentou um trabalho baseado em mil entrevistas com jovens entre 10 e 19 anos afirmando que crianças estão se viciando em compras no Reino Unido, tornando-se autênticas *shopaholics* (viciados em compras), "em virtude da propaganda e da pressão dos amigos". A pesquisa apurou que 94% das meninas entre 10 e 19 anos admitiram sua paixão por uma visita às lojas ("Crianças estão...", *BBC Brasil*, 2004).

A partir de 1987, o Reino Unido passou a contar com o Consumer Protection Act, que intensificou a defesa do consumidor quanto à segurança e à proteção de produtos e serviços, além de adotar a inversão do ônus da prova. Há também o princípio comum quando se refere ao consumidor, ou seja, uma ação instaurada por um indivíduo com base no direito civil pode ser sustentada por uma agremiação de consumidores ou outro corpo associativo.

No Reino Unido, há três sistemas de auto-regulamentação que incidem também na publicidade: Independent Television Commission (ITC), Radio Authority (RA) e Advertising Standards Authoriy (ASA).

FRANÇA

A proteção ao consumidor na França tem realce nas numerosas organizações privadas, agindo intensamente com cartazes e advertências nos jornais, além de se valer de pressões em sessões públicas. Destaca-se, em âmbito nacional, a Union Fédérale des Consommateurs (1951), à qual pertence a revista *Que Choisir?*, cujo primeiro número saiu em 1961, além da Organisation Générale des Consommateurs.

Para ter uma idéia da força das instituições, basta assinalar que o Institut National de la Consommation (criado em 1966) tem 18 associações agregadas, entre elas as duas acima citadas; edita a revista *60 Millions de Consommateurs*. Embora vinculado ao governo francês, tem autonomia e dispõe de um estúdio de televisão onde gera 14 minutos semanais de programas educativos diários (www.conso.net).

PAÍSES IBÉRICOS

A Constituição Portuguesa de 1976 dispõe no art. 60, sob o título "Direitos dos Consumidores", que: "Os consumidores têm direito à qualidade dos bens e serviços consumidos, à formação e à informação, à proteção da saúde, da segurança e dos seus interesses econômicos, bem como à reparação de danos". Estabelece também que "A publicidade é disciplinada por lei, sendo proibidas todas as formas de publicidade oculta, indireta ou dolosa".

Em Portugal, a defesa do consumidor está, atualmente, regulada pela Lei n. 24, de 31 de julho de 1996 – Lei de Defesa do Consumidor. Um de seus itens destaca que: "A publicidade deve ser lícita, inequivocamente identificada e respeitar a verdade e os direitos dos consumidores". Também prevê que: "As informações concretas e objetivas contidas nas mensagens publicitárias de determinado bem, serviço ou direito consideram-se integradas no conteúdo dos contratos que se venham a celebrar após a sua emissão, tendo-se por não escritas as cláusulas contratuais em contrário".

A Associação Portuguesa para a Defesa do Consumidor (Deco) foi fundada em 1974 e atualmente conta com cerca de 250 mil membros. É uma associação sem fins lucrativos com o estatuto de utilidade pública que vive exclusivamente

CONSUMIDOR *VERSUS* PROPAGANDA

das cotas dos associados. Tem diversas publicações, entre elas a revista ProTeste (www.anacom.pt).

A Carta Espanhola de 1978 insere no título "Principios rectores de la política social y económica" o art. 51, que dispõe: "Os poderes públicos garantirão a defesa dos consumidores e usuários protegendo, mediante procedimentos eficazes, a saúde e os legítimos interesses econômicos destes" (tradução do autor).

Até 1974 havia na Espanha cerca de 90 associações de donas-de-casa e 30 associações de consumidores, criadas a partir de 1964 (Perez e Suso, 1974, p. 108-9). A Organização de Consumidores e Usuários foi fundada em 1975, tem 140 funcionários e conta atualmente com 220 mil associados que também têm acesso às suas revistas, *OCU-Compra Maestra, Dinero y Derechos* e *OCU-Salud*, que não aceitam nenhum tipo de publicidade, como aliás ocorre com suas congêneres européias (www.ocu.org).

O Instituto Nacional do Consumo é o órgão estatal criado pela Lei n. 26/84, voltada para a defesa dos consumidores e usuários. Anteriormente a ele havia o Instituto Nacional do Consumo (1965). A lei para a defesa dos consumidores e usuários na Espanha (n. 26/84), em seu art. 8º, item 3, destaca: "La oferta, promoción y publicidad falsa o engañosa de productos, actividades o servicios, será perseguida y sancionada como fraude. Las Asociaciones de Consumidores y Usuarios estarán legitimadas para iniciar e intervenir en los procedimientos administrativos tendentes a hacerla cesar".

Com relação à auto-regulamentação, no país funciona o Código Deontológico para Publicidade Infantil da Associação Espanhola de Fabricantes de Brinquedos e da União de Consumidores da Espanha, código esse que estabelece normas apenas para a publicidade dirigida às crianças.

PAÍSES BAIXOS

Na Holanda, até 1977, não havia entidades para propor ação no interesse dos consumidores nem órgão específico para a proteção de seus direitos; no entanto, várias normas facilitam o exame das reclamações relativas a bens e serviços de forma setorizada. Tem atuado nesse país a organização Nederlandse Consumentenbond.

Na Bélgica, as associações de consumidores podem ingressar em juízo no interesse de seus associados desde que estejam representadas no Conselho de Consumidores. A Union Belge des Consommateurs edita uma das mais prestigiadas revistas consumeristas da Europa: a *Test Achats*.

Em Luxemburgo, a atuação sobre o consumidor baseia-se nas atividades das associações de consumidores revestidas de poder para atuar em juízo na defesa dos seus agremiados, dentro do princípio genérico das sociedades civis, cuja lei remonta a 1928.

REGIÃO DOS ALPES E BÁLCÃS

A Suíça tem um dispositivo legal, reformulado em 1963, que serve de base à ação judicial das associações de consumidores. A não ser o indivíduo cujo interesse pessoal tenha sido afetado, somente uma associação de consumidores pode iniciar a causa, porém a diversidade de normas existentes nos cantões e subcantões retarda e onera os processos.

Na Itália, é a justiça ordinária que decide sobre as reclamações de consumidores, demandando procedimentos mais lentos e caros. No entanto, dispõe de associações comunais com programa erigido para a proteção ao consumidor. Apresenta uma das organizações privadas mais atuantes: a Altroconsumo, nascida em Milão em 1973, com cerca de 300 mil associados e revista própria; é também membro da Consumers International e do Bureau Europeu da União dos Consumidores (www.altroconsumo.it).

Na Alemanha Ocidental, uma lei de 1965 conferiu a qualquer associação alemã de consumidores atuar em juízo contra práticas desleais de comércio. O país conta com a organização Stiftung Warentest, que publica a revista *Test*, com tiragem de cerca de 700 mil exemplares, e a revista *FINANZ-test*. Suas pesquisas e testes também são divulgados em larga escala: perto de 150 jornais e revistas, além de emissoras de rádio e televisão. O Conselho Alemão de Publicidade (Deutscher Werberat) trata das questões relacionadas à decência, e o Centro de Repressão à Publicidade Desleal (Zentrale zur Bekampfung unlauteren Wettbewerbs) combate a publicidade danosa.

Na Áustria, a Lei de Comércio, de 1923, com emendas, autoriza organismos federais a intentar ação para reparar falsidade ou logro em detrimento dos consumidores. Cabem três tipos de processos: a) procedimento de pequenas reclamações – até 50 libras; b) procedimento de intimações – até 750 libras; c) Mandatsverfahren – próprio de processos mais complexos, como os financeiros. Atualmente o país tem as relações de consumo lastreadas também na Lei de Proteção ao Consumidor (1979).

A Grécia criou o Serviço de Proteção ao Consumidor em 1982, órgão oficial que informa os consumidores sobre seus direitos, dando-lhes orientação

CONSUMIDOR *VERSUS* PROPAGANDA

para que ingressem com as ações cabíveis; há o Instituto de Proteção aos Consumidores (Inka), fundado em 1971, de caráter privado.

JAPÃO

Desde 1968 conta com uma lei específica de proteção aos consumidores. O Japão tem um consumerismo agressivo, em que se destaca a associação feminina Chifuren, com mais de seis milhões de membros, por intermédio da qual são desencadeadas campanhas contra produtos e demais instituições. São conhecidas duas campanhas empreendidas por essa associação: a produção e comercialização de produtos de beleza por um preço muito inferior ao do mercado; e o boicote de oito meses contra os televisores coloridos em virtude de seus altos preços, conseguindo a instituição, em decorrência desse boicote, sensível redução nos valores (Gade, 1980, p. 7).

Tem muitas entidades consumeristas, como a Japan Consumers Association (JCA) e a Consumers Union of Japan (filiadas a Consumers International), além da The National Consumer Affairs Center of Japan (entidade governamental).

AMÉRICA LATINA

O México, em 1976, passou a contar com a Lei Federal de Proteção ao Consumidor. Nasciam o Instituto Nacional do Consumidor e a Procuradoria Federal do Consumidor (Profeco), como organismo descentralizado de serviço social, na qualidade de pessoa jurídica detentora de patrimônio próprio, com funções de autoridade administrativa, encarregada de promover e proteger os interesses do público consumidor (www.profeco.gob.mx). Edita a *Revista del Consumidor*. A Associação Mexicana de Estudos para a Defesa do Consumidor (AMEDC) é uma entidade privada bastante atuante. Em 2004 fez estudos alertando sobre os riscos que o consumo de frituras poderia acarretar, exemplificando que um saquinho com 25 gramas de frituras contém sal equivalente ao consumo total de um dia, o que pode agravar doenças como hipertensão e arteriosclerose.

A Argentina conta com a Lei n. 24.240, de 1993, que institui Normas de Proteção e Defesa dos Consumidores. O art. 8º trata dos efeitos da publicidade: as especificações formuladas na publicidade ou em anúncios, prospectos, circulares ou outros meios de difusão obrigam o fornecedor a incluí-las no contrato com o consumidor. Nos casos em que as ofertas de bens e serviços se realizem mediante o sistema de compras telefônicas, por catálogos ou correios, publicados por qualquer meio de comunicação, deverão constar o nome, o domicílio e o número do fornecedor (incorporado pelo art. 1º da Lei B.O. n. 24.787, de 2 de abril de 1997). O país tem várias entidades consumeristas, como a Liga de Ação do Consumidor (Adelco), entidade privada filiada a Consumers International e fundadora da Associação de Consumidores do Mercosul (Acom), integrada por organizações privadas do Chile, da Bolívia e do Peru. Faz pesquisas e publica a revista *O Olho do Consumidor*.

O Paraguai apresenta a proteção ao consumidor regulamentada pela lei n. 1.334, de 15 de setembro de 1998. Em seu art. 1o, destaca: "A presente lei estabelece as normas de proteção e defesa dos consumidores e usuários, em sua dignidade, saúde, segurança e interesses econômicos" (tradução do autor). O art. 6o, item "e", sustenta que deve haver a adequada proteção contra a publicidade enganosa, os métodos comerciais coercitivos ou desleais, e as cláusulas contratuais abusivas na provisão de produtos e prestação de serviços.

O Uruguai tem as relações de consumo contempladas na lei n. 17.250, de 17 de agosto de 2000.

REFERÊNCIAS BIBLIOGRÁFICAS

ABRASCE. Disponível em: <http://www.abrasce.com.br/ind_shopping/gr_numeros.htm>. Acesso em 5 jun. 2007.

ACNILSEN. "População infantil diminui, mas ganha importância". São Paulo: ACNilsen, 17 set. 2003. Disponível em: <http://www.acnielsen.com.br/imprensa_r_13.htm>. Acesso em 14 nov. 2004.

"A CRIANÇA na comunicação publicitária". *Meio e Mensagem* (Caderno da Criação – encartado no n. 184, nov. 1985, p. 5).

"A GUERRA dos papéis". *Veja*, São Paulo, p. 11, 26 set. 2001.

"AINDA o caso das sandálias". *Diário do Grande ABC*, Santo André, 25 fev. 1987.

ALMEIDA, Alexandra O. "Canhoto enfrenta o 'ser *gauche* na vida'". *Folha de S.Paulo*, São Paulo, 28 ago. 2002. Caderno Sinopse, p. 26-8.

ALONSO, George. "Ruas de São Paulo têm 1,4 milhão de anúncios publicitários irregulares". *Folha de S.Paulo*, São Paulo, 31 maio 1990.

ARAÚJO, Gabriela. "Muitas verdades inconvenientes". *Marketing*, São Paulo, Referência, ano 41, n. 410, p. 22, mar. 2007.

ARRUDA, Maria C.C. *Ética da administração do marketing*. 1986. Tese (Doutorado) – Faculdade de Economia e Administração, Universidade de São Paulo, São Paulo.

ASHLEY, Patrícia Almeida (coord.). *Ética e responsabilidade social nos negócios*. São Paulo: Saraiva, 2002.

ASSOCIAÇÃO BRASILEIRA DE PROPAGANDA. *A imagem da propaganda no Brasil*. São Paulo: ABP, 2006.

"A VERDADEIRA crise". *Madia Mundo Marketing*. São Paulo, nov./dez. 2001.

"BAURU tem 26 contaminados por chumbo". *Diário*, Marília, CMN, 13 abr. 2002, p. 4-A.

BERABA, Marcelo. "Anúncio impróprio". *Folha de S.Paulo*, São Paulo, 14 nov. 2004, p. A6.

BLACKWELL, Roger *et al. Comportamento do consumidor*. São Paulo: Pioneira Thomson, 2005.

BORGNETH, Luís Sérgio; LAZZARINI, Marilena. *Meio e Mensagem,* São Paulo: Perspectiva, v. 9, n. 267, p. 5, 27 jul. 1987.

BORTOLOTI, Marcelo. "Campeões de bilheteria atraem anunciantes". Revista *About Rio*, Rio de Janeiro, Versart, p. 24-9, 25 out. 2004.

BREDARIOLI, Cláudia. "Propaganda de alimentos na berlinda". *Meio e Mensagem*, São Paulo, Perspectiva, ano 29, n. 1.263, p. 33, 18 jun. 2007.

BRENER, Héctor. "Ceticismo e descrença em relação à propaganda". *Meio e Mensagem*, São Paulo, Perspectiva, v. 9, n. 286, p. 6, 7 dez. 1987.

BULGARELLI, Waldírio. "Publicidade enganosa – aspectos da regulamentação legal". *Revista de Direito Mercantil Industrial Econômico Financeiro,* São Paulo, Revista dos Tribunais, v. 24, n. 58, p. 90, abr./jun. 1985.

BURNETT, Lago. *Pequeno guia de defesa do consumidor*. Rio de Janeiro: Civilização Brasileira, 1976.

CARROLL, Archie B.; BUCHHOLTZ, Ann K. *Business & society: ethics and stakeholder management*. Mason, Ohio: Thomson, 2006.

CARVALHO, José Leão de. "Propaganda, um inimigo temível?". *Briefing*. São Paulo: Logos, v. 4, n. 43, abr. 1982.

CENEVIVA, Walter. *Publicidade e direito do consumidor*. São Paulo: Revista dos Tribunais, 1991.

CHAIM, Célia. "Recuperando a imagem do produto". *Gazeta Mercantil,* São Paulo, set. 1983. Caderno Administração e Serviços, p. 14.

CHIARETTI, Daniela. "Quando a propaganda diverte ou aborrece, julga o consumidor". *Gazeta Mercantil,* São Paulo, 9 mar. 1987.

CITELLI, Adilson. *Linguagem e persuasão*. São Paulo: Ática, 1998. (Coleção Princípios).

CIVITA, Victor (ed.). *Nosso século: 1900/1910 (I) – A era dos bacharéis*. 1ª parte. São Paulo: Abril, 1985.

CNBB (Conferência Nacional dos Bispos do Brasil). Disponível em: <http://www.cnbb.org.br/setores/ensinoreligioso/congER9.>. Acesso em 16 nov. 2004.

COMPARATO, Fábio K. "A proteção do consumidor: importante capítulo do Direito econômico". *Revista Forense*. Rio de Janeiro: Forense, v. 255, ns. 877-9, p. 20, jul./ago. 1976.

"CONAR proíbe três anúncios". *Jornal da Tarde*, São Paulo, 30 out. 1987.

COOPER, Tim. "Inadequate life? Evidence of consumer attitudes to product obsolescence". *Journal of Consumer Policy*, Springer Netherlands, v. 27, p. 421-49, 2004.

COSTA, Maria Rita R. M. *A propaganda de medicamentos de venda livre: um estudo do discurso e das questões éticas*. 2005. Dissertação (Mestrado em Comunicação Social) – Umesp, São Bernardo do Campo.

"CRIANÇA, o consumidor que mais cresce no país". *Meio e mensagem. Mídia & Mercado*. São Paulo, v. 2, n. 10, p. 14-9, 15 jan. 1996. Depoimento de Marcos Gouveia de Souza, consultor de marketing.

"CRIANÇAS estão ficando viciadas em compras, diz pesquisa". *BBC Brasil*, 26 nov. 2004. Disponível em: <www. uol.com.br>. Acesso em 26 nov. 2004.

"CRIANÇAS são as maiores vítimas". *Idec online*, São Paulo, Instituto Brasileiro de Defesa do Consumidor. Disponível em: <http://www.idec.org.br>. Acesso em 16 nov. 2004.

CRIPPA, Ana Maria de Souza. *Publicidade: uma nova causa de ansiedade nas crianças*. 1984. Dissertação (Mestrado em Ciências da Comunicação) – Escola de Comunicações e Artes, Universidade de São Paulo, São Paulo.

CROPLEY, Ed. "Fumo pode matar 1 bilhão neste século, alerta a OMS". *O Estado de S. Paulo*, Ciência e Meio Ambiente, 2 jul. 2007. Disponível em: <http://www.estadao.com.br/ciencia/noticias/2007/jul/02/162.htm>. Acesso em 2 jul. 2007.

"DANO moral tem indenização aleatória". *Gazeta Mercantil*. São Paulo, 19 fev. 1999, p. A-14.

DAY, George S.; AAKER, David A. "A guide to consumerism", *Journal of Marketing*, Texas: Ama, v. 34, jul. 1970.

DIAS, Sergio. "A seleção e o relacionamento do cliente com a agência de propaganda". In: RIBEIRO, Julio et al. (orgs.). *Tudo que você queria saber sobre propaganda e ninguém teve paciência para explicar*. São Paulo: Atlas, 1995.

"DO SAC ao CRM". *Consumidor moderno*. São Paulo: Padrão Editorial, p. 30-64, dez. 1999.

DUARTE, Sara. "Guerra à *fast-food*". *Época*, São Paulo, Globo, n. 326, 16 ago. 2004.

"ENTREVISTA com Márcio Moreira". *Meio e Mensagem*, São Paulo, v. 9, n. 293, 8 dez. 1988, p. 7-8.

ÉPOCA, São Paulo, Globo, 30 nov. 1998.

"ESPAÇOS muito vazios". *Revista do Idec*, São Paulo, Idec, n. 104, p. 21-3, out. 2006.

FARIAS, Ângela B. L. "A propaganda e suas responsabilidades". *Propaganda*, São Paulo, Referência, v. 382, n. 24, fev. 1987, p. 23.

FEIJOÓ Enrique F. *La publicidad y la protección al consumidor*. Madri: INP, 1977.

FERRARI, Zuleica S. *Defesa do consumidor*. São Paulo: Loyola, 1981.

FERREL, O. C. *Estratégia de marketing*. São Paulo: Atlas, 2000.

FIGUEIREDO, Luiz C. Piratininga. *O Conar – Código Brasileiro de Auto-regulamentação Publicitária – como expressão de uma nova consciência ética na publicidade brasileira*. 1983. Dissertação (Mestrado em Ciências da Comunicação) – Escola de Comunicações e Artes, Universidade de São Paulo, São Paulo.

FIGUEIREDO, Ney. "Serviços públicos mantêm a credibilidade". *Shopping News*, São Paulo, 20 jun. 1993.

FILOMENO, José G. B.; BENJAMIN, Antonio H. V. "A proteção ao consumidor e o ministério público". *Justitia*, São Paulo, Procuradoria Geral de Justiça, v. 47, n. 131-A, set. 1985 (especial).

FIRJAN. *Concorrência desleal e o comportamento do consumidor. Nota técnica*. Rio de Janeiro, Publicação da Assessoria de Pesquisas Econômicas da Federação das Indústrias do Estado do Rio de Janeiro (Firjan), n. 5/2004, 25 maio 2004.

FLORI, Joyce. "Strategies for teaching advertising consumerism". *Communication Education*, v. 27, p. 32-6, jan. 1978.

FRANCO, Carlos. "Consumidor ainda desconhece e usa pouco o SAC de empresas". *O Estado de S. Paulo*, São Paulo, 8 abr. 2003. Caderno Economia/Negócios.

"FUMO pode matar 1 bilhão neste século, alerta a OMS". *Agência Estado, Ciência e Meio Ambiente*, São Paulo, 2 jul. 2007. Disponível em: <http://www.estadao.com.br/ciencia/noticias/2007/jul/02/162.htm>. Acesso em 2 jul. 2007.

FUNDAÇÃO DE PROTEÇÃO E DEFESA DO CONSUMIDOR (Procon). São Paulo: Governo do Estado de São Paulo. Disponível em: <http://www.procon.sp.gov.br/reclamacoes.asp>. Acesso em 16 jul. 2007.

GADE, Christiane. *Psicologia do consumidor*. São Paulo: EPU, 1980.

_____. *Psicologia do consumidor e da propaganda*. São Paulo: EPU, 1998.

GIOVANNI, Geraldo. *Produção e consumo de medicamentos*. 1979. Dissertação (Mestrado em Sociologia) – Faculdade de Filosofia, Letras e Ciências Humanas, Universidade de São Paulo.

CONSUMIDOR *VERSUS* PROPAGANDA

GIACOMINI FILHO, Gino. *Aspectos da defesa do consumidor frente à publicidade no Brasil*. 1988. Dissertação (Para efetivação no regime de trabalho em RTC, reitoria da USP) – Escola de Comunicações e Artes, Universidade de São Paulo, São Paulo.

_____. *O consumerismo como vetor da publicidade no Brasil*. 1989. Tese (Doutorado em Ciências da Comunicação) – Escola de Comunicações e Artes, Universidade de São Paulo, São Paulo.

GLOBAL REPORTING INITIATIVE (GRI). *Diretrizes para relatório de sustentabilidade*. 2006. 50 p. Disponível em: <www.globalreporting.org>. Acesso em 23 maio 2007.

GONZALEZ, Maria Éster. *1997: O ano da saúde no Brasil? A campanha governamental televisiva sobre saúde pública*. 2002. Dissertação (Mestrado em Comunicação Social) – Universidade Metodista de São Paulo, São Bernardo do Campo, São Paulo.

"GORDINHOS são ridicularizados em seriados". *Folha de S.Paulo*, São Paulo, 4 nov. 2000. Caderno TV Folha, p. 4.

GOVATTO, Ana Claudia Marques. *Empresa-cidadã e comunicação mercadológica: um estudo sobre a responsabilidade social corporativa e a propaganda*. 2003. Dissertação (Mestrado em Comunicação Social) – Universidade Metodista de São Paulo, São Bernardo do Campo, São Paulo.

GRACIOSO, Francisco. *Marketing, uma experiência brasileira*. São Paulo: Cultrix, 1971.

GUAGLIARDI, José *et al.* "Defesa do consumidor: um estudo exploratório". *Revista de Administração*, São Paulo, FEA/USP, v. 16, n. 1, p. 89-93, jan./mar. 1981.

GUIMARÃES, Paulo Jorge S. *A publicidade ilícita e a responsabilidade civil das celebridades que dela participam*. São Paulo: Revista dos Tribunais, 2001.

GUINSBERG, Enrique. *"Publicidad: manipulación para la reproducción*, n. 34. México: Xoxhimicco, p. 171, 1984.

HAMBURGER, Polia L. *Controle de poluição e proteção ao consumidor*. Rio de Janeiro: FGV, 1981.

HAUG, Wolfgang Fritz. *Crítica da estética da mercadoria*. São Paulo: Edunesp, 1997.

HOCKENBURY, D.; HOCKENBURY, S. E. *Descobrindo a psicologia*. São Paulo: Manole, 2003.

"HONESTIDADE de propósitos". *Marketing*, São Paulo, n. 155, 17 set. 1986.

IBOPE MONITOR. "Anuário de propaganda 2005". *Meio e Mensagem*, São Paulo: Perspectiva, 2005.

"Imprensa julgada". *Veja*, São Paulo, v. 814, p. 42-50, 11 abr. 1984.

Instituto Akatu. "Descobrindo o consumidor consciente: uma nova visão da realidade brasileira". Disponível em: <www.akatu.org.br.>. Acesso em 10 out. 2004.

Instituto Ethos. *Responsabilidade social das empresas: percepção do consumidor brasileiro*. São Paulo: Instituto Ethos, 2002.

Jacobina, Paulo Vasconcelos. *A publicidade no direito do consumidor*. Rio de Janeiro: Forense, 1996.

Jowett, Garth S.; O'Donnell, Victoria. *Propaganda and persuasion*. Newbury Park: Sage, 1986.

Junqueira, Pérsio. "O consumidor indefeso". Revista *Negócios em Exame*, São Paulo, p. 24-5, 9 ago. 1978.

Kapferer, Jean-Noel. *L'enfant et la publicité: les chemins de la séduction*. Paris: Dunod, 1992.

Keegan, Warren J. *Global marketing management*. New Jersey: Pearson Prentice Hall, 1999.

Kerner, Ary. *O homem sem a máscara*. Rio de Janeiro: Gráfica Olímpica, 1951.

Klein, Naomi. *Sem logo: a tirania das marcas em um planeta vendido*. Rio de Janeiro: Record, 2002.

Klintowitz, Jacob. *A arte do comércio II: São Paulo 1930-1954*. São Paulo: Senac, 1989.

Kotler, Philip. *Administração de marketing: análise, planejamento e controle*. São Paulo: Atlas, 1975.

_____. *Administração de marketing: análise, planejamento, implementação e controle*. 4. ed. São Paulo: Atlas, 1996.

_____. *Administração de marketing*. 12. ed. São Paulo: Pearson Prentice Hall, 2000.

Kuntz, Ana Paulo. "Certificação de produtos". *Banas Qualidade*, São Paulo: Banas, 24 set. 2004. Disponível em: <http://www.banasqualidade.com.br>.

Lampreia, J. Martins. *A publicidade moderna*. Lisboa: Presença, 1983.

Lanyi, José Paulo; Belmonte, Wagner. "Entre a sobrevivência e a credibilidade". *Revista Negócios da Comunicação*, São Paulo, Segmento, ano II, n. 9, p. 40-8, 2004.

Levi, Paulo. "Publicidade, como anunciar a verdade e nada mais que a verdade?". *O Estado de S. Paulo*, São Paulo, 31 jan. 1977.

Lucieto, Norberto A. C. "Proteção ao consumidor: a importância das associações privadas de consumidores". *Marketing*. São Paulo, Referência, v. 16, n. 113, mar. de 1983.

LUSTOSA, Waldemiro T. "A ação governamental e o comportamento do consumidor". *Revista de Administração*, São Paulo, Instituto de Administração da FEA/USP, v. 18, n. 2, p. 68, abr./jun. 1983.

MACINTYRE, Alasdair. *Historia de la ética*. Buenos Aires: Paidós, 1970.

MADUREIRA, Daniele N. "Comunicação em xeque". *Meio e Mensagem* (edição especial de 26 anos), São Paulo, Perspectiva, p. 42, 19 abr. 2004.

MAGARIAN, Dalila. "Para feministas, é preciso bom-gosto". *Folha de S.Paulo*, São Paulo, 28 jun. 1987.

MAGESTE, Paula. "Os tribunais do povo". *Época*, São Paulo, Globo, jul. 2002, p. 68-74.

MALUF, Claudio. "Diálogo". *Propaganda*, São Paulo, Referência, v. 366, 6-8 jan. 1986. Entrevista com Júlio Ribeiro.

"MANIA de limpeza", *Revista do Idec*, São Paulo: Idec, n. 106, p. 21-4, dez. 2006.

MARINHO, Antônio; INTRATOR, Simone. "Pílulas no cardápio infantil". Revista *O Globo*, Rio de Janeiro, ano 1, n. 13, p. 20-8, 24 out. 2004. Encartada na mesma edição do jornal *O Globo*.

MASSON, Celso; FERNANDES, Manoel. "A sexo-música". *Veja*, São Paulo, p. 82-4, 12 fev. 1997.

"MATERIAL escolar varia até 1.033%". *Diário do Grande ABC*, Santo André, 15 jan. 2004.

MATTOS, Adriana. "Empresa brasileira é branca e masculina". *Folha de S.Paulo*, São Paulo, 24 jan. 2002. Caderno Dinheiro, p. B10.

MAZZON, José Afonso *et al.* "Atitudes do consumidor em relação à propaganda na cidade de São Paulo". *Propaganda*, São Paulo, Referência, v. 24, n. 279, p. 136-41, out. 1979.

MCCARTHY, Jerome; PERREAULT, William. *Marketing essencial: uma abordagem gerencial e global*. São Paulo: Atlas, 1997.

MCQUAIL, Denis. *Mass communication theory: an introduction*. 3. ed. Londres: Sage, 1994.

MELLO, Paulo Márcio de. *Jornal Monitor Mercantil*. Coluna Empresa-Cidadã, ano 4, n. 41, 4 nov. 2004. Disponível em: <http://www.monitormercantil.com.br>.

MENDES, Vannildo; ROSA, Vera. "Há corrupção também no judiciário". Tribunal de Justiça de Santa Catarina (Poder Judiciário de Santa Catarina), resenha da assessoria de imprensa. Reprodução de *O Estado de S. Paulo*, em 14 jul. 2004. Disponível em: <www.tj.sc.gov.br/resenha/0407/040714.htm>. Acesso em 17 nov. 2004.

MENEGHINI, Carla. "Entrevista com Márcio Moreira". São Paulo, v. 9, n. 293, 8 dez. 1988, p. 7-8.

_____. "Nunca se bebeu tanto na TV". *Folha de S.Paulo*, São Paulo, 24 mar. 2002. Caderno TV Folha, p. 6-7.

_____ (especial). "Propaganda no Congresso". São Paulo, p. 1, 6 jun. 2005.

"MIL e uma Barbies". *Folha de S.Paulo*, São Paulo, 21 de jan. de 1996, p. 5-6.

MILITELLO, Katia. "Consumidor condena sexo na propaganda". *Folha de S.Paulo*, São Paulo, 23 jan. 1988.

MINISTÉRIO DA JUSTIÇA. "Agrupamento Nacional – AC, BA, ES, GO, MG (BH), MT, PA, PB, RJ, SC, TO". Brasília. Sistema Nacional de Informações de Defesa do Consumidor. Disponível em: <www.mj.gov.br/DPDC/>. Acesso em 14 jul. 2007.

MINISTÉRIO DA SAÚDE. "Propaganda de medicamentos será analisada durante encontro internacional". Brasília: Portal da Saúde, 4 abr. 2005. Disponível em: <http://portal.saude.gov.br>. Acesso em 16 jul. 2007.

MOKHIBER, Russel. *Crimes corporativos: o poder das grandes empresas e o abuso da confiança pública*. São Paulo: Scritta, 1995.

MOMBERGER, Noemi Friske. *A publicidade dirigida às crianças e adolescentes: regulamentações e restrições*. Porto Alegre: Memória Jurídica, 2002.

MORENO, Leila K. "Televisão, a babá nossa de cada dia". *Jornal da USP*, São Paulo, 9 a 15 mar. 1992, p. 6.

"NA NOVA campanha da Calvin Klein outros ingredientes polêmicos". *Propaganda*, São Paulo, v. 345, p. 85, nov. 1984.

NETO, Oscar Rocker. "Subutilizado, serviço atende até briga de casal". *Gazeta Mercantil*, São Paulo, 10 maio 2000, p. 4.

NOGUEIRA, Gláucia. "Alto teor de criatividade". *Revista Negócios da Comunicação*, São Paulo, Segmento, ano II, n. 9, p. 10-15, 2004.

"O BRASIL mostra sua cara". *IstoÉ*, São Paulo, Três, n. 1882, p. 42-7, 9 nov. 2005.

O ESTADO DE S. PAULO. São Paulo, 11 nov. 2004. Caderno Classificados, p. 3 (Co3).

OLIVETTO, Washington. "Abrindo o zíper sem ser vulgar". Revista *About*, São Paulo, Versart, n. 762, p. 10-1, 12 abr. 2004.

"O POVO julga a propaganda". *Imprensa*. São Paulo, p. 60-7, 1991.

PACKARD, Vance. *Estratégia do desperdício*. São Paulo: Ibrasa, 1965.

PASQUALOTTO, Adalberto. *Os efeitos obrigacionais da publicidade no Código de Defesa do Consumidor*. São Paulo: Revista dos Tribunais, 1997.

PASSOS, José Meirelles. "No fim, a lição de otimismo". *Jornal da República*, São Paulo, 26 out. 1979.

PASTORE, Karina. "Mamífero voraz". *Veja*, São Paulo, p. 83-4, 13 nov. 1996.

PENNA, Maysa. "Pamella sentiu medo de verdade". *O Estado de S. Paulo*, São Paulo, 6 abr. 1990.

PENTEADO, Heloísa Dupas. *A televisão e os adolescentes*. 1979. Dissertação (Mestrado em Ciências da Comunicação) – Escola de Comunicações e Artes, Universidade de São Paulo, São Paulo.

PENTEADO, J. R. W. "Falta cor na propaganda". *Jornal da Tarde*, São Paulo, 5 jun. 1988, p. 22.

PEREIRA, Marco Antonio M. *Concorrência desleal por meio da publicidade*. São Paulo: Juarez de Oliveira, 2000.

PEREIRA, Robson. "A tecnologia e os limites da privacidade". *O Estado de S. Paulo*, São Paulo, 7 maio 2003. Caderno 2, p. D5.

PEREZ, Rafael A.; SUSO, Francisco J. *La eficacia de la publicidad ante las actitudes del consumidor*. Madri: Instituto Nacional de Publicidad, 1974.

PERISCINOTO, Alex. "Propaganda é um artigo supérfluo?". *Folha de S. Paulo*, São Paulo, 3 nov. 1985.

_____. "Você acredita na propaganda?". *Folha de S.Paulo*, São Paulo, 17 nov. 1985.

PESSONI, Arquimedes. "Saúde para dar e vender?". Revista *Livre Mercado*, Santo André, LM, ano XVIII, n. 214, p. 60-1, jun. 2007.

PINTO, Odila de Lara. *Ombudsman nos bancos: agente de mudanças nas instituições bancárias do Brasil*. São Paulo: Musa, 1998.

"POLUIÇÃO: as crianças são as maiores vítimas". *Carta Capital*. São Paulo, 3 nov. 2004.

"PROFESSORA protesta contra propaganda". *Diário do Grande ABC*, Santo André, 12 fev. 1987.

"PROTEÇÃO ao consumidor só com sanções econômicas". *Briefing*. São Paulo: Logos, v. 1, n. 5, p. 14, nov. 1978.

"PROPAGANDA de medicamentos será analisada durante encontro internacional". Brasília: Portal da Saúde; Ministério da Saúde. 4 abr. 2005. Endereço eletrônico: <http://portal.saude.gov.br>. Acesso em 16 jul. 2007.

"PROPAGANDA no Congresso". *Meio e Mensagem*. Especial. São Paulo, 6 jun. 2005, p.1.

QUADRADO, Helena *et al.* "Papai e mamãe vão acabar fazendo o que eu quero". *Mercado Global*, São Paulo, Superintendência Comercial da Rede Globo, v. 23, n. 99, p. 40, 1º trimestre de 1996.

"QUEM entrega ganha o cliente". *Veja*, São Paulo, p. 91, 19 abr. 2000.

RAINHO, Rodrigo. "Altas Horas". *Folha de S.Paulo*, São Paulo, 23 de mar. de 2003. Caderno TV Folha, p. 6-7.

RAMOS, Ricardo. *Do reclame à comunicação: pequena história da propaganda no Brasil.* 3. ed. São Paulo: Atual, 1985.

RIZZOTTO, Rodolfo A. *Recall: quatro milhões de carros com defeito de fábrica: o que as montadoras não contam.* Rio de Janeiro: RDE, 2003.

ROGER, Swagler. "Evolution and applications of the term consumerism: theme and variations". *The Journal of Consumer Affairs,* v. 28, n. 2, p. 347-60, inverno de 1994.

ROSA, Zita de Paula. *O Tico-Tico: meio século de ação recreativa e pedagógica.* Bragança: Edusf, 2002.

ROSELLÓ, Clemente Ferrer. *La publicidad esse quinto poder.* Barcelona: Eiunsa, 1988.

"SACs em alta". *Revista do Anunciante*, São Paulo: ABA, p. 28-9, mar. 1998.

SCAVONE, Miriam. "Meu vício é gastar!". *Cláudia*, São Paulo, p. 200-3, nov. 2002.

SCHEWE, Charles D.; SMITH, Reuben M. *Marketing: conceitos, casos e aplicações.* São Paulo: McGraw-Hill, 1982.

SCHNEIDER, Ari. *Conar 25 anos: ética na prática.* São Paulo: Terceiro Nome/ Albatroz, 2005.

SEREZA, Haroldo Ceravolo. "Coca-Cola pede desculpas na Bélgica". *Folha de S.Paulo,* São Paulo, 23 jun. 1999. Caderno Folha-Mundo, p. 12.

"Sexo, socos e babás". *Veja*, São Paulo, v. 23, n. 1.137, jul. 1990.

SHIMP, Terence A. *"Propaganda e promoção: aspectos complementares da comunicação integrada de marketing".* 5. ed. Porto Alegre: Bookman, 2002.

SHOHAM, Aviv; BRENCIC, Maja M. "Compulsive buying behavior". *The Journal of Consumer Marketing,* v. 20, n. 2/3, p. 127-38, 2003.

SIDOU, J. M. Othon. "O direito de consumo e o estado atual da defesa do consumidor no Brasil". *Revista Bancária Brasileira*, Rio de Janeiro: Revista Bancária Brasileira, v. 54, n. 635, 30 nov. 1985.

_____. *Proteção ao consumidor.* Rio de Janeiro: Forense, 1977.

SILVA, Lina M. M. G. *Agência e cliente: ética e relacionamento na perspectiva do atendimento publicitário*. 2005. Dissertação (Mestrado em Comunicação Social) – Umesp, São Bernardo do Campo, São Paulo.

SILVEIRA, Cícero. "As agências, segundo os anunciantes (1)". *Banas Qualidade*, São Paulo, v. 20, n. 1.030, p. 42, 7-14 jan. 1974.

SILVEIRA, Júlio Xavier. "A criança possui um sentido lúdico". *Meio e Mensagem*, São Paulo, Perspectiva, v. 184, p. 7, nov. 1985.

SIMÕES, Roberto. "História da propaganda brasileira". *Propaganda*, São Paulo, Referência, v. 26, n. 308, p. 38-124, fev. 1982.

_____. "O marketing no Brasil: evolução histórica". *Marketing*, São Paulo, Referência, v. 14, n. 85, p. 13-99, dez. 1980.

SMITH, G.; NAGLE, T. "Frames of reference and buyers' perception of price and value". *California Management Review*, v. 38, n. 1, p. 98-116, 1995.

SOLOMON, Michael R.; STUART, Elnora W. *Marketing: real people, real choices*. New Jersey: Pearson Prentice Hall, 2000.

SONEGO, Dubes. "Onde há fumaça...". *Meio e Mensagem*, São Paulo, Perspectiva, p. 40-1, 2 dez. 2002.

SOUZA, Edgar Olímpio de. "Sua ligação é importante, mas...". *Meio e Mensagem*, São Paulo, Perspectiva, p. 82, 19 abr. 2004.

SOUZA, Irani de. "Febre das garrafinhas contagia tanto crianças como pais". São Paulo, *Folha de S Paulo*, 20 jun. 1988.

TAPSCOTT, Don. *Geração digital*. São Paulo: Makron Books, 1999.

TAVARES, Mirela. "Washington Brasil". *Propaganda*, São Paulo, Referência, ano 52, n. 673, abr. 2007.

THALER, R. "Mental accounting and consumer choice". *Marketing Science*, v. 4, n. 3, p. 199-214, 1985.

TURNER, E. S. *The shocking history of advertising*. Londres: Penguin Books, 1968.

UNESCO. *Folha de S.Paulo*, 13 out. 2002.

VAISMAN, Márcia. "'Justiça privada' resolve questões do consumidor". *O Estado de S. Paulo*, São Paulo, 23 abr. 2001. Caderno Economia, p. B10.

VERÍSSIMO, Jorge. *A publicidade da Benetton: um discurso sobre o real*. Coimbra: Minerva Coimbra, 2001.

VIEIRA, Dorival Teixeira. "Defesa do consumidor". *Problemas Brasileiros*, São Paulo, Conselho Regional do Serviço Social do Comércio, v. 14, n. 155, p. 8-9, jul. 1976.

WELLAUSEN, Araré. *Consumismo*. Porto Alegre: Tchê!, 1988.

ZEITHAML, Varalie; BERRY, Leonard; PARASURAMAN, A. "Communication and control processes in the delivery of service quality". *Journal of Marketing,* v. 52, p. 35-48, abr. 1988.

ZEITHAML, Valarie; BITNER, Mary. *Marketing de serviços: a empresa com foco no cliente.* Porto Alegre: Bookman, 2003.

ZÉRIO, João Mesquita. *Consumerismo.* 1979. Dissertação (Mestrado em Administração) – Escola de Administração de Empresas, Fundação Getulio Vargas, São Paulo.

ZIGBAND, Fanny. "Um anúncio de ninfetas pode acabar na Justiça". *O Globo,* Rio de Janeiro, 20 ago. 1986.

ZULZKE, Maria Lucia. *Abrindo a empresa para o consumidor.* Rio de Janeiro: Qualitymark, 1990.

SITES CONSULTADOS

ACNielsen:
www.acnielsen.com.br

Associação Brasileira de Shopping Centers (Abrasce):
www.abrasce.com.br

Associazione Difesa Consumatori (Altroconsumo):
www.altroconsumo.it

Autoridade Nacional de Comunicações (Anacom):
www.anacom.pt

Banas Qualidade:
www.banasqualidade.com.br

Conferência Nacional dos Bispos do Brasil (CNBB):
www.cnbb.org.br

Conselho de Auto-regulamentação Publicitária (Conar):
www.conar.org.br

Consumers International:
www.consumersinternational.org

Consumers Union:
www.consumersunion.org

Fundação de Proteção e Defesa do Consumidor (Procon):
www.procon.sp.gov.br

Global Reporting:
www.globalreporting.org

Institut National de la Consommation (Conso):
www.conso.net

Instituto Akatu:
www.akatu.org.br

Instituto Brasileiro de Defesa do Consumidor (Idec):
www.idec.org.br

Ministério da Justiça:
www.mj.gov.br

Monitor Mercantil:
www.monitormercantil.com.br

Organización de Consumidores e Usuarios:
www.ocu.org

Poder Judiciário de Santa Catarina:
www.tj.sc.gov.br

Portal da Saúde:
portal.saude.gov.br

Procuraduría Federal del Consumidor:
www.profeco.gob.mx

The European Consumers' Organisation (Beuc):
www.beuc.org

Which?:
www.which.co.uk

IMPRESSO NA

sumago gráfica editorial ltda
rua itauna, 789 vila maria
02111-031 são paulo sp
telefax 11 **6955 5636**
sumago@terra.com.br

GRÁFICA
sumago